누구를 위한 나라인가

누구를 위한 나라인가

김형오 지음

갈 곳 잃은 민심·표류 중인 국가에 던지는 통렬한 메시지

21세기북스

마음을 비우고 바라본 세상

누군가 나에게 정계에서 완전히 은퇴한 거냐고 물으면 "다시는 국민에게 표 받는 일은 없을 것"이라며 정치 일선 참여에 분명히 선을 그었다. 그 다짐을 현재까지 지켜왔고 앞으로도 '확실히' 지켜나갈 것이다.

정치와 거리를 두고 세상을 보니 몸도 마음도 참 편해졌다. 좁게 혹은 비뚤게 보던 것도 넓게, 바르게 보였다. 세사에 얽매이지 않으니 미뤄뒀던 책을 읽거나 벼르던 인문학 공부를 할 수 있는 시간이 생겨 더욱 좋았다. 공자 말씀대로 배우고 익히니 기쁘기 그지없는 반면, 소크라테스의 경구처럼 공부를 하면 할수록 내가 얼마나 부족하고 못난 사람인가를 여실히 알아가고 있다. 배운 것을 복습하고 정리도 할 겸 대학에서 정규 강의를 맡고 간간이 언론 기고도 했다. 강의는 내가 공부한 분야, 기고는 내가 경험한 세계에 중점을 두었다. 그렇게 4년이란 시간이 흘렀다. 이 책도 그 세월에 빚을 지고 있다. 특히 후자(언론 기고)에 말이다. 어느덧 70. 이 나이라 한들 무슨 용빼는 재주가 있겠는가마는 초로의 정객이 후배 정치인과 나라의 미래를 위해 사심 없이 던지는 제언이라 생각해주면 고맙겠다.

　아무도 하지 않던 말을 누구나 하고 싶은 말, 듣고 싶은 말로 만들고 싶었다. 또 누구나 하는 이야기를 논리와 조리로 엮어 역사의 나이테에 줄 하나 긋고 싶었다.

　우리 사회에 참지도자가 없다고들 말한다. 국회에도, 정당과 정부에도, 시민단체며 재야 운동권 어디에도 국민의 존경과 신뢰를 받는 지도자, 리더십을 갖춘 리더가 안 보인다는 것이다. 종교계에서도 김수환 추기경, 성철 스님, 한경직 목사 같은 분들이 그립다고들 한다. 법조·경제·노동·교육·문화 등 어느 곳에도 횃불을 밝혀 들고 캄캄한 새벽을 깨우려는 시대의 지도자가 없다고들 한다. 선거 때만 되면 국가와 사회와 지역을 위해 이 한 몸 던지겠다며 비분강개하던 분들도 선거만 끝나면 어디서 무엇을 하는지 알 수가 없다. 한마디로 리더는 많은데 리더십은 없는 나라, 그것이 오늘 우리의 우울한 현주소이고 자화상이다. 미래가 걱정이다.

　지난 2년간 참 많은 일들이 일어났다. 나라가 휘청거릴 정도였다.

아쉬운 것은 대처를 잘못해 화를 키우기도 했고, 비슷한 유형의 사건이 반복되는데도 좀처럼 개선되지 않고 있다는 점이다. 지나간 일로부터 교훈을 얻지 못한다면 겪어보지 못한 앞날은 어떻게 대비할까. 이 책은 예언서가 아니다. 그러나 (얼마 전) 과거를 통해 (곧 닥칠) 미래를 내다보려 했다.

올해부터 3년 연속 전국 규모의 선거가 치러진다. 또 얼마나 많은 선심성 공약과 선거 과열로 국론이 분열되고 정국이 요동칠까. 유권자인 국민은 정신 똑바로 차리고 올바른 판단, 슬기로운 선택을 할수 있을까. 이 책은 그런 염려를 담고 발간하게 됐다. 나라와 국민으로부터 은혜를 입고 이제 더는 뭘 가지거나 차지하겠다는 욕심을 비운 사람이다. 교만도 좌절도 없는 상태에서 명경지수明鏡止水 같은 심경으로 쓰려고 노력했다는 점은 밝힐 수 있겠다.

이 책을 통해 나는 먼저 비전을 잃어버린 우리 시대에 리더가 갖춰야 할 자격 조건을 살폈다. 리더십이 무너지고 사라진 이유를 짚으면서 리더십의 소생과 부활을 염원하는 간절한 마음을 담았다. 고대 그리스에서부터 현대까지를 섭렵하며 내 소견을 소망으로 색칠했다. 구시대적·권위주의적·비민주적 리더십이 주도하고 있는 현실을 차갑게 진단하고 따끔하게 침을 놓았다.

다음으로는 민주적 리더십 구현을 위해 그 토양이 되는 정치 구조와 문화의 변혁에 역점을 두었다. 무엇을 어떻게 바꿀 것인지를 구체적으로 제시하려 했다. 대화와 타협, 합의의 정치는 왜 안 되는지, 어떻게 해야 가능한지를 살피고, 30년간 지속돼온 87년 헌법 체제에 대한 고민도 담아보았다. 정작 자기가 기득권에 안주하고 집단이기의 덫에 빠진 줄도 모른 채 변화와 개혁을 부르짖는 이들에게 이 책이 각성제가 되기를 기대한다. 이제는 선민의식, 엘리트 리더십이 아닌 시민의식, 대중 리더십의 시대다. 민주시민으로서의 소양과 주인의식이 부족한 국민은 포퓰리즘이 난무하는 중우 정치·선동 정치의 표적이 될 뿐이다.

이 책은 학술서나 이론서가 아니다. 따라서 문제의 핵심으로 바로 접근해 정면 돌파하려 했다. 다행히 언론 기고문이 많아 번문욕례

(繁文縟禮, Red Tape)를 피할 수 있었다. 지면이 제한돼 있어 거두절미하고 단도직입해야 했다. 수록된 글들은 최근에 발표한 칼럼 중 지금도 시의성이 살아 있는 글을 중심으로 모았다. 미흡하다 싶은 부분은 파일로 저장해두었던 미발표 원고 일부와 출판을 위해 이번에 새로 쓴 글로 보완했다. 원고마다 말미에는 저자의 코멘트를 새로 덧붙였다. 집필 동기나 글의 요지, 에피소드, 오늘의 시사점, 향후 전망 등을 담아 하고 싶은 말들을 대신했다.

진심으로 묻고 싶다. 누구를 위한 나라이고 무엇을 위한 정치인가. 대한민국은 '잘난 척'하는 사람들의 나라가 아니듯이 '못난 척'하는 사람들을 위한 나라가 되어서도 안 된다. 이런 세력들을 다독이며 포용하되 부화뇌동하지 않고 때로는 나무라는 것이 정치의 바른 길이다. 하루 빨리 정치가 복원되고 리더십이 회복돼야 한다. 그것이 나라를 살리는 길이다.

사색하고 고민하며 반추反芻를 거듭한 끝에 나온 글들이다. 바라건대 이 책이 우리 정치의 갈 길과 미래 찾기에 작은 길잡이가 돼준다면 그보다 더 큰 보람이 없겠다.

　원고 정리와 교정을 자기 일처럼 도운 조병도·이보영 씨의 수고를 잊을 수 없다. 국회 안에 있을 때나 밖에 있을 때나 늘 내게 한결같은 고성학 대표에게도 감사를 전한다. 멋진 기획과 편집을 해준 21세기북스 팀원들의 노고도 오래 기억하겠다. 오늘 이 순간까지 부족한 사람을 지극한 사랑과 정성으로 믿고 보살펴준 아내에게도 지면을 빌려 쑥스러운 사랑과 감사의 마음을 전한다.

2016년 새봄에

김형오

차례

3장

한국의 시계는 지금 몇 시인가

4장

급변하는 세계, 우리는 어디로…

부록1

사람이 사람에게
: 편지로 생각과 마음을 전하다

1장

절망에서 희망으로:

잃어버린 리더와

리더십을 찾아서

지도자는 누구인가

지도자는 누구인가? 서울대 출신이면 지도자인가?

———

고대 아테네에 알키비아데스Alkibiades(BC 450~BC 404년)[1]란 인물이 있었다. 돈 많은 명문 귀족으로 좋은 스승 밑에서 배웠다. '얼짱'에 '몸짱'이어서 뭇 여성들을 사로잡았다. 지략과 웅변 솜씨도 뛰어났다. 승승장구 출세길을 달려 최고위 선출직인 장군에까지 올랐다.

———

[1] 아테네의 정치가·군인. 아테네 최고지도자인 페리클레스 집안에서 자랐다. 사치와 호화 생활을 즐겼다. 오만하고 격정적이며 남에게 지기 싫어하는 성격이었다. 소크라테스와 특수한 관계였으며, 소크라테스의 죽음도 그와 연관돼 있다는 설이 있다.

처음에는 평화노선을 주장했으나 라이벌에게 그 공이 돌아가자 주전론자로 바뀌었다. 그는 아테네와 스파르타의 전쟁을 부추겼다. 치명적 실수로 재판을 받게 되자 스파르타로 망명했다. 자신에 대한 스파르타 사람들의 의혹을 씻으려고 스파르타인보다 더 스파르타적으로 행세하며 그곳 풍습을 따랐다. 아테네의 약점을 알려주면서 아테네를 멸망시키기 위해 온 힘을 쏟았다. 신임을 얻은 뒤로는 왕비를 유혹해 임신까지 시켰다. 스파르타에 더는 머물 수 없게 되자 그리스의 적국인 페르시아로 도망가 이번에는 아테네와 스파르타 양쪽을 모두 괴롭히는 전략을 쓴다.

펠로폰네소스 전쟁 말기에 역사를 교란했던 이 희대의 인물은 결국 비참한 최후로 생을 마감한다.

다시금 묻는다. 지도자는 누구인가?

최근의 국회 모습을 보면 대답이 나오지 않는다. 한마디로 무기력 그 자체다. 입법부란 글자 그대로 법을 만드는 곳이건만 정부가 애타게 원하는 법일수록 심의를 늦춘다. 심지어는 국회의원 선거 관련 법마저도 차일피일, 나 몰라라 한다. 자기들 지역구가 없어진 위헌 상태를 방치하고 있다. 여당이 요구하는 건 야당이 반대하고, 야당이 원하는 건 여당이 퇴짜를 놓는다. 19대 국회 4년 동안의 입법 실적이 역대 국회 중 가장 저조하다. '선진화법'으로 식물 국회가 돼버린 탓도 있지만, 더 큰 원인은 대화와 타협이라는 본질적 기능을 발휘하지 못했기 때문이다. 한 사람 한 사람이 저마다 독립된 헌법기관인 국회의원이 자율적 권능도, 국회를 움직이는 지도부의 리더십도 찾아볼 수 없다. 정녕 한국의 지도자는 어디에 있는가?

예측을 불허하는 미국 대통령 선거

올해(2016년) 11월에 있을 미국 대통령 선거를 바라보는 세계의 눈은 착잡하다. 금세 사라질 것 같던 트럼프 돌풍은 좀체 수그러들지 않는다. 직설과 막말, 막가파식 행동이 오히려 정치에 식상한 유권자들에게 카타르시스 효과로 나타나고 있는 모양새다. 점잖고 교양 있는 젭 부시는 일찌감치 당선권에서 멀어졌다. 자칭 '민주적 사회주의자'라는 버니 샌더스는 젊은 층의 지지를 업고 힐러리 클린턴과 예측 불허의 게임을 연출하고 있다. 누가 차기 대통령이 되든지 미국이 세계의 지도국 역할을 하기는 어렵게 생겼다. 경륜과 권위, 품격과 도덕성 등 지도자가 갖춰야 할 덕목이 이들에게선 별반 안 보이기 때문이기도 하다.

다시 한국으로 돌아와보자. 올봄 국회의원 선거가 끝나면 내년엔 대통령 선거가 있고 내후년엔 전국 시도지사·교육감 등등을 동시에 뽑는다. 3년 연속으로 전국 규모의 선거가 있다. 후보만도 수만 명에 이를 것이다. 얼마나 많은 정치 공해에 시달려야 하며, 얼마나 심각한 포퓰리즘과 국론 분열, 유언비어와 흑백논리가 판을 칠까. 이래서야 과연 국민이 제대로 된 지도자를 선택할 수 있을까. 유감스럽게도 긍정적 답변이 나오지 않는다. 지난 4년간의 국회 모습과 정치 행태가 우울한 미래를 짐작하게 한다. 더구나 가장 중요한 대통령 선거는 후보의 윤곽조차 가늠하기 어렵다. 아무도 차기 대통령을 얘기하지 않는다. 불과 20개월도 안 남았는데 말이다. 물론 임박한 국회의원 선거에 집중하느라 그런 면도 없지 않겠지만, 먼저 이름이 입에 오르면 몰매도 먼저 맞을까 봐서인지 하나같이 몸을 숙이고 잔뜩 움츠린 모습이다.

지도자들의 떳떳하지 못한 언행을 어제오늘 듣고 본 것이 아니다. 현직 대통령의 장악력이 클 때는 쥐 죽은 듯 조용히 있다가 나사가 조금만 헐거워지면 서까래라도 뽑을 것처럼 덤벼드는 모습 말이다. 4월 총선 뒤 청와대 나사못이 하나둘 빠지기만을 기다리는 지도자들이 수두룩하다는 얘기를 요즘 자주 듣고 있다.

비극을 막을 주인공은 유권자인 국민

정치는 현실이다. 지도자는 수입해올 수 없다. 지금 적어도 1%의 지지율이라도 가진 사람 중에서 선택할 수밖에 없는 것이 현실 정치다. 비겁하고 무책임한 지도자라 할지라도 지도자가 아예 없는 것보다는 낫다는 교과서적 상식이 틀리지 않기를 바라기 때문이다. 그래서 깨인 국민이라면 끊임없이 요구해야 한다. "지도자여, 깨어나라"고 말이다.

알키비아데스처럼 모든 걸 갖추고도 신념을 저버리고 나라를 배신하기를 식은 죽 먹듯 하는 지도자, 국가 현안이 산더미같이 쌓였는데도 강 건너 불 보듯 하는 지도자, 눈치 보기로 바짝 엎드려 있다가 입으로만 나라 걱정하는 지도자, 정치 혐오증에 빠진 국민 정서에 교묘히 파고들어 궤변과 변칙을 자행하는 지도자는 먼 옛날 남의 나라 얘기만이 아니다. 바로 오늘 여기, 우리나라의 얘기가 될 수 있다. 이런 지도자가 다스리고 이끄는 국가의 운명은 너무도 뻔하다. 나라는 망가지고 국민은 불행해진다.

그런 비극을 막으려면 결국은 이 땅에 발붙이고 사는 국민이 나설 수밖에 없다. 그들의 도덕성을 회복시키고, 공동체적 정의가 깃들게 해야 한다. 지적 능력과 통찰력, 상생하고 공존하는 마인드를 갖게 해야 한다. 그들이 나라를 진정 사랑하고 국민을 위하도록 감시하고 감독해야 한다. 그들이 떠난 뒤에도 우리는 남아서 지키고 살아야 하는, 대대손손 물려줘야 하는 내 나라이기 때문이다. 국민이 깨어나고 또 늘 깨어 있어야 하는 까닭이 여기에 있다.

나라의 진정한 지도자는 바로 국민이다.

— 〈서울대 총동창신문〉, 2016년 2월호

Comment

문제를 해결하려면 문제 뒤에 숨지 말고 문제 위에 올라타라 했다. 왜 우리 정치·사회 지도자들은 문제 해결 능력이 떨어지는 걸까. 우리가 수많은 성취를 이루고도 갈수록 인물난에 허덕이는 근본 원인은 결국 사회적 환경과 잘못된 교육 때문이 아닌가 싶다. 지도자 교육이 전혀 안 되고 있는 것도 문제다.

우리 교육은 여전히 줄 세우기 식이며 정부가 치르는 고시를 비롯한 엘리트 충원 방식 역시 성적순이다. 팀워크를 중시하지 않는다. 21세기는 함께 가는 사회다. 오늘날의 세계적 영웅들은 대부분 둘 이상의 친구들이 모여서 위대한 성취를 이루어냈다. 왜 우리의 성장 동력이 주춤하는지, 정치 사회적 갈등 치유 역량이 떨어지는지 답은 명백하다.

세계 최고봉인 에베레스트는 '세계의 지붕'이라 불리는 히말라야 산맥 가운데 있다. 그렇듯 사회가 전체적으로 업그레이드돼야 좋은 지도자가 나온다. 이를테면 성숙한 시민의식, 건전한 시민단체 등이 견인차 역할을 해야 한다. 인격과 도덕성, 비전과 통찰, 희생과 봉사, 이런 자질을 갖춘 지도자는 결국 사회 환경과 교육을 통해 배출되기 때문이다. 서울대 출신들부터 앞장서야 할 것 같아 동창회보를 빌려 이야기했다.

포용과 희생의
리더십을 보고 싶다

2016년 새해가 밝았다. 각계 지도자들의 신년사는 휘황하지만 왠지 공허하고 피부에 와 닿지 않는다. 대내외적 어려움 앞에서 몸을 던져 자기를 희생하겠다는 각오가 보이지 않는다. 국가의 은혜를 입고 정계를 떠난 사람으로서 정치권을 바라보는 마음이 편치 않다.

위기의 경제, 리더십은 실종

먼저 제1 야당의 분당 사태로 정치 셈법이 좀 더 복잡해졌다. 선거가 코앞인데 타협과 양보를 못 해 선거구 획정에 실패한 국회를 보는 국민 시선은 따갑다. 대통령의 날 선 국회 공격에도 국민은 비판보다 공감을 더 보낸다. 그러니 지나간 사람, 정치 문외한까지 새로운 리더십으로 새 정치를 하겠다고 나선다. 각오도, 준비도 덜 된 사람들로 국회가 채워질 수도 있겠다.

올해(2016년)부터 3년 연속 전국 규모의 선거가 있다. 국회의원 총선거, 대통령 선거(2017년), 전국 동시 지방선거(2018년)가 연거푸 치러진다. 이 3년 동안 얼마나 많은 후보가 정치 공약을 남발하며 전국을 선거 광풍으로 몰아넣을까. 세계는 숨 가쁘게 돌아가는데 우리는 제자리걸음하며 이 중차대한 3년을 허송세월한다면 대한민국은 희망이 없다. 더구나 지금은 제2의 IMF 위기라 할 만큼 경제 상황이 심각하다. 3%를 밑도는 성장률, 뒷걸음질치고 있는 무역 규모…. 부채는 늘고, 일자리는 줄고, 신성장동력은 찾지 못하고 있다. 사정이 이런데도 책임 있는 리더십은 어디에서도 보이지 않는다.

정책은 비전도 일관성도 없어 목표와 방향이 수시로 바뀐다. 남은 2년 정부의 중점 사항이 뭔지 아는 사람이 드물다. 대통령은 발로 뛰는 리더십을 보이지 않고 있다. 기업은 정부와 정치권, 노조와 시민단체 눈치를 보며 잔뜩 움츠려 있다. 젊은이들은 취업난에 미래 비전을 상실했다. 연애·결혼·출산도 포기 상태. 사교육비 부담에 중산층은 허리가 휜다. 믿을 만한 전문가도, 시대의 스승도 보이지 않는다.

'태업 국회', 서로 네 탓만

정치권에 대한 실망과 비난은 폭발 직전에 이르렀다. 낯이 뜨겁다. 여야 간 이견으로 해를 넘기고 임기가 끝나면 폐기 처분될 법안이 수두룩하다. 상대방 탓만 할 뿐 책임지는 사람은 아무도 없다. 일하는 국회 모습도 안 보여준다. 정치가 표류하는 건 정치인 스스로 방향 없이 표류하기 때문이다. 올해(2016년) 4월 총선에서의 대폭 물갈이설이 파다하다. 그러나 제한된 정보밖에 없는 유권자들이 감정 투표를 한다 해서 정치가 바뀌진 않는다. 선거 때마다 50% 넘게 선량들을 바꿔왔지만 정치가 발전하고 국회가 나아졌다는 소리는 못 들었다. 대통령도 직선제로 다섯 번, 그것도 여야를 번갈아 바꿨지만 '웃고 들어갔다 울고 나오는 청와대'가 돼버렸다.

독선적—이분법적 정치 문화 바꿔야

지금 우리는 빅데이터Big Data와 사물인터넷IoT: Internet of Things에 의한 초연결사회에 진입했다. 권위주의적 정당정치와 굼뜨고 책임 안 지는 국회로는 시대를 감당하기 어렵다. 정치 구도와 본질은 그냥 둔 채 사람만 바꾼다고 정치가 바뀌겠는가. 독선적 정치 문화와 기득권에 둘러싸인 정치 관행을 뜯어고쳐야 한다.

획일주의를 통일성·정체성으로 혼동하고, 끊임없는 분열과 갈등

유발을 다양성이나 다원화라 착각해선 안 된다. 소수자와 약자 보호가 제 몫 챙기기로 둔갑하고, 계보 파당 놀이하면서 전체 국민을 들먹인다. '동지냐, 적이냐'라는 이분법적 사고가 우리 사회 전반에 독버섯처럼 퍼져 있다. 상대를 받아들이고 함께하는 포용의 정치는 어디에도 없다. 진보·보수·개혁·통합·정의를 주장하는 세력들이 신뢰나 호응을 못 얻는 것도 양보와 자기희생이 없기 때문이다. 지도자의 "나를 따르라"는 목소리는 사방에서 들리는데 내가 먼저 포기하고 희생하겠다는 모습은 자취를 감추었다. 21세기에 들어선 지 16년이나 지났건만 아직도 20세기의 미몽에 젖어 있다. 고답적 지휘관은 있어도 민주적 리더십은 실종 상태다.

지난 시대엔 그래도 김영삼(YS)이나 김대중(DJ) 같은 영웅적 리더라도 있었다. YS는 죽음을 무릅쓴 단식을 했고 DJ는 사형선고를 두 번이나 받았다. 지도자는 거저 탄생하지 않는다. 자기희생이 없는 지도자는 난국을 타개할 수도, 시대를 책임질 수도 없다. 과잉 민주주의 시대일수록 지도자는 국민에게 감동을 서비스할 수 있어야 한다. 나라를 위한 희생, 대의를 위해 오늘 죽는다면 먼 내일 분명 다시 살아날 것이다. 4월 총선에서 이런 지도자를 만난다면 2017년 대선이 그나마 덜 불안할 것 같다.

– 〈동아일보〉, 2016년 1월 4일

2015년 연말을 모처럼 조용한 곳에서 외손자들과 오붓하게 보내고 있는데 '원로의 한마디'를 신년 특집란에 싣는다며 〈동아일보〉에서 급한 원고 청탁이 왔다. 몇 차례 사양했지만 정중하고 간절한 청을 차마 거절하기 어려웠다. '원로'란 말, 아직은 듣기 거북한데 기자는 진정으로 '원로' 대접을 하려 했다. 내심 던지고 싶은 메시지가 많았는지, 능력이 떨어져서인지 원고가 넘쳐 애초 작심하고 쓴 글의 반 정도를 다시 줄여야 했다. 그래도 읽어본 사람들이 많이 공감해주어 보람 있었다.

선거의 계절이 돌아왔다. 정치 현장에 오래 머물렀던 사람으로서 2016년부터 3년 연속 전국 규모의 선거가 있다고 생각하니 정말 아찔하다. 나라가 거덜 나지 않으려면 국민이 정신을 똑바로 차려야 하는데 건강한 국민을 이끌 유력 인물도, 조직도, 단체도 안 보인다. 정치권을 기웃거리면서 받아주면 정파를 위해 목숨을 걸고, 아니면 쌍심지를 돋우며 비난 대열에 앞장서는 이들만 울울창창하다. 한국 정당들이 선의의 경쟁을 하지 못하니까 대신에 공생의 카르텔(적대적 공생 관계)이 생기고 있다.

국민과 유권자에게 미사여구, 교언영색을 남발하지만 공감도 설득력도 없다. 현행 선거 제도와 정당 체제에 안주하는 기득권 세력들뿐이다. 다만 한 가지, 한국 정치는 워낙 변화무쌍해 이 글에서 고대하는 사람이 극적인 순간에 나올 수도 있다. 꺼져가는 희망에 불씨를 당길 그런 사람 말이다. 정말이다. 홀로 십자가를 멘 사람은 지금 죽지만 훗날 반드시 살아난다. 정치 조금 오래 한 내가 보증한다.

진영논리, 집단이기의 '덫'에서 빠져나와라

용기·설득의 리더십 절실

새해가 밝았다. 사회생활을 기자로 시작해 20년을 국회에 몸담았던 사람으로서 금년 정치권의 풍향을 소망과 제언을 곁들여 전망해본다. 우선 지난해 너무나도 가슴 아픈 참사를 겪고 나니 올해만큼은 대한민국호가 별다른 사건·사고 없이 순항하기를 기원하는 마음 간절하다. 제발 서로 싸우지 말고 화합하기를, 공권력이 바로 서고 소신 있는 장관과 책임지는 정치인이 많이 나오기를 기대한다. 제 할 일을 성실히 하는 사람이 성공하고 존경받는 사회가 되었으면 한다.

무엇보다도 비난과 선동에 기대어 작은 문제를 크게 만들고 분노와 갈등을 부추겨 이익을 얻거나 주목받으려는 사람이 없었으면 좋겠다. 올해만큼은 이런 기대와 바람이 며칠만 지나면 부질없는 생각이었음을 깨닫게 되지 않기를 소망한다.

2014년에 일어난 세월호 침몰은 우리 모두의 부족함과 부끄러운 현실을 세상천지에 아프게 드러낸 미증유의 사건이었다. 나라의 지도자란 사람들이 역할을 제대로 못 함으로써 리더십은 실종되고 신뢰는 바닥에 떨어졌다. 동전의 한쪽 면만 보며 그것만이 전부이고 진실인 양 주장하니 동전의 반대편에 있는 사람들은 공감도, 이해도, 설득도 될 리가 없었다. 겨우겨우 수습은 됐지만 언제 또 다른 식으로 폭발할지 모른다. 그래서인지 잃어버린 리더십을 이순신 장군에게서 찾으려고 2014년 여름과 가을 〈명량〉 앞바다가 인파로 뒤덮였다. 춥고 배고프고 힘들었지만 인정과 가족애로 이겨냈던 그 시절이 그리워 사람들은 해를 넘긴 오늘도 〈국제시장〉으로 몰려들고 있다. 이 두 영화는 우리의 가슴을 뜨거운 눈물로 적셨건만 돌아오는 일상은 여전히 허전하다.

〈명량〉의 이순신, 〈국제시장〉의 덕수처럼 희생하는
참된 정치인을 보고 싶다

올해도 만만치 않다. 글로벌 경제 환경은 전망이 어둡다. 금년 한 해를 어떻게 보내느냐에 따라 향후 상당 기간 우리의 좌표가 결정될 텐데 국정 운영은 탄력을 받기가 어려운 처지다. 잠복된 '암 덩어리'들이 언제 어디로 어떻게 터져 나올지 모른다. 지도자들의 발언은 공감대를 만들지 못하고 있다. 국정 지표가 자주 바뀌고 추진 전략이 분명치 않다. 정부가 지난해 초 힘차게 내걸었던 규제 개혁은 역대 정부가 그랬던 것처럼 또 흐지부지 상태다. 연말까지 해내겠다던 공무원연금 개혁은 정치권에서 힘든 샅바 싸움을 하고 있다. 사학·군인연금 개혁은 정부와 여당이 서로 떠넘기려고 핑계거리를 찾는 모양새다. 역대 정권들이 쉬쉬해왔던 문제들이 하나둘씩 불거져 나오는데 이를 떠맡을 주체 세력도, 철학도 안 보이고 준비도 덜 된 것 같다. 실천 의지가 없는 정부, 말만 내뱉는 정치권, 한사코 반대하는 이해 당사자, 침묵하는 수혜자, 한쪽 면만 부각하는 일부 언론과 시민단체…. 우리 사회는 진영논리와 집단이기주의라는 두 가지 덫에서 헤어나지를 못하고 있는 것 같다. 그런 사람들의 입에서 나오는 민주·정의·개혁·공평 같은 고상한 말들은 본질을 숨긴 사탕발림이거나 까고 또 까도 핵심이 없는 양파 껍질같이 공허하게 들릴 수밖에 없다.

본질 숨긴 사탕발림 개혁·정의…

———

원자력발전소 도면 유출 사건도 기막히지만 더 심각한 건 수조를 가득 채워가고 있는 사용 후 핵연료 처리 문제다. 장갑·옷가지 등을 처리하는 저준위 방폐장 시설에 30년이 걸린 나라인데 고준위 폐기물은 어떻게 처리할 것인가. 그동안 나 몰라라 하며 '폭탄 돌리기'를 해온 문제들이 한두 가지가 아니다. 해마다 들쑥날쑥 널뛰기하는 대학 입시 정책, 인구 급감으로 비어가는 대학 캠퍼스 구조조정, 갈수록 자급률이 떨어지고 중앙정부 의존율이 높아만 가는 지방자치단체, 권력의 눈치를 보는 듯한 검찰과 경찰, '관피아(관료 마피아)' 문제가 도마에 오르자 일은 안 하면서 정년만 채우고 보자는 식의 공무원 보신주의, 아직은 괜찮다지만 눈덩이처럼 불어나는 국가 부채, 대다수 노동자는 노조조차 만들지 못하건만 2000만 노동자를 대표하고 대변하는 듯 행세하는 소수의 억대 연봉 노동자와 노총 지도부, 농민단체의 눈치를 보느라 식량 안보·쌀 보호 논리에 묶인 FTA 협정, 재벌의 지배구조와 기업 경영 문화 쇄신이 시급한데도 '땅콩 리턴' 사건에서 보듯 기업을 여전히 사유물인 양 여기는 일부 2·3세들, 낮잠 자는 법안과 위압적인 국회 운영….

2015년은 박근혜 정부 3년차다. 5년 임기 중 유일하게 큰 선거가 없는 해다. 그러나 2016년 4월에는 정권의 향방을 가를 20대 국회의원 총선이 있고, 2017년이면 새 대통령을 뽑는다. 2015년 가을로 접어들기 무섭게 국회를 중심으로 스릴 넘치는(?) 권력 쟁탈전이 펼쳐질 수도 있다. 시간은 박 대통령 편이 아니다. 더구나 비서실 내부 문건까지 터져 안팎으로 어수선한 상황에서 2015년 새해를 맞았다. 여론은 대통령의 인사와 소통 방식에 의문이 많고 불만이 깊다. 대통령부터 변하고 바뀐 모습을 보이도록 요구하고 있다. 사태는 엄중하고 시간은 부족하다. 벌써 이곳저곳에서 발목 잡기에 들어갔다. 단임 대통령제의 한계이자 맹점이다.

정직하고 진지하게 다가가야 문제 풀려

———

이 많은 문제를 한꺼번에 해결할 수 있는 사람은 없다. 다 해결되리라고 기대하는 국민도 없다. 과욕도, 게으름도 문제지만 중요한 건 얼마나 진지하게 접근하고 정직한 자세로 풀려고 노력하는 사람이 있느냐 하는 것이다. 국민은 그런 사람을 보고 싶어 한다. 시대가 바뀌고 국민의 의식과 수준이 달라졌는데 우리 정치권이 따라가지 못하고 있어 안타깝다. 결국 이는 다시 리더십과 신뢰의 문제다. 신뢰를 잃으면 리더십은 생길 수가 없다. 국민이 나의 충정과 헌신을 몰라준다 할 것이 아니라 나를 믿고 따르게끔 내가 진심으로 행동했는가를 반추해야 한다. 머리와 입술로 말하는 것이 아니라 가슴과 가슴으로 대화해야 한다. 남의 아픔 속에 내가 들어가는 것, 기독교의 긍휼과 불교에서 말하는 자비의 마음으로 정치가 국민에게 다가가야 한다.

고대 그리스에선 지도자의 필수 요건이 '아레테arête'였다. '덕virtue'으로도 번역되는 이 말은 초기에는 적과 위험 앞에서의 용기, 견해가 다른 상대를 설득시키는 능력을 의미했다. 시대가 변하면서 뜻이 풍부해졌지만 애초 의미는 변하지 않았다. 그렇다. 2600년 전 고대의 지도자들이 가졌던 용기와 설득의 노력은 지금 이 시대 한국 정치인들에게도 절실히 필요한 덕목이다.

초연결사회, 정치권은 아날로그 소통도 안 돼

———

고함지르고 삿대질하는 것이 용기가 아니다. 밤을 새우는 일이 있어도 치열하게 토론하는 편이 상대방은 아닐지라도 국민을 설득하는 지름길이 될 수 있다. 변화를 요구하니 속은 안 바꾸고 껍데기만 바꾸어왔다. 수시로 떼었다 붙였다 하는 당의 간판도 문제지만 국회의원 공천 물갈이를 많이 한다고 좋은 정당이 되지는 않는다. 존속 여부를 고민해야 할 비례대표를 오히려 확충하자는 자기 밥그릇 챙기기 식으로는 정치를 바꿀 수 없다.

21세기는 그 어떤 시대에도 겪어보지 못한 문명사적 전환기다. 얼마 전 중국 우전烏鎭에서 열린 제1회 세계인터넷대회WIC: World Internet Conference에 참석해 기조연설을 하고 왔다. 슬로건이 '개방, 참여, 공유'였다. 사회주의 중국에서도 시대의 핵심을 알고 있는데 우리는 지금 어디로 가고 있는가. 빅데이터, 사물인터넷의 등장으로 세계는 초연결사회로 숨 가쁘게 달려가는데 아직도 우리 정치는 아날로그적 소통과 연결조차 안 되고 있다. 지금처럼 국민과의 연결 방식이 서툴고 소통이 제대로 안 된다면 그러잖아도 직접민주주의 방식이 곳곳에서 등장하고 표출되는 현실에서 국회로 상징되는 대의민주주의 제도 자체가 심각한 위기를 맞을 수도 있다. 세계경제포럼 WEF에서 지적한 대로 한국 정치인의 신뢰 수준은 최하위(97위)를 기록하고 있지 않은가.

정치 잘못되면 국민만 피곤해져

세월호 참사는 우리가 2류임을, 선진국 수준의 국민이 되려면 까마득하다는 사실을 통렬하게 일깨워주었다. 그러나 좌절은 금물이다. 과거 동남아시아 어느 국가도 한국보다 가난하지 않았으나 지금은 어떤 국가도 우리보다 잘살지 못한다. 많은 나라가 한국의 원조와 지원을 받고 있다. 먹고살기 위해 다들 열심히 뛰었겠지만 우리는 성공했고, 그들은 우리 뒤를 따라오고 있다. 진부하게 들릴지 모르지만 30년 만에 산업화·민주화·정보화를 모두 이룬 나라가 한국 말고 또 어디 있는가. 영국 〈이코노미스트〉가 발표한 2014년 한국의 민주주의 지수는 167개국 중 21위다. 미국(19위), 일본(20위) 바로 다음이다. WEF도 2014~2015년 한국의 국가 경쟁력을 세계 26위로 평가했다. 남북이 분단되고, 노사 갈등이 끊이지 않고(132위), 정치인이 제 역할을 못 해 순위를 끌어내리는 나라란 걸 감안하면 대단하지 않은가.

21세기의 가열한 국내외적 환경을 살펴보면 우리 정치인들에게 지적 통찰력과 책임감은 앞서 말한 여러 덕목에 더해야 할 필수 요건이다. 더 이상 무슨 설명이 필요하랴. 결국 모든 것은 정치로 귀결될 수밖에 없다. 정치가 잘되면 나라가 살고 정치를 잘못하면 국민이 피곤하다. 그 정치인은 국민이 뽑는다. 바라건대 제대로 된 정치인을 뽑아놓고 큰소리치는 국민 모습을 보고 싶다. 대통령 선거가 얼마 남지 않았는데 유력 후보가 보이지 않는다. 특이한 현상이다. 마땅한 인물이 없어서인지, 몸을 사려서인지 모르겠지만 바람직한 일은 아닌 것 같다. 다만 한 가지 희망 섞인 기대를 해본다. 앞서 지적한 여러 덕목을 갖추기에 3년이란 시간은 충분하지도 않지만 부족하지도 않다. 열심히 갈고닦는다면 어느덧 차기 대권에 다가갈 수 있을 것이다. 박근혜 정부가 마지막까지 최선을 다하는 모습과 더불어 제대로 된 정치인이 나오기를 바라는 것이 국민의 마음일 것이다.

〈명량〉의 이순신처럼, 〈국제시장〉의 덕수처럼 희생과 헌신으로 앞장서는 이를 국민은 다른 어느 곳보다도 정치권에서 보고 싶어 한다. '타는 목마름으로' 기다린다. 그런 정치인을 국민은 반드시 기억하고 높이 평가할 것이다. 2015년 새해에는 나쁜 뉴스가 아닌 기분 좋은 뉴스, 박수 보내고 싶어지는 기사들로 신문 정치면이 가득 채워졌으면 좋겠다.

－〈한국경제신문〉, 2015년 1월 6일

〈한국경제신문〉 객원기자로서 쓴 첫 원고다. 글이 좀 기니까 짧게 정리해 내든지 두 차례로 나누어 실어도 좋다고 했다. 신문이 나오고 나서 깜짝 놀랐다. 1면 머리기사로 시작해 신문 4면(정치면)의 전면을 하단 광고를 빼고는 내 기사로 채웠다. 그것도 사진과 삽화까지 곁들여⋯. 그만큼 임팩트가 있고 글이 좋았다지만 조금은 부담스러웠다.

2014년은 단연 세월호 정국이었다. 세월호로 너무 많은 것을 잃었다. 사회의 내부적 모순이 폭발 직전 상태가 됐는데도 이를 추스를 지도력(리더십)이 상실됐다는 사실이 무엇보다 심각하고 가슴 아팠다. 동서고금의 역사를 보면 위기 때마다 지도자가 나오건만 우리는 왜 그렇지 못한가? 참된 리더를 만나지 못하면 그 나라의 운명은 거기서 끝난다. 우리가 지금 그런 상태가 아닌가 싶어 밤잠을 설치곤 한다.

이 글에선 정치인들이 좀처럼 언급하지 않는 고준위 방폐장 처리 문제도 잠깐 다루었다. 일본에서 후쿠시마 원전 사태(2011년 3월 11일)가 나도, 북한 김정은이 4차 핵실험(2016년 1월 6일)을 해도 쓰고 남은 폐연료봉은 원전 물탱크 속에 차곡차곡 쌓여간다. 더는 수용할 탱크도, 여유도 없는데 역대 정권들은 나 몰라라 한다. 대한민국, 안전지대가 없다!

이 글을 쓰고 꼭 1년이 지났건만 위기와 불안감은 해소되지 않았다. 오히려 증폭되고 있는 느낌이다. 나라의 운이 다했는가, 결정적 순간에 새로운 리더십이 나올 것인가. 나는 아직은 후자 쪽에 기대를 갖고 있다.

아, 메르스…
대한민국 어디로 가고 있나

박근혜 대통령이 미국 방문을 전격 연기했다. 국민의 안전과 생명 그리고 여론을 고려해 외교적 결례를 무릅썼다. 그만큼 사태가 엄중하고 심각하다는 방증이다.

　난리도 이런 난리가 또 있을까. 중동호흡기증후군(메르스)이 신문·방송·인터넷·소셜네트워크서비스SNS를 온통 잠식하며 대한민국을 점령했다. 바람도 없는 폭염의 거리를 삽시간에 마스크로 뒤덮어버렸다. 동물원에나 몇 마리 있는 낙타가 일으킨 모래 먼지가 온 나라에 자욱하다. 리스트도, 연금도, 국회법도, 청문회도 이 먼지 폭풍 속에 가려지고 지워졌다. 어쩌다 이 지경까지 오게 된 걸까.

인류 역사는 전염병의 역사였다. 유사 이래 전쟁이 앗아간 목숨보다 전염병으로 숨진 생명이 훨씬 더 많았다. 고대 그리스 민주주의를 꽃피운 아테네의 지도자 페리클레스Perikles도 스파르타의 공격에 성문을 굳게 닫아걸고 전 시민을 성안으로 끌어들여 대항하다가 창검보다 강한 복병인 역병疫病을 만나 아테네는 수많은 목숨을 잃었다. 페리클레스 자신도 이 괴질에 걸려 생을 마감했다. 전쟁보다 무서운 게 바로 전염병이었다.

정부 '컨트롤타워' 없이 우왕좌왕… 정치권, 소통보다 갈등·분열 조장
'나 하나쯤이야' 시민의식도 실종

지금은 어떤가. 최첨단 현대의학으로도 신종 감염질환으로부터 아직 인류를 온전히 보호하지 못하고 있다. 백신이나 치료제 개발이 바이러스 변이를 못 따라가기 때문이다. 그렇다 해도 지금 메르스로 인한 대한민국의 혼란과 불안은 정상에서 한참 벗어나 있다. 메르스가 우리 국가 사회와 경제를 파탄으로 몰아갈 기세다.

방역망은 일찌감치 무너졌다. 정부가 과도하게 쌓은 바리케이드 때문에 더 쉽게, 더 빨리 허물어졌다. 부족하고 불확실한 정보는 불안과 공포를 유발한다. 무슨 군사작전처럼 숫자·기호로 환자와 병원을 암호화함으로써 루머를 양산했다. 환자는 숨기고, 의사는 모르고, 병원은 감추기 바빴다. 그 바람에 메르스의 치유소·보호막이 돼아 할 병원이 오히려 간연소·전파원이 되고 말았다. 호미로 마을 일을 가래로도 못 막게 만들며 대한민국을 메르스 오염국으로 추락시켜 버렸다. 병원 공개를 안 하고 비밀주의로 나가려면 나름대로 원칙과 의지가 있어야 하건만 공개를 꺼린 이유가 불분명한 데다 비밀을 지켜낼 능력도 없고 조직도 안 갖추어 있었다. 또 인터넷·SNS를 포함한 언론의 협조가 뒷받침되지 않았다는 점에서 그것은 실패가 예고된 전략이었다. 오류투성이 병원 리스트는 그 결정판이었다. 치밀성·체계성·정확성 등 디지털 시대 마인드가 부족했고, 하드웨어는 번듯한데 소프트웨어 운용 수준은 그에 못 미친다는 사실이 아울러 탄로가 났다.

세월호 사건으로 국제적 망신을 산 게 불과 1년 전이건만 메르스 사태로 우리는 또다시 부끄러운 민낯을 세상천지에 드러내고 있다. 총체적 난국이랄까. 갈팡질팡하는 모습이 세월호 판박이다. 이번에도 확실한 리더십은 보이지 않는다. 골든타임을 또 놓쳤다. 초기 대응에 실패했으면 2차·3차 단계에서라도 사태를 장악했어야 하는데 불신과 불안만 가중시켰다. 위기를 관리하고 독자적으로 판단하는 인물이 내각에 없다. 모두가 대통령 입만 쳐다보고 눈치만 살피는 듯하다. 대통령이 전지전능자라도 된다는 말인가. 뒤늦게 가동한 컨트롤타워는 '누가, 무엇을, 어떻게'에 대한 개념조차 명확하게 서 있지 않은 것 같다.

새로 생긴 국민안전처는 역시나 이름값을 하지 못했다. (국민) 안전

과 (국가) 안보는 구분이 애매하니 통합해야 한다고 주장했던 나로서
는 아쉬운 대목이다. 역할도 모호하고 책임 소재도 불분명한 3개 본
부가 보고와 회의로 금쪽같은 시간을 보내는 건 아닌지 걱정스럽다.
공무원과 관료들의 미루기, 떠넘기기 악습도 여전한 듯하다. 딱하기
는 야당도 마찬가지로, 국민의 감동과 지지를 이끌어낼 이 좋은 기
회를 또 한 번 걷어차려 하고 있다. 감정에 편승해 갈등과 분열을 증
폭시키는 것은 하수의 정치력이다. 수권 정당의 가능성은 위기의 시
기에 판가름이 나는 법이다. 일부 지자체장과 대권 주자의 발언은
정치 마케팅으로 비친다. 사정이 이렇다 보니 불신의 벽과 갈등의
골은 점점 더 높아지고 깊어간다.

세월호 이후 국가와 개인의 책임을 구분 짓는 경계가 더욱 모호해
졌다. 개인 책임도 국가 책임으로 귀결되는 분위기랄까. 오랜 중앙집
권적 인습 탓에 개인과 사회가 함께 지켜야 할 가치가 정립되지 못
하고 있다. 공동체 교육훈련은 전혀 안 되고 있고, 여기에 잦은 선거
로 말미암은 포퓰리즘 등이 합세해 극도의 이기주의와 책임지지 않
는 풍조를 낳고 있다. 메르스 사태가 그 반사경이다. 병력을 숨긴 병
원 순례 등 나만 생각하고 남을 고려하지 않는 결여된 공동체 의식
이 파문과 파장을 키웠다. 책임 있는 민주 시민의식과 가치 회복의
필요성이 절실해졌다.

서울 강남에 있는 유수의 대학병원 세 곳마저 메르스에 구멍이 뚫
렸다. 병원 의료 시스템에 대한 전반적·구조적 점검 및 개혁의 필요

성을 알리는 경종이다. 병원의 위생 상태나 환자 수진 등 시급히 개선해야 할 문제가 한둘이 아닌 것 같다. 10대 청소년과 경찰관, 만삭의 임신부도 확진 환자가 됐다. 그런데도 정부는 설득력이 떨어지는 대책과 메시지를 남발하고 있다. 발병 초기이긴 했지만 교육부의 낙타고기 파문이 그 좋은 예다. 담당 공무원이나 책임자가 조금만 신중했더라도 조롱과 야유 세례는 받지 않았을 것이다.

국회로 불려 가 혼쭐나는 관계 장관들을 보면서 문득 펠로폰네소스 전쟁 마지막 국면이 떠오른다. 아테네군은 스파르타군을 상대로 사력을 다해 싸워 승리를 거두지만 아테네 민회는 전사자 수습을 등한시했다는 이유로 승전한 장군들을 모두 법정에 세워 처형했다. 본말이 뒤집힌 이 판결로 리더십(지휘관)을 잃은 아테네는 그 이듬해 전투에서 참패하고 결국 멸망한다. 지금으로부터 2500년 전 일이다. 비유가 적절한지 모르겠지만, 어떤 사건이 터지면 사람부터 갈고 해당 부처부터 뜯어고치고 보는 우리에게 시사점을 던진다. 문책은 사태 수습 뒤에 해도 늦지 않다. 애초에 인사를 제대로 하고 일단 뽑은 인재라면 믿고 키워주는 일이 중요하다. 그래야 역량을 쌓으면서 소신껏 일하게 된다.

키워드는 역시 리더십이다. 똑같은 재난을 앞에 두고 대처법이 달랐던 미국의 두 대통령을 예로 들어보자. 2005년 허리케인 카트리나가 강타했을 때 사흘이 지나서야 현장을 방문해 뉴올리언스를 폭력과 강탈이 난무하는 무법천지로 만든 부시는 그 뒤 지지율이 곤두박질쳤다. 반면 오바마는 2012년 허리케인 샌디가 발생하자 선거 운동을 중단하고 진두지휘에 나서 재선에 성공했다. 그는 또 2014년 9월에도 에볼라에 감염됐다 완치된 간호사들을 백악관으로 초대해 포옹과 키스를 함으로써 미국 시민의 불안감을 잠재우는 리더십을 연출했다.

박근혜 대통령은 몇 차례 사건을 통해 위기 극복 리더십의 한계를 보였다. 강점이었던 신뢰가 무너지고 소통 능력은 심각한 수준이다. 부시 미국 대통령이 9·11 테러를, 아베 일본 총리가 후쿠시마 원전 사태를 국민 단합과 지지율 상승의 지렛대로 삼았듯이 이번에야 말로 박 대통령이 새로운 모습을 보여야 한다. 금 모으기로 외환위기를 넘기고, 자원봉사 행렬로 태안 해변 오염을 정화시킨 우리 국민 아닌가. 잠재된 그 에너지를 결집·분출해내는 것은 리더의 자세와 태도에 달려 있다. 솔선수범과 진정성, 모성애적 포용력을 아우르는 변화된 리더십의 발휘가 절실한 때다.

막연한 두려움 버리고 빨리 일상으로 돌아가자
두려워할 대상은 두려움 그 자체… 우리 마음속 '메르스 악령' 쫓아내자
——

메르스는 백신이 개발되지 않았을 뿐 불치병이 아니다. 전파력과 치사율도 다른 전염병보다 높지 않으며, 국내 의료 수준은 최상급이다. 그런데 왜 우리는 온 국민이 일상생활까지 포기할 만큼 과민 반응을 보이는 걸까. 세계보건기구WHO 평가단의 수업 재개 권고에도 휴업이나 휴교를 하는 학교들은 오히려 늘고 있다. 심지어 부산국제 크루즈박람회는 개막 하루 전에 전격 취소돼 크루즈선을 타고 온 관광객 수천 명이 배에서 머물다 그대로 출항하는 혼선을 빚었다. 부산은 아직 발병 환자가 한 명뿐인데도 말이다.

방심도 금물이지만 더 큰 문제는 지나친 공포감이다. 과잉 보도 그리고 이성을 잃은 감정적이고 비과학적인 접근은 패닉이나 아노미 현상까지 불러일으킨다. 지금 우리 사회가 그 방향으로 떠밀려 가고 있다. 전염병에 대처하는 합리적 태도를 상실했다.

정말이지 정상이 아니다. 세월호 참사 때처럼 수학여행을 속속 취소하고 있는 우리와 달리 미국 서부 명문고(하버드 웨스트레이크) 교사 20명은 12일간의 한국 역사문화 탐방을 위해 11일 인천공항에 내렸다. 방한 기간 중 국내외 동문 모임도 할 예정이다. 전문가와 상의한 결과 확진 환자를 직접 접촉하지 않으면 감염될 확률이 거의 없다는 답변을 들었기 때문이란다.

루스벨트가 말했듯이 "지금 우리가 가장 두려워해야 할 대상은 바로 두려움 그 자체"인지도 모른다. 막연한 불안감, 불필요한 공포심을 걷어내야 한다. 일부 언론에서 굿 뉴스, 희망의 메시지 전달에 신경 쓰는 모습이 아름답다. 격리자, 확진 환자, 사망자만 늘고 있는 게 아니다. 격리 해제자, 완치자, 퇴원자 수도 늘고 있다. 천식을 앓는 77세 할머니도 메르스를 물리치고 환자복을 벗었다.

진정이냐, 확산이냐. 대한민국은 지금 그 갈림길에 서 있다. 우리 하기 나름이며, 꼭 해내야 한다. 지도층의 리더십에만 기댈 게 아니다. 우리 모두가 각자의 리더십과 책임의식으로 이 난국을 타개해야 한다. 공동체 정신을 회복함으로써 개인과 나라가 바로 설 수 있는 계기로 삼아야 한다. 그동안 우리가 너무 얼렁뚱땅 살아왔음을 반성도 하면서… 무엇보다 내 안에, 우리 안에 웅크리고 있는 '메르스'란 이름의 악령을 내쫓아야 한다. 과대포장을 벗기고 그 실체를 직시해야 한다.

저마다 자기 위치에서 최선을 다해야 할 책임과 의무가 대통령·정부·의료진은 물론 국민 모두에게 주어졌다. 이 시련을 하늘의 경고로 여겨 다 함께 반성하고 힘을 모아 헤쳐나가고 거듭 태어나는 계기로 삼지 못한다면 대한민국에 미래는 없다. 하루빨리 평정심을 되찾고 일상으로 돌아가자. 그것이 우리가 사는 길, 메르스를 이겨내는 길이다. 지난 세월호 때처럼 구조·구호 활동하는 이들이 불의의 희생을 겪는 일이 이번에는 제발 없도록 해야 한다. 온 힘을 기울여 치료와 간호에 임하고 있는 의료진에게 감사하며 격려의 박수를 보내야 할 때다.

– 〈한국경제신문〉, 긴급 리포트, 2015년 6월 12일

〈한국경제신문〉 두 번째 대형 기사다. 객원기자의 글이지만 사실은 기사라기보다 칼럼에 가깝다. 분량은 1월과 같았고 대형 지면과 과감한 편집 역시 지난번과 비슷해서 덜 놀랐다.

이 글에서는 거듭되는 국가 위기에 적절히 대응하지 못하는 자세와 리더십을 지적했다. 지금 읽어봐도 울화가 치밀고 분통이 터진다. 이 원고 쓰면서 격앙된 감정을 추스르느라 시간을 좀 보내야 했다. 고금의 외국 사례를 들기도 했지만 몸을 던져 대처하면 이 까짓것(?) 못 막을 것도 없으련만 정말 왜들 이러는지 모르겠다.

그래도 희망의 끈을 놓지 않으련다. 우리를 구원해줄 굵고 튼튼한 동아줄이 내려오길 기다리련다. 그래서 두려움에 맞서고 공포를 이겨내는 길을 제시하려 했다. 바로 평정심이다. 지도자라면 가져야 할 첫째 조건이다. 심호흡 크게 하고 소매 걷어붙이고 메르스로 상징되는 모든 악령, '그 까짓것들'에게 달려들자. 대한민국이 어떤 나라인가. 대한민국을 어떻게 지키고 키워온 우리 국민인가.

우리는 '2류'입니다

가슴 아프다. 인재人災와 관재官災가 어우러진 최악의 합작품이다. 아무 죄 없이 희생된 착하고 온순한 저 어린 것들을 생각하면 눈물이 앞을 가린다. 삼풍백화점이 무너졌을 때도, 성수대교가 끊어졌을 때도 이렇게까지 참담하고 분노가 치솟진 않았다. 그 사고들은 수습할 겨를도 없이 순식간에 벌어졌지만, 이번 참사는 대피와 구조에 필요한 충분한 시간이 있었는데도 사상 최악의 희생을 불러왔기 때문이다.

세월호 참사는 총체적 부실이 낳은 전근대적·후진국형 사고의 전형이다. 처음부터 끝까지, 발생부터 수습까지 낙제점으로 일관했다.

예고된 비극이었다. 기본을 안 지키는 것이 얼마나 큰 재앙의 불씨가 될 수 있는가를 통렬하게 보여주었다. 하드웨어보다 더 엉망인 것은 소프트웨어였다. 선장과 승무원들은 기본 매뉴얼조차 몰랐거나 아예 무시해버렸다. 탑승자들은 사전에 그 어떤 안전 교육도 받지 못했다. "구명조끼 입은 채 선실 안에 가만있어라"라는 엉터리 방송만 없었어도 수백 명은 더 살 수 있었다. 배와 승객을 버린 채 앞을 다투어 탈출한 뱃사람들은 국제적으로 비난과 조롱거리가 되며 국가 이미지에 먹칠했다. 책임감도, 직업윤리도 바다 깊숙이 침몰해버렸다. 대책본부는 전혀 역할을 못 한 채 발표 내용을 수정·번복하고 사과하기 바빴다. 정부에 대한 불신은 꼭짓점으로 치달았다. 언론의 부정확한 보도, SNS의 괴담과 유언비어는 여전했다.

'내 탓이오, 내 탓이오, 내 큰 탓'이다

이 모두가 1류는커녕 2류, 아니 3류 수준을 못 벗어난 이 나라의 제복 입고 완장 차고 호령하는 나 같은 기성세대와 우리가 관리·운영해온 부실한 사회 시스템 탓이다. '내 탓이오, 내 탓이오, 내 큰 탓'이다.

큰 사건이 나면 대책이라고 나오는 것이 뻔하다. 금지시키고 사람 바꾸고 새로운 조직을 만드는 것이다. 전가의 보도처럼 써먹었으니 신선도도, 효용성도 많이 떨어졌건만 판박이로 계속되니 잊을 만하면 사고가 다시 터지는 것이다. 이 글 쓰고 있는데 국무총리가 사의를 표명했다 하고, 대통령도 수리했다고 한다. 총리도 물러나는 것 밖에는 별도리가 없는 분위기를 파악했을 것이다. 인격과 인품을 갖춘 분 같았는데 뜻도 못 펴고 아깝게 되었다. 이제 바야흐로 개각과 인물 하마평으로 부산스럽게 되었다.

그러나 생각해보자. 그동안 우리나라 장관의 평균수명은 1년 남짓이다. 정권 한 번 바뀔 때마다 100여 명의 장관이 등장했다 물러나니 인재가 남아나질 않는다. 미국 같은 큰 나라도 장관은 특별한 일 없으면 대통령과 임기를 같이한다. 경륜과 소신, 비전을 갖추려면 갈고닦는 데 절대적 시간이 필요하다. 또 까다로운 청문회를 통과할 만큼 도덕적 삶을 살아야 한다. 그런 사람이 많지 않다는 것이 현실이다. 가까스로 통과해 입각해도 대통령·여당·야당 눈치 살피느라 공무원 장악할 틈도 없다. 공무원들은 눈치 9단이다. 그들은 다 안다. 앞에서 '예' 하고 돌아서서 딴짓하다 시간만 뭉개면 장관 바뀌고 새 정부가 들어선다.

국회의원은 선거 때마다 50%가 바뀐다. 조직과 기구의 절반이 바뀌는 것이다. 4년간 국민의 실망이 분노 수준이었음을 반증한다. 하원의원 재선율이 90%에 가까운 미국에 비하면 그야말로 혁명적이다. 제도와 관행, 의식은 안 변하고 사람만 바뀌니 정치는 요동치고 정책은 불안하다. 보리밭 갈아엎고 새 보리 심는다고 쌀 나오지 않는 법이다. 조직이든 사람이든 바뀌면 새로 정비하느라 몇 달이 걸린다. 예전에 공들여 만든 정책들이 물거품이 되기도 한다. 결국 국가 효율성이 떨어지고 피해는 국민에게 돌아온다.

칸막이를 치우고 벽을 허물어야

가장 신선한 개선책처럼 보이는 것이 컨트롤타워, 종합 대책본부의 신설 내지 확충이다. 전 정부 때 IT 컨트롤타워 만들자고 역설했던 기억이 새삼스럽다. 그러나 한마디로 이번 사건은 대책본부가 없어서 잘못 수습하고 혼선을 빚는 것이 아니다. 총리가 있었고 청와대가 있었고 장관이 두 명 밤을 새워 지켰다. 문제는 합동·연합·역할 분담이 안 되고 책임 소재가 불분명한 탓이다. 한 번도 사용하지 않은 총은 녹슬게 마련이다. 우리는 스스로 'IT 강국'이라 하면서도 네트워크를 연결하고 활용하는 일은 하지 못한다. 칸막이를 치우고 벽을 허물어야 한다. 해마다 두세 번만이라도 부처 간·기구 간·사람 간 합동 훈련을 했더라면 이런 수준 이하 결과는 안 나왔을 것이다. 이번에 구조팀을 비롯해 관련 공무원들의 노고는 눈물겹다. 그런데도 유족과 실종자 가족 그리고 국민으로부터 좋은 소리를 못 듣는다.

전쟁이 나지 않아도 국군은 육해군 합동으로 수없이 많은 실전 훈련을 한다. 재난 사고는 해마다 숱하게 발생하는데 왜 부처 간 합동 훈련을 하지 않는가. 언제까지 말로만, 서류로만 건성건성 넘어갈 것인가. 해당 공무원 역시 그 자리에서 1년만 버티면 다른 곳으로 전보가기 때문인가. 새로운 종합 컨트롤타워는 한마디로 옥상옥이다. 현재의 재난대책본부를 어떻게 잘 활용할 것인가부터 먼저 고민해보라. 이런 식이라면 매번 사고 날 때마다 하나씩 만들고 없애야 한다. 분야별로 사명감 있고 숙련된 전문가를 양성하는 것이 시급한 과제다. 이런 일은 생색나지 않으니까 알면서도 그동안 미뤄둔 것이다. 종합 컨트롤타워가 절실한 곳은 따로 있다.

안전을 중시한다고 행안부에서 안행부로 바꾼 정부다. 이름은 바꾸었지만 의식은 옛날 내무부 수준 아닌가 생각해보라. 금지·제한·축소·허가·심사 같은 얘기는 이제 더는 관심도 못 끌 대책이다. 이것이야말로 부처가 힘쓰는 새로운 규제다. 이런 대책만 나오면 공무원들 표정 관리하기 바쁘다. 자율적으로 정하면 될 일을 또 정부에 간섭권을 주는 것이다. 규제는 이런 식으로 생긴다.

해수부 부활이 만능은 아니었다. 역시나 '가재는 게 편'이었다. 해수부·해경·해운조합·해운업체 사람들의 유착 관계는 뿌리 깊고 끈끈했다. 이번 일로 드러난 먹이사슬은 새삼스러운 것이 아니다. 원전 비리, 저축은행 사건에서 보듯이 다른 곳도 더하면 더했지 절대 덜하지 않다. 오죽하면 전·현직 관료와 '마피아'를 짝지은 '해피아' '모피아' '교피아' '산피아' '원전 마피아' 같은 합성어가 유통될까. 관료를 '잠재적 범죄 집단'으로 전락시킨 것은 관료 자신들이다. 한 가지, 이 사건 이전에 해수부 부활이 안 되었다면 모든 책임이 거기로 쏟아져 내각 총사퇴 압력을 배겨내지 못했을 것이다. '신의 직장'은 빈말이 아니다 너도나도 기를 쓰고 공무원이 되려는 이유를 알 것 같다.

물론 관련 업체에 생판 모르는 사람을 보낼 수는 없다. 관련 공무원보다 더 나은 전문가 집단이 있을까? 다만 이들이 가서 나아진 것도 없고 국민이 반기지도, 믿지도 않는 것은 뭔가 문제가 있다는 뜻이다. '유착 관계, 불법 거래, 실적 저조, 비정상, 비능률'이란 수식어로 평생 공직에 봉사한 명예에 스스로 먹칠을 하고 있다는 사실이 안타깝다. 공무원이 가서 안 되는 것이 아니라, 공무원의 명예에 반하는 행위를 하면 엄단하는 시스템이 개발되어야 한다.

국민 속으로 들어가자, 가슴으로 아픔을 함께하자
——

사람과 조직만 바꾸는 한 우리는 계속 2류에 머물 수밖에 없다. 의식과 사고를 바꾸어야 한다. 관련 분야의 소프트웨어와 콘텐츠를 제대로 만들고 활용하려는 피나는 노력을 해야 한다. 진정으로 국민 입장에서 생각하고, 국민 마음에 젖어들어 행동해야 한다. '국민'이란 말 참 조심스럽다. 사건이 터지면 기다렸다는 듯이 '국민'을 팔아 실속 챙기고 한 자리 차지하려는 세력이 아직도 만만찮다. 인사권자는 이들을 가려내는 안목과 식견이 있어야 한다. 농사꾼은 벼와 피를 안 보고도 가려낸다.

기득권과 고정관념 탈피도 중요하다. 우리 사회는 이른바 진보와 보수가 고질적으로 대립해왔다. 변화와 성찰 없이 진영논리에 갇혀 어느새 기득권 옹호 세력으로 전락하고 말았다. 진보가 불변하면 보수가 된다는 사실을 한국의 '꼴통 진보'만 모르는 것 같다. 보수는 보수대로 자극과 경쟁이 없으니 더욱 진부해지는 것이다. 기껏 국회에서 세율을 얼마 더 높이느냐 낮추느냐를 놓고 날밤을 지새운다. 국민 눈에는 허송세월하는 것으로 비친다. 본질은 없고 변죽만 울리는 전형적 2류 행태다.

사회가 급속도로 변하면서 이익집단의 목소리가 강성해지고 분화·분파 현상이 가속화되었다. 저성장·저고용의 만성화로 '파이'를 키우기가 어려워지자 내 것은 챙기고 남의 것은 빼앗는 일종의 강박관념까지 생겼다. 치열한 기득권 지키기 사회가 되었다. 공무원부터 노조에 이르기까지 이 점은 난형난제다. 부처 간·이익집단 간 협조와 공조가 이루어지지 않고 정부의 조정 능력이 떨어진다. 법이 사회 변화를 못 따라가고 법과 명령·규제만으로 안 된다는 것이 입증되었는데도 아직 구태에 젖어 있으니 2류를 탈피하지 못하는 것이다. 대통령 혼자서 할 수 있는 일이 절대 아니다. 범국민·범국가적 차원의 어젠다로 설정해 모두가 한마음 한뜻으로 나서야 겨우 가능할 일이다.

흉내는 원숭이도 낼 수 있는 법, 말로써 하란다면 개혁은 벌써 완성되었다. 총체적 부실인 만큼 대응 또한 총력적이라야 가능하다. 내 살을 도려내고 내 뼈를 깎아내겠다는 그런 각오, 그런 자세라야 2류 탈피를 할 수 있다. '사람만' 바꾼다고 해결될 문제가 아니다. '사람이' 바뀌어야 한다. 철학과 사고가 바뀌고, 시스템과 행동이 바뀌어야 한다. 실추된 신뢰를 회복하려면 대통령부터 국민 마음속으로 들어가야 한다. 가슴으로 아픔을 함께하는 지도자, 그 진정성이 확인될 때 국민은 움직일 것이다. 2류라는 꼬리표도 그때 비로소 우리에게서 떨어져 나갈 것이다.

– 〈파이낸셜뉴스〉, 2014년 4월 28일

Comment

세월호 참사는 그 여파와 후유증이 오래도록 지속될 2014년 최대의 사건이다. 우리의 부끄러운 민낯이 그야말로 총체적으로 고스란히 드러났다. 제자리를 지키고 있었어야 할 어처구니(맷돌 손잡이)는 어디에도 없었다. 처음부터 끝까지, 말단 공무원부터 대통령까지 수준 이하의 자세와 행동으로 일관했다.

서애 유성룡(柳成龍)은 『징비록』을 통해 임진왜란 초기 조선 조정의 실정과 무방비, 국론 분열을 반성하고 뉘우치며 후환을 경계했다. 지금 우리 상황은 그 당시 못지않게 심각하다. 그토록 숱한 사건과 사고를 당했으면서도 여전히 정신을 못 차리고 있다. 대충대충, 얼렁뚱땅, 빨리빨리가 몰고 온 인과요 응보다. 우리는 언제까지 개발 성장의 저주, 그 늪과 덫에 빠져 헤어나지 못할 것인가.

자탄하고 자성하며 내 블로그(www.hyongo.com)에 독백처럼 실은 글인데 언론사의 요청으로 지면에 재수록됐다. 개인 블로그에 먼저 올린 글을 중앙 일간지가 전재한 경우가 또 있었을까. 관행과 형식과 체면을 뛰어넘은 이런 파격이 사안의 중차대함을 증명하고 대변하는 것 같다.

'나쁜 정치인'이
'좋은 장관'인가

사람이 바뀌었다. '세월호' 개각이다. 관료는 줄고 정치인은 늘어났다. 그 점을 수긍하는 세론을 보며 참 재미있다고 생각했다. 우리 사회에서 가장 욕 많이 먹는 집단이 국회이고 정치인임은 삼척동자도 안다. 그런데도 국회의원이 입각하면 대체로 호의적이다. 국민도, 언론도 보통은 긍정적이고 해당 부처마저 반긴다고 한다. 이 무슨 까닭인가?

반면 공무원은 우리 사회가 가장 선호하는 직업이다. 박봉에 격무인데도 그 어려운 시험 통과해 기를 쓰고 공무원이 되려 한다. 그렇다면 직업 관료가 전문성과 경험을 살려 장관이 되는 것은 손뼉 칠

일인 듯한데, 이번엔 오히려 그 반대 현상이 나타났다. '관피아(관료 마피아)'란 흉측한 말이 대변하듯 관료 출신이 장관이나 관련 기업체에 가는 것은 부정적이다. 이 또한 무슨 연유인가?

나쁜 국회가 좋은 장관을 만들고, 좋은 관료가 나쁜 장관이 된다? 이 두 가지 모순이 우리 사회의 현주소이고 또 미래 지침이 아닐까 싶다. 이주영 해수부 장관이 유임됐다. 세월호 사건이 나자마자 경질 대상 1호였다. 유족도, 국민도, 대통령도 그렇게 생각했다. 본인도 이미 각오가 돼 있었다. "참 운이 나쁜 사람"이라며 나도 안타까워했다. 현장을 단 하루도 떠나지 않은 그와 몇 차례 통화하면서 당부한 말이 있다. "후세를 위해 일지를 남겨두라." 마음을 비운 그의 눈과 귀와 발과 머리가 기록할 이 사건 일지야말로 대한민국의 현실과 과제를 적나라하게 보여주리라 생각했기 때문이다. 그가 유임되자 모두가 담담히 받아들였다. 야당도 고개를 끄덕였다. 유족들 또한 안도했다고 한다. 그토록 욕을 먹은 장본인인데 말이다.

정치인은 늘 표를 의식한다. 유권자의 마음을 읽고 그들의 지지를 받아야 국회의원이 된다. 제대로 된 정치인이라면 모든 것을 국민과 함께하는 동시에 국가의 미래를 설계하고 고민해야 한다. 그러나 우리처럼 정당의 힘이 세면 거기 소속된 의원 개인의 활동 무대는 제약을 받는다. 여야 대치와 격돌의 마당에서 대화나 타협보다는 당론 관철이 더 중요하다. 미래보다는 현안에 몰두한다. 그래서 국회는 진전이 없고 국민은 짜증이 나게 된다.

그러나 장관이 되면 일단 당론의 굴레에서 벗어난다. 정책을 세우거나 집행할 때 유권자인 국민을 먼저 생각한다. 간혹 인기 편향적인 정책으로 물의를 빚기도 하지만 국민 우선의 자세는 관료들이 따라오기 어렵다. 아랫사람을 유권자 대하듯 하니 공무원들도 '모시기' 편하다고 한다. 이제 국회와 정치인을 옥죄고 욕먹이는 실체가 무엇인지 드러났다. 헌법기관(국회의원) 위에 군림하며 역할은 못 하면서 덩치만 키운 정당이다. 정당 개혁을 말하는 사람은 정치를 그만둘 각오를 해야 한다. 한국의 정당은 무소불위의 권력, 무책임성의 극치이기 때문이다.

관료는 어떤가. 해당 분야 최고의 전문 지식을 갖춘 관료의 합리적 사고와 합목적성 추진이 이 나라를 이만큼 오게 했다. 그러나 세상은 변했고 변하고 있다. 더 나은 미래를 만들기 위해 시대는 관료의 변화를 요구한다. 최고 엘리트로 들어왔지만 보호막 속에 안주하다 보니 세상에 뒤처지는 분야가 속속 드러나고 있다. 엘리트주의를 걷어내야 한다. 그 좋은 머리로 책상 위가 아닌 현장에서 답을 찾아야 한다. 해수부 장관이 현장을 지킴으로써 관과 민 사이의 거리를 좁힌 것이 본보기다. 하나만 더 보태자. 일반 기업의 불꽃 튀는 경쟁 체제를 관료 사회에 일정 부분 도입한다면, 정치인처럼 국민의 마음과 입장을 헤아려 정책을 수립한다면 관료에 대한 믿음이 다시 생겨날 것이다. 그러면 관료 출신이 장관 아니라 그 이상을 맡아도 국민은 환영할 것이다.

다시금 역설적으로 생각해보자. 가장 욕먹는 집단에서 행정 책임자가 나오는 것을 반긴다면 그 집단의 본질은 괜찮다는 얘기다. 반면 가장 선망받는 직업군에서의 장관 배출을 꺼린다면 국민이 그 집단의 변화와 개혁을 갈망한다는 뜻이다. 희망의 불씨를 다시 지펴야할 이때, 국가 개조라는 큰 화두도 여기서부터 방향을 잡아야 한다. 정치권과 관료 체계는 국가 개조의 핵심 주체이며 본질적 대상이다. 정부가 내건 '비정상의 정상화', 그 시작은 정치권과 관료의 정상화로부터다.

— 미발표 원고, 2014년 6월 15일

Comment

세월호 참사가 나자마자 또 대폭 개각이 예고됐다. 이주영 해수부 장관이 경질 대상 1호였다. 그를 잘 아는 사람으로서 참 안타까웠다. 장관 취임 후 얼마 안 돼 일어난, 그로서는 불가항력적인 사건으로 불명예 퇴진한다면 자칫 정치 생명마저 끝날 위기 상황이었다. 사건 초기 유족들로부터 멱살잡이까지 당했던 그였지만 시간이 흐르면서 오히려 유족들이 가장 신뢰하는 정부 인사가 되어갔다.

"아프냐? 나도 아프다"란 드라마(《다모》) 대사가 유행했던 적이 있다. 지난 1월 별세한 신영복 선생은 "돕는다는 것은 우산을 들어주는 것이 아니라 함께 비를 맞는 것"이라고 했다. 그렇다. 국민이 아프면 함께 아파하고 슬프면 함께 슬퍼하는 자세, 이것이 우리 지도층에게는 부족했다.

나는 '긍휼(compassion)'이란 말을 좋아한다. '남의 아픔(passion)에 함께한다

(com)'는 어원부터가 가슴을 파고든다. 스스로 타인의 아픔 속에 들어가려는 노력, 나 역시 그런 면이 부족하지 않았나를 이따금 돌아보며 스스로를 다잡곤 한다.

관료들은 어떤가. 현장보다는 여기저기 보고하느라 시간과 신경을 소모하고, 담당자가 자주 바뀌다 보니 전문성과 책임감이 떨어진다. 당사자들, 이해 관계인이나 민원인들은 애가 타서 관공서나 관련자를 문턱이 닳도록 찾아간다. 결국은 시간 낭비, 허송세월로 끝난다. 자연히 공무원을 욕하고 정부와 국가를 비난한다. 이럴 때 이주영은 현장을 지켰다. 새로운 지도자의 모습은 이런 데서 찾아야 한다.

'어떤' 대통령을 뽑아야 하나

대통령 선거가 2년 반 남았다. 숨 가쁘게 변하는 한국 정치에선 까마득한 시간이다. 수습해야 할 현안들이 많아서인지 대선은 쏙 들어가 있다. 누가 지지율이 좀 더 높고 낮은가 하는 호기심 차원 얘기만 간간이 나온다.

후보자와 정당은 선거에 이기려고 별의별 공약과 전략을 쏟아낼 것이다. 큰 선거 하나만 치러도 후유증이 심각한데 3년 내내 온 나라가 선거라니, 생각만 해도 아찔하다. 선거 과정은 얼마나 요란하겠으며, 선거 후엔 또 얼마나 시끄러울까. 더구나 가장 중요한 대선이 그 한복판에 있다. 잘못하면 당선된 대통령이 제 역할을 못 하게 될 수도 있겠다.

우리는 선거 때만 되면 누가 당선될까, 어느 당이 이길까에 온 관심이 쏠린다. 후보와 정당 모두 당선만을 목표로 치닫고, 또 국민을 그렇게 몰고 간다. 경륜과 능력보다는 당내 기반이 후보를 결정짓고, 실언이나 실수가 당락을 좌우한다. 정책 공약은 남의 것까지 선수 쳐 발표하거나 사탕발림하면 된다. 시민단체를 앞세워 도움도 받는다.

국민 통합과 자기정화 능력을 갖춘 지도자

———

한국처럼 엘리트 충원 방식이나 등장 과정이 단순하고 수직적인 사회에선 민주적 리더십 발휘가 구조적으로 어렵다. 금수저·은수저를 물고 나오거나, 혼자 열심히 고시 공부를 하거나, 오너나 조직에 충성을 다하거나, 끊임없이 반대만 일삼거나, 인맥 다지기에 치중하면 대개 목표에 접근한다.

자신을 되돌아보며 성찰할 필요가 없다. 더불어 살고 함께 가기보다 내 위주로 살고 앞장서 나가야 지도자가 된다. 공동체 정신, 국정 철학, 경륜을 닦아나가기 어려운 환경이다. 미국처럼 끊임없이 검증을 받으며 치열한 토론과 봉사 활동을 통해 성장하는 것도, 중국처럼 당의 철저한 평가 시스템 아래 관리 능력과 행정 경험을 쌓으며 정치적 위상을 높이는 것도 아니다. 기회와 운과 줄만 잘 잡으면 곧

바로 핵심 인물이 될 수도 있다.

이러니 대통령이 돼도 한계가 금방 드러나고 스스로 그 안에 갇혀버린다. 지역감정 해소, 진영논리 탈피, 국민 화합을 판박이처럼 외치지만 정작 자기 자신은 예외인 것으로 착각한다. 대통령의 헌법상 권한이 막강하다 보니 국민과 대통령 사이엔 뚫기 어려운 막이 생긴다. 대통령과 여당 사이에도 마찬가지다. 결국은 야당 목소리만 커지고, 지지자들의 박수갈채에 도취된 그들은 자기 진영 대변자로 전락하고 만다. 반대 세력만 잘 규합하면 책임은 지지 않으면서 생색내며 정치할 수 있다. 그러다 임기 중반부터는 대통령의 '말발'이 먹히지 않는 이른바 레임덕에 접어든다. 공무원도 정권 초기만 조심하면 그다음부터는 탄탄대로다. 복지부동하면 정년도 보장된다.

중장기 추진 계획은 그저 장식용으로 있으면 된다. 점점 비전을 잃은 나라, 미래가 지워진 국민이 돼가는 느낌이다. 대통령이 중요하다. 차기 대통령은 5년 동안의 현재와 5년 후의 미래에 대한 총체적 책임자다. '누가' 당선되느냐의 문제가 아니다. '어떤' 대통령을 뽑아야 이 나라, 이 국민이 행복해질 수 있을까.

야당을 국정 동반자로 인정하고 함께 가는 정치적 '포용력', 일방적 주장이나 무리한 요구를 양보·포기토록 만드는 '설득력', 아첨과 충정을 가려내고 반대 의견에도 귀 기울이는 '열린 마음', 땀 흘려 일한 사람들의 긍지를 채워줄 '애국심', 실현 가능한 꿈과 희망을 제시하는 '비전', 국법의 준엄성과 인간적 배려를 잃지 않는 '정의감', 무엇보다 스스로 반듯한 삶을 살았는가를 늘 성찰하고 때로 부끄러워할 줄 아는 '염치', 이런 덕목을 새로운 대통령상으로 제시하고 싶다. 요 컨대 국민 통합과 자기정화 능력을 갖춘 지도자다.

지금 이런 인물이 있는가. 대선까지 2년 반이 남았다. 꿈을 품은 자에겐 금쪽같은 시간, 새로운 대통령상으로 거듭나기엔 매우 빠듯 한 시간이다. 지엽말단적 현안에서 과감히 떨쳐 일어나 대한민국 정 치 문화를 혁신하는 절체절명의 기회로 삼자. 뜻있는 정치권 인사들 이 손잡고 일어나 함께 몸 던진다면 못 할 것도 없다. 국내외 정세가 엄혹하다. 2017년, 대통령다운 대통령을 만들어야 하는 힘겨운 여정 이 지금 우리 앞에 있다.

− 〈문화일보〉, '時評', 2015년 6월 2일

Comment

이 글이 발표되기 한 달 전 미국 하버드대학에서 한국의 차기 대통령 선거를 주제로 강연을 했다(물론 내용은 다르다). 이 시평은 그 연장선에 놓여 있다. 구조적으로 후보 의 자질을 등한시하는 한국 대통령이 되는 쉽고도 어려운 길을 미국·중국의 지도자 되는 길과 간단히 비교해보았다.

한국 대통령이 갖춰야 할 자질로 나는 포용력, 설득력, 열린 마음, 애국심, 비전, 정의 감, 염치 등을 제시했다. 이는 내가 좋아하는 고대 그리스 정치가 페리클레스의 지도 자 자질론인 식견(비전), 설명력, 애국심, 도덕성의 네 요소와 그리스 시민정신의 밑바 탕이라 할 수 있는 아레테, 즉 용기와 설득력을 약간 변형해 시대에 맞게 정리한 것이다. 오늘 이런 지도자가 우리에게 있는가? 2년 뒤 대통령 선거 때는 혜성처럼 나타날 것인가? 지금 안 보이는데 그때라고 보일까? 그래서 나는 우울하다.

20년 국회 생활 중 여·야를 각각 10년씩 하며 당직·국회직을 두루 거친 사람으로서 회고와 반성을 겸해 쓴 글이다. 무엇보다 선거가 걱정이다. 당선이 지상 목표이기에 공약 남발은 불을 보듯 뻔하다. 정부와 민간 또는 시민단체의 엘리트 충원 과정이 너무나 단순해 창조적이고 건설적인 인적 네트워크가 형성되기 힘든 구조다. 더구나 공동체 교육이 전혀 안 돼 있다. 또 '백마 타고 오는' 지도자가 환상이었음을 여러 차례 확인했다. 현실은 답답하지만 그래도 '대선'에 희망을 걸어본다.

2장

누구를 위한 나라인가 : 바뀌지 않는 한국 정치

'획일주의'가 사람 잡고
나라 망친다

폭력시위·면세점 심사·역사 교과서의 역설

폭력·독선 그리고 암 덩어리 규제… 대한민국은 슬픈 나라가 되고 있다

---

1. 광화문 시위를 어떻게 볼 것인가

전국민주노동조합총연맹 주도의 '2차 민중총궐기'가 곧(2015년 12월 5일) 열린다고 한다. 파리 테러의 공포가 언론을 통해 한국을 강타했던 그날(2015년 11월 14일) 오후의 재탕이 될까 봐 벌써 두렵다. 그날은 서울 주요 대학의 논술고사 날이었던 데다 파리 테러 여파도 있고

해서 시위대가 자제할 줄 알았다.

그러나 기대와는 다른 일이 벌어졌다. 오죽했으면 길거리로 나왔겠는가. 시위에 참가한 수많은 사람의 심정을 애써 헤아려보다가 그만 무색해졌다. 보도블록을 깨고, 새총을 쏘고, 쇠파이프를 휘둘러 경찰 버스를 부수고 밧줄로 묶어 끌어당기는 행위는 '평화'도, '민주'도 아니었다. '민생'도 실종됐다. 왜 광화문에 모였는가. 파괴와 폭력 행사가 목표 그 자체였던가. 서울 도심은 '평화적' '민중 시위'로 도시 기능을 잃고 무법천지가 되고 말았다.

시간이 지나자 논점이 방향을 틀고 있다. '경찰의 과잉 진압?' '살수차의 규정 위반?' '또 한 명의 의인 탄생?' 등으로 말이다. 아, 그렇구나. 이런 문제 제기로 또 종전처럼 본질이 흐려지고 불법은 감춰지는 거구나!

시위대의 폭력성과 경찰의 허술한 진압 태세를 보면서 불길한 상상까지 들었다. 만약 이런 상황에서 '이슬람국가IS: Islamic State' 같은 테러단이 잠입해 분탕을 친다면? 혹은 전 경찰력이 시위대를 막느라 정신없을 때 전혀 엉뚱한 곳에서 테러나 폭발이 일어난다면? 그야말로 아수라장이 될 것이다.

IS가 이미 한국을 '십자군 동맹' 국가에 포함시켰고, 한국처럼 공권력이 맥을 못 추고 보안과 대처가 허술한 나라가 없다는 것은 잘 알려진 비밀 아닌가.

대한민국은 시위의 자유가 보장된 나라다. 동시에 개인의 자유가 타인이나 집단에 의해 침해받지 않을 권리도 보장돼야 한다. 시간적·정신적 피해를 본 수험생과 학부모, 불안과 공포에 떤 행인과 관광객, 생업을 망친 주변 상인들에게 시위대는 무슨 변명, 어떤 보상을 할 수 있겠는가. 평화적 집회를 약속하고 한 번도 지키지 않은 이유는? 훼손된 국가 이미지는? '사회적 약자'이면 법을 안 지키고 폭력을 행사해도 된다는 말인가. 그런 이는 이미 약자가 아니라 강자다. 초법적·탈법적 행위를 못 하도록 막는 것이 민주 사회의 정의다. 불법을 용납하면 민주가 아니고, 정의는 폭력으로 쟁취할 수 없다. 대의大義를 말하면서 소리小利를 추구하고 집단이기에 매몰하는 뻔뻔스러움이 사라질 때 비로소 민주 시민이 되는 것이다.

규정과 절차를 지키는 적법 시위만으로도 얼마든지 의사 표시를 할 수 있다. 시위자들이 설득력과 공감대를 얻으려면 이제라도 과격 폭력을 사과하고 주동자는 자수해 법정에 서야 한다.

나와 뜻을 같이하는 사람만 옳고, 나를 비판하는 사람은 모두 수구반동 내지는 적대 세력으로 몰아세우는 것은 아닌가. 획일화된 사고와 이중적 잣대로 시대를 뒷걸음질칠 것인가. 독선과 폭력은 법치국가의 적이다. 조직 보호와 진영논리에 빠져 과격 행동을 일삼는 근본주의자들의 말로가 어땠는지는 역사가 증명하고 있지 않은가. 운동권 내부에서도 다양한 목소리가 이제는 나와야 한다. 그것이 참운동권의 방향이다. 다음번 집회는 문자 그대로 평화적으로 하면서 정치가 아니라 민생을 말하길 바란다.

2. 면세점 인허가권, 정당한가

같은 날 우리는 또 하나의 참사를 겪었다. 버젓이 영업하던 대형 면세점 두 곳이 심사에서 탈락해 허가가 취소되고 새로운 사업자가 선정됐다. 구체적 사유는 공개되지 않았다. 시중에서는 재벌끼리의 땅따먹기 싸움이나 서바이벌 게임처럼 보기도 했다. 강 건너 불구경하던 일부 언론도 면세점에 이어 통신용 주파수, 방송, 홈쇼핑 같은 초대형 사업체의 인허가권 심사가 임박하자 이제 그 심각성을 느끼는 듯하다.

이 사태는 돈 있는 사람들의 호사로 넘기기엔 너무나 충격적이고 파장이 크다. 한 업체의 경우 면세점 시설비로 5000억 원이 넘게 들고 약 1300명의 직접 고용에 간접 고용까지 포함하면 관련 종사자가 3000명이 넘는다고 한다. 연매출도 5000억 원에 가까운 엄청난 이권 사업이다. 이런 기업을 단 한 번의 밀실 심사로 탈락시키는 세상에 우리가 살고 있다고 생각하니 아찔하다.

나는 그동안 운동권이나 시위대가 '독재 정권' '독재 타도'를 외칠 때마다 저렇게 대놓고 '독재'를 부르짖는 걸 보니 한국은 역설적으로 자유가 보장된 나라가 틀림없구나, 생각했다. 진짜 독재국가에선 '독재'란 말을 함부로 못 꺼내기 때문이다. 나는 두부모 자르듯 면세점을 퇴출시키는 대담한(?) 관료들을 보면서 대한민국이 관료독재 시대로 돌아가지 않았나, 깊은 충격을 받았다. '높으신' 담당 공무원이 발표하기 직전까지 기업은 자기가 죽는지 사는지도 모른다. 졸지에

'사형선고'를 받고 억울했을 해당 기업의 그 누구도 항변 한마디 못 하니, 독재 국가가 아니라면 있기 어려운 일이다.

　대통령은 입만 열면 '일자리 창출'과 '규제 완화'를 외쳐왔건만, 이 번의 '밀실 참사'야말로 거기에 가장 역행하는 짓이 아니고 무엇인가. 대통령이 강조한 이런 '암 덩어리' 규제를 꽉 움켜쥔 채 기업을 쥐락 펴락하다니…! 공무원이야말로 갑甲 중에 갑, 갑질도 이런 갑질이 없 다. 사회주의 시장경제 체제인 중국보다도 한참 뒤떨어지고 개발독 재 시대에나 통했던 일이 21세기 대한민국에서 버젓이 일어나고 있 는 것이다.

　관광 인프라와 소프트웨어가 취약해 외국 관광객 유치를 시내 면 세점이란 한국적 노하우로 성공시킨 나라 아닌가. 이 모델을 벤치마 킹해 이제 중국, 일본, 미국도 더 크고 더 편리한 면세점 설치에 주 력하고 있다. 서비스업은 단기간에 승부를 내기 어려운 대표 업종이 건만, 수십 년 쌓은 명성과 신뢰와 노하우를 종이 한 장으로 하루아 침에 짓밟아버렸다. 새 사업자인들 5년 뒤면 또 생사를 단칼에 심판 받아야 할 처지인데 수천억 원이 들어가는 설비 투자며 정밀한 유 통·보관 체계, 차별화한 고객 관리가 이뤄지겠는가. 무엇보다 면세 점의 키를 쥔 세계적 브랜드 메이커들이 이런 횡포를 벌이는 정부 밑 에서 꼼짝 못 하는 기업에 뭘 믿고 과감한 투자, 안정적인 공급을 하 겠는가. 글로벌 경쟁 시대에 대한 이해가 조금이라도 있는 관료라면 이런 행태를 보일 수 없다.

나는 면세점 허가 취소가 장관급도 아닌 차관급이 기관장인 외청 단독으로 이뤄진 '고독한 결단'인지 아닌지 알 수 없지만, 그런 '과감하고 몰沒역사적 결단'을 내린 분들에게 이런 나의 상식을 전해주고 싶다.

기업이 경영을 엉망으로 하거나, 시장경제에 반하는 짓을 하거나, 불법·탈세를 저지르거나, 부도덕한 행위를 하면 퇴출돼야 한다. 단, 엄격한 시장논리와 법률에 의해서만 가능한 일이다. 그것이 민주주의다. 국회가 법을 엉터리로 만들어 어쩔 수 없었다고? 일리는 있지만 변명에 불과하다. 잘못된 법을 핑계 삼아 마구잡이로 권한을 휘둘러댄 것이다. 대한민국을 움직이는 최고 엘리트 집단인 관료마저 집단이기주의와 권위주의에 마춰돼버린다면 정말 슬픈 나라가 되고 만다.

3. 국정이냐 검인정이냐의 이상한 싸움

하나만 더 언급하자. 국정교과서 반대에 전교조가 연가 투쟁으로 나선단다. 앞으로 더욱 다양한 형태의 반대 투쟁이 여러 유사 단체로부터 나올 것 같다. 선진 자유민주주의 국가에선 교과서를 국정화하지 않는다. 우리야 학창 시절 국정교과서로 배우며 자란 세대지만 21세기에 웬 국정교과서냐 말이다. 국정화는 추진 과정부터가 성급했고 잘못된 면이 없지 않다. 여론도 지지세가 약한 편이다. 그러나 반대론자들의 주장과 행동을 지켜보면 오히려 이래서 국정화를 하자는가 보구니 히는 생각미저 들곤 한다.

지금의 검인정교과서에 문제가 많다는 것은 공인된 사실이다. 그래서 차제에 미래 세대에게 올바른 역사관을 심어줄 제대로 된 논의가 있기를 바랐다. 그러나 양측의 신념이 워낙 강해서인지, 아니면 흑백논리에 빠져서인지 국정화냐 검인정이냐 하는 양자택일의 양보 없는 싸움만 벌이고 있다. 유감스럽고 아쉽다.

외형적으로는 정부가 세勢 싸움에서 밀린다. 수많은 대학과 역사 관련 학회에서 단체로 국정화 반대 서명을 하고 집필 거부를 선언했다. 국정화 대표 집필 예정 교수는 집단 공격을 받고 구설에 휘말려 중도 사퇴했다. 어렵게 구성한 집필진 명단도 신상털기가 두려워 공개하지 못한다. 국정화 작업할 시간도 많지 않고 연구진도 폭이 좁다. 지지세 또한 약해서 이대로라면 제대로 된 역사 교과서가 나올지 걱정도 된다. 국정화란 획일화에 맞서는 또 하나의 일률적 반대 목소리를 매일같이 들으며 한국 지성 사회에 우려를 전하려 한다.

학문으로서의 역사는 다양한 관점에서 봐야 한다는 주장은 당연하다. 획일화 반대 주장에도 전적으로 찬성이다. 그런데 검인정교과서가 여럿 나오고 많은 분이 집필에 참여했지만, 역사관과 서술 방향 그리고 다루는 비중에 차별성이 없다면 이 또한 획일화된 일방적 역사 교육이 아니겠는가. 그것도 피와 땀과 눈물로 얼룩져 이뤄낸 우리 현대사를 자랑스럽게 우리 청소년 가슴에 담게 하는 한국사가 아니라면 말이다.

지금 한쪽에선 현행 검인정교과서가 사회주의적 역사관과 북한 정권을 정당화한다며 문제점을 지적하는 반면, 다른 쪽에선 국정화를 하면 친일 독재 정권을 미화하는 교과서가 된다며 반대한다. 한쪽은 이미 나온 검인정교과서를, 다른 쪽은 앞으로 나올 국정교과서를 미리 비판한다. 한쪽은 내용을, 다른 쪽은 형식을 문제 삼는다. 서로 귀를 막은 채 입만 열어 남의 말은 안 듣고 자기 말만 하는 희한한 싸움이다.

나는 일각의 제기처럼, 검인정교과서를 통한 엄청난 집필료 수입 때문에 국정화를 반대한다고는 생각하고 싶지 않다. 그러나 현행 검인정교과서의 내용에 대해선 명확히 입장을 밝혀야 한다. 학문의 자유란 이름으로 잘못된 역사관을 어린 학생들에게 주입시켜선 안 된다. 그 많은 검인정 필자 가운데서 현행 역사 교과서의 내용과 시각에 분명 문제가 있음을 인정하고 반성한 사람은 단 한 명도 나오지 않았다. 정부와 상당수 학자·국민이 그렇게 문제가 많은 교과서라 하는데도 꿈쩍 안 한다. 정말 현행 역사 교과서가 '하늘을 우러러 한점 부끄러움 없이' 작성됐단 말인가. 수백 명의 집필자가 획일화와 다양성 말살을 국정화의 폐해로 내세우며 반대만 할 뿐 자성의 목소리는 어디서도 들리지 않는 것은 건강한 지성의 모습이 아니다.

아무리 어리석은 정부라도 시대의 추세나 선진 민주국가들이 국정화를 하지 않는다는 것을 모르고 이런 '무리수'를 쓴다는 말인가. 친일과 독재를 미화하는 책이 국정이든 검인정이든 국민 정서에 용남되고 학교에서 채택할 것으로 생각해서 반대하는가. 우리 수준과 민도가 그렇게나 낮다는 말인가. 반대론자들이 자기 순결성의 우물에 빠진 것까지는 이해할 수 있다. 그러나 남을 무시하고 다른 생각을 용납하지 않는 폐쇄성은 교과서 국정화보다 더 심각한 문제다. "(일부) 국민의 우려까지 감안해 양식과 양심에 어긋나지 않는 제대로 된 역사 교과서를 다시 만들겠으니 제발 국정화만은 말아달라"고 하면 그 사회에서 살아남을 수 없는 것인가. 국민을 설득할 방법을 몰라서 자기 논리만 강변하는 것일까. 한국 최고 지성마저 조직 논리와 기득권에 빠져 획일화돼버린 건 아닌지 심히 걱정되고 의아스럽다.

그렇게나 획일화를 배척하고 다양성을 추구한다면서 왜 교학사판 역사 교과서는 한사코 반대해 단 한 학교도 채택하지 못하게 만들었는가. 그 교과서는 '친일 독재'로 낙인찍으면서 이 교과서의 이념 편향을 문제 삼으면 색깔론으로 매도해버린다. '순수'와 '학문'은 뒷전으로 밀리고 고도의 '정략'과 '전투'가 판을 몰아가는 교과서 논쟁에 섬뜩해진다.

의인 10명이 없어 소돔과 고모라는 멸망했다는데, 검인정 필자 중 다른 목소리를 내는 3명이라도 있다면 그분들의 고뇌와 다양성을 이해하겠다. 역사는 역사학자들의 전유물이 아니고, 한국사는 국사학자들이 독점할 사안도 아니다. 벼리고 보듬고 가야 할 역사를, 버리고 누르면 안 된다. 집단이기주의와 진영논리의 늪에 빠져 허우적거리면 학자는 외면당하고 역사는 퇴보한다. 하루빨리 획일화의 틀에서 벗어나자.

— 〈한국경제신문〉, 긴급 리포트, 2015년 11월 26일

Comment

2015년 연말이 다가오는데 이렇게 뒤숭숭하게 또 한 해를 보낸다 생각하니 심란했다. 왜 우리는 현안이 발생할 때마다 해결이나 타협은커녕 분란과 대결만 깊어지는가. 상생과 공존의 DNA는 정녕 우리 유전자엔 없단 말인가. 정치적으로 책임 있는 자리에 있었던 사람으로서 부끄럽기 짝이 없다.

생각에 생각을 거듭하다 보니 획일주의(일방주의)적 사고가 우리를 지배하고 있다는 데 미쳤다. 치열한 입시 경쟁과 객관식 출제, 정답 짜 맞추기, 맞느냐 틀리느냐(Yes or No)는 식의 오랜 교육 훈련으로 가장 빠르게 문제에 대응은 하지만 문제를 푸는 과정, 생각하는 노력과 접근하는 방식은 소홀히 하거나 잊어버린 건 아닐까.

우리 교육의 또 다른 문제점은 수직적 사고의 고착화다. 수직(|)과 수평(—)이 만나야 플러스(+)가 되듯, 수직적 사고와 수평적 사고의 조화와 결합이 획일성을 벗어난 창조적 사고를 탄생시키는 것이다.

자기주장만 앞세우며 시민의 불편은 아랑곳하지 않는 시위대, 수천억 매출과 수천 명 명줄이 달린 면세점 허가 취소를 서류 한 장으로 결정하고도 눈 깜짝하지 않는 관료, 역사 교과서 국정화의 어설픈 추진과 획일적 반대 목소리를 내는 지성을 보면서 서글픔이 배가됐다. 면세점 허가 취소는 2015년 정부가 한 일 중 가장 잘못한 일로 꼽힐 것이다. 글에서도 밝혔지만 재벌들의 '땅따먹기' 싸움으로 보는 언론의 시각

부터 마음에 들지 않았다. 기업의 자유와 관료 체제의 본질적 권한에 대한 심도 있는 논의가 필요할 것 같다. 이 책의 교정을 보는 순간까지도 정부는 허가 취소 사유를 공개하지 않고 있다. 두고두고 화근과 논란거리가 될 것이다. 2016년 새해도 그리 희망찰 것 같지 않다.

일간지 기고문으론 상당히 긴 글인데도 1면 머리기사와 4면 전체를 광고 없이 할애하며 사진·삽화까지 곁들여 대담하고 세심한 편집을 해주었기 때문인지 반향은 곧바로 나타났다. 청와대와 정부 쪽에서도 반응이 오고 변화의 기미가 보이는 것 같아 힘겹게 공들여 쓴 글에 잠시 위로를 받았다. 잠시 그때뿐이 아니기를 바란다.

당·정·청은 과연 한 몸인가

대통령과 새누리당 지도부의 2015년 7월 16일 청와대 회동은 환한 미소 속에 화기애애하게 끝났다. '당·정·청은 한 몸'이라면서, 곧 고위 당·정·청 회의도 연다고 한다. 매번 듣던 얘기라서인지 여론은 무덤덤하다. 정치는 만남이며 또 대화건만, 우리는 대통령과 여당 대표의 만남 자체가 빅뉴스가 되는 나라다. 날짜까지 헤아리며 오랜만이란 사실이 강조된다. 정치가 제대로 이뤄지지 않고 있다는 방증이다. 청와대와 여당이 이럴진대 야당과의 대화는 아예 기대 밖이다. 하기야 청와대 수석이나 장관도 대통령 대면하기가 어렵다지 않은가. 입안자의 땀과 숨결이 느껴지지 않는 정책은 국민 가슴에 와 닿지 않는 법이다.

새삼 당·청 관계가 어긋나게 된 건 이른바 국회법 파동 때문이다. 적잖은 세월을 국정에 참여했던 사람으로서, 이 문제는 삼권분립에 저촉되고 헌법을 훼손했다기보다는 신뢰의 결핍이 빚은 '참사'라고 본다. 소통 부족이 화를 키웠다. 세월호나 메르스 사태처럼 부실한 초기 대응과 책임감 없는 태도가 정치적 '참사'를 일으킨 것이다. 야당을 상대해야 하는 여당으로선 법안에 대한 정치적 절충과 타협이 필요하고, 행정을 집행해야 하는 정부로선 위임 입법에 대해 더 이상 국회의 간섭을 받기 싫어하는 법이다. 여당은 왜 야당과는 협상하면서 청와대·정부와는 타협을 못 하는가? 청와대는 왜 국회를 직접 찾아가 입장을 설명하며 협조를 얻지 못하는가? 특히 새누리당은 이번에 청와대와 국회, 대통령과 당 사이의 관계를 올바르게 설정하는 리더십을 발휘할 좋은 기회를 놓쳐버렸다. 신뢰와 소통이 둘 다 모자랐던 탓이다. 대통령에게 완패함으로써 당분간 정치의 동력을 잃게 되었다.

국회는 일원적 행정부와 달리 각계각층의 다양한 의견을 수렴하고 반영하는 다원적 기관이다. 의원 개개인이 헌법적 책무와 권한을 갖고 있다. 그러나 직선제 이후 연속 당선된 국회 지도자 출신 대통령은 청와대로 가는 순간 그 사실을 곧잘 잊는 것 같다. 견제와 균형은 민주헌정의 기본이며, 국회와 행정부는 상하관계가 아니다. 국회가 제대로 일을 못하는 건 맞지만 마음에 안 든다고 대통령이 직접 나서면 정국은 꼬이기 시작한다. 그동안 국회와 정부 또는 여야 간의 갈등이나 긴장관계도 대통령에 의해 촉발된 경우가 많았다. 그러면 여당은 청와대의 들러리가 되고 야당은 철저히 반대한다. 국회 선진화법 이후로는 마냥 법률을 묶어두며 행정부의 발목을 붙잡는다. 의원이 소속 정당 지시대로 움직이니 법 취지도 무색해졌다. 국회는 있지만 헌법기관으로서의 국회의원은 보이지 않는 것이다. 대통령의 국회 경시, 여당의 눈치 보기, 야당의 어깃장으로 삼권분립은 훼손되고 민주주의는 후퇴한다. 정치에 대한 국민의 불신과 불만은 여기서 비롯된다.

이번 일로 대통령과 정치권 모두 상처를 입었다. 정치가 하루빨리 정상화돼야 대통령의 남은 임기도 안정된다. 업무의 1/3을 대국회 관계에 쏟는다는 미국 대통령처럼 우리 대통령도 여야 지도부와 국회의원을 자주 만나야 한다. 국회는 책임의식을 갖고 좀 더 부지런해야 한다. 당·정·청 회의 역시 형식적이어선 안 된다. 토론도, 내용도, 활기도 없는 모임은 안 하느니만 못하다. 진짜 '한 몸'처럼 되려면 서로 속살까지 보일 각오가 있어야 한다. 시대가 바뀌었는데 정치는 제자리걸음이고 회의는 고답적이다. 여당도 이런 모습으론 차기 집권은커녕 2016년 총선도 쉽지 않을 것이다. 지금의 다수 의석은 야당의 지리멸렬로 얻은 반사이익이란 사실을 아는 사람은 다 안다. 정치공학적 계산보다 당·청 관계 회복과 여야 대화의 제도화가 더 긴요한 총선 대책이다. 정치는 대화다. 여야 정치권과 정치인일 수밖에 없는 대통령의 담대하고 진심 어린 대화가 선진 대한민국으로 가는 길이다.

– 〈동아일보〉, 2015년 7월 20일

Comment

집권당 원내대표가 청와대의 노여움을 사 자리에서 물러났다. 좀처럼 없던 일이다. 삼권분립 차원에서 심각하게 다룰 수도 있는 문제지만 우선은 내부 권력 투쟁과 소통 관계로 시각과 범위를 좁혀 접근했다. 집권당의 무력하고 처참한 모습을 보며, 과연 의회민주주의를 수호할 의지가 있는가 하는 의문부호를 가슴에 안고서 말이다. 더욱 심각한 문제는 집권당과 권력 내부 간에 소통이 안 되고 있다는 점이다. 이 글에선 대통령과 국회, 대통령과 여당 사이의 소통에 방점을 찍어 주문했다.

박근혜 정부 5년을 평가할 때는 대통령의 소통 부족이 꼭 지적될 것이다. 그다지 어려울 것 없는 문제를 임기 말까지 안고 갈 것 같다.

국회가 안 보인다

국회가 사라졌다. '성완종 게이트'로 나라가 시끄럽고 정국이 출렁이는데 정작 대한민국 국회는 존재감이 없다. 자취를 감춘 듯 보이지도, 들리지도 않는다. 대통령과 정당 실세들의 말 몇 마디, 검찰의 동향 및 언론과 여론의 흐름에만 촉각을 곤두세울 뿐 국회 차원의 대책 마련은 아예 실종돼버린 느낌이다. 1년짜리 국회의원 4명 뽑는 재·보선에 여야 정치권이 사활을 걸었으니 관심 없는 국민은 짜증만 늘어난다.

세월호 인양 문제 역시 마찬가지다. 정부는 2015년 4월 22일 이 중요한 현안을 국회도 거치지 않은 채 '선체 인양'으로 최종 결정했다.

다가저인 검토아 진지한 논익는 부족했ㄱ 여론 수렴 과정은 생략됐다. 국민 세금이 투입될 천문학적 비용은 차치하고라도 따져봐야 할 것이 얼마나 많은가. 지난번 수색 과정에서도 미숙함과 불협화음, 더구나 불의의 사고까지 나지 않았는가. 선체 인양은 그보다 훨씬 더 고난도 작업일 텐데 무엇에 쫓기듯 너무 서두르고 있다. 설마 하는 방심과 기본을 무시한 안전 불감증이 세월호 참사를 낳았다고 그렇게나 자탄했으면서 국회는 왜 침묵하는 걸까.

언제부턴가 우리 국회는 '욕먹는 하마'가 돼버렸다. '김영란법'을 예로 들어보자. 1년 반을 끌어오다 진통 끝에 여야가 합의 처리했는데도 국민 여론은 싸늘하고 언론은 자꾸만 딴죽을 건다. 모처럼 만의 합의 통과로 칭찬을 기대했을 당 지도부는 당혹스러웠으리라. 몇 달 전까지만 해도 '국회선진화법'에 매여 일을 안 한다고 욕을 먹던 국회다. 그러나 그 덕분에 예산안은 해를 넘기지 않고 처리할 수 있었다. 그래도 국회 잘했다는 얘기보다는 오히려 예산안 부실 심사니 지역구 예산 끼워 넣기니 하는 비판이 더 많았다. 이래도 욕먹고 저래도 욕먹는 국회요 정치권이다. 이런 현상은 왜 빚어질까.

현역 의원 시절, 편한 자리에서 지역구 얘기를 하다가 "매주 한 번 이상 왕복한 서울-부산 비행기 요금만도 아내 것까지 10년치를 합하면 작은 아파트 한 채는 샀을 것"이라고 말한 적이 있다. 그랬는데 뜻밖의 반응이 돌아왔다. "비행기를 공짜로 타는 것 아니냐"는 거였다. '그게 다 우리가 낸 세금이야' 하는 속말이 표정에서 읽혔다. 무

척 당황했고 서운했다. 1992년 여의도에 들어온 이래로 공무원 10% 할인 혜택은 받아봤지만 비행기를 공짜로 탄 적은 단 한 번도 없었다. 그런데도 왜 그런 오해를 하는 걸까. 국회의원 하면 국민은 '특권, 부패, 무책임' 같은 낱말을 떠올린다. 국회는 '일은 안 하고 호통이나 치면서 행정부 발목 잡는 기관'으로 비친다. 의원 개개인은 뛰어나고 인격자가 많은데 왜 '국회'라는 집단으로 묶이면 비난과 지탄의 대상이 되는 걸까. 한마디로 국회가 신뢰를 못 받아서다.

의장 시절 직속 기구였던 자문위원회가 운영 제도 개선안을 만든 게 6년 전이고, 그 뒤 조금씩 개선은 됐지만 핵심 내용은 아직도 답보 상태다. 정의화 의장이 국회 운영 개선안을 재정비해 냈다고 한다. 국민 눈높이에 맞는 국회 개혁이 되기를 다시 기대해본다.

무엇보다 시급한 것은 '상시常時 국회' 제도다. 국회 문은 늘 열려 있어야 한다. 휴회와 정회를 반복하며 공전하는 폐습을 버려야 한다. "국회가 오늘 열릴지, 내일 열릴지 국회의장도 모르는 나라는 대한민국밖에 없다"는 자조自嘲가 더는 나오지 않게 해야 한다. 국회 출석은 여야 협상 대상이 아닌 의원의 의무 사항이다. 회의체 기관인 국회가 회의를 하지 않는다면 무엇으로 존재 가치를 인정받겠는가. 회의는 계속돼야 하고 시간 약속은 지켜져야 한다. 국회가 신뢰를 회복하기 위한 첫걸음이자 기본 중의 기본이다. 그날 매듭 못 지은 안건은 다음 날 논의하면 된다. 무분별하고 무제한적인 증인 채택, 공무원이나 기업인들을 불러다 놓고 마냥 시간을 끌며 붙잡아

두는 구태도 벗어던지자. 이 부끄러운 유산만 청산해도 국회를 보는 국민의 시각은 달라질 것이다. 365일 중 320일 문을 열고 휴일도 반납한 채 밤늦게까지 국정에 매진했던 '건국의 아버지'들을 본받아 제헌의회 정신으로 돌아갈 때 국회에 대한 국민의 믿음은 살아날 것이다. 그것이 대한민국 국회가 사는 길이기도 하다.

공무원연금 개혁안 처리 시한이 이틀 앞으로 다가왔다. 그동안 참 많이 기다렸다. 여야가 국민에게 한 약속과 시간이 또 공염불이 되지 않기를 간절히 염원한다.

— 〈문화일보〉, '時評', 2015년 4월 30일

Comment

자유당·공화당 시절, 정권은 야당으로 인해 시끄러운 국회가 못마땅해 종종 문을 열지 않았다. 쿠데타를 통해 국회를 해산시키기도 했다. 그러면 야당은 방방곡곡을 다니며 국회를 열라는 시국 강연회를 했다. 세월이 지났다. 이제는 국회 보이콧이 야당의 주요 전략 중 하나가 되었다. 몇 년 전까지 유행했던 장외 집회는 청중이 모이지 않아 뜸해지고 대신 국회 마당에서 떠드는 수준이다. 여당도 야당을 국회 안으로 끌어들일 명분이나 실리를 주지 않고 덩달아 열중쉬어다. 정치의 중심이어야 할 국회나 정당은 역할도, 기능도 못 한다. 한마디로 무기력해졌다.

런던 시민들은 템즈 강변 의사당의 불이 켜져 있는 모습을 보며 편히 잠든다고 한다. 그러나 우리 국민의 불침번은 전방에는 있어도 여의도에는 없는 것 같다. 제헌국회의 꺼지지 않던 불빛은 어디로 사라졌는가. 이래저래 일하지 않는 국회다.

비례대표,
꼭 필요한가

최근 국회 정치개혁특별위원회에서 비례대표를 늘리자는 의견이 나왔다고 한다. 개인 생각을 말하라면 이것은 개혁도 아니며 신종 나눠 먹기가 될 우려가 있다.

비례대표의 역할, 지역구 의원과의 차별성, 꼭 필요한 제도인지를 바뀐 시대 상황과 정치 환경까지 고려해 냉철히 따져봐야 한다. 비례대표는 지역구 국회의원과 똑같은 권한과 의무를 가진다. 이들의 숫자를 늘리려면 지역구 의원 수를 줄여야 한다. 싸우는 국회, 일 안 하는 국회라는 오명 때문인지 지역구를 줄이고 점잖고 능력 있는 비례대표를 늘리자면 여론은 대체로 호의적이다. 그러나 바꿔 물어보

자. 지역구를 농기허는 일 잘하는 비례대표를 들라면 전체 54명 중 서너 사람 꼽기가 쉽지 않다. 과거 비례대표 중엔 이름값을 한 인물이 여럿 떠오르는데 왜 현역은 얼른 생각이 안 날까. 다른 이들에게 물어봐도 대답은 마찬가지였다. 지역구와 민원으로부터 자유로운 비례대표들이 지역구 의원들과 차별성도 없고 특별한 존재감을 나타내지도 못하고 있다는 방증이다.

비례대표 존재의 핵심은 직능 대표성이다. 사회 각 분야 대표들이 전문성을 살리면서 국회의 질과 수준을 올리라는 취지다. 그러나 이는 개발연대에나 통했던 논리다. 지금처럼 다양화·다분화된 사회에서 누가 무슨 권위로 누구를 대표한단 말인가. 의사의 경우를 보자. 대학병원 의사가 개업 의사를, 서울 의사가 지방 의사를, 내과가 성형외과를 대변할 수 있는가. 또 의사가 비례대표가 되면 한의사·치과의사·약사·간호사 등은? 보건의료 분야보다 다채롭고 목마른 문화예술·스포츠 분야는? 또 복지·환경·첨단 분야는? 이런 식으로 직능 대표성을 따진다면 국회에 비례대표가 1000명 있어도 모자랄 것이다. 우리는 이미 의사·노동자·교수 등 출신과 경력이 다양한 인사들이 당당히 지역구에 당선된 경우를 많이 알고 있다.

무엇보다 잘못된 건 비례대표 선출 방식이다. 현행 정당명부식 제도는 각 정당 득표수에 따라 비례대표 수가 정해진다. 5명의 비례대표를 당선시킨 정당의 경우, 번호가 6번 이하인 후보는 배지를 달지 못한다. 이 운명의 번호는 누가 정하는가. 국민이 아닌 당의 보스나 실세 몇몇이 결정한다. 물론 그럴듯한 절차는 거친다. 예외는 있겠지만 윗선에 잘 보이면 앞 번호 받아 당선되고 아니면 허사다. 국민 주권 원칙에 어긋나는 이런 행태를 고치지 않고 무작정 비례대표만 늘린다면 정당 실세·보스들의 배만 불리고 계보 정치는 계속될 것이다.

권역별 비례대표제를 도입하면 풀뿌리민주주의도 정착하고 지역감정도 완화될 것이라 한다. 과연 그럴까. 지금처럼 중앙당에서 심사해도 검증을 제대로 못 하는데 지역별(권역별)로 뽑게 되면 '배가 산으로' 갈지도 모른다. 도덕성·인격·전문성도 담보하기 어렵겠지만 가뜩이나 갈라진 나라에 지역이기주의나 지역감정 유발 인사가 나와 판을 그르칠 수 있다. 또 소수 정당의 국회 진출을 위해 비례대표가 필요하다는 주장이 있다. 압도적 양당 체제에서 숨 쉬기 위한 고육책이라면 군소 정당만을 위한 비례대표제를 따로 검토할 만하다. 그보다는 일률적 1구1인제를 근본적으로 재검토해 소수 대표가 떳떳이 국회에 진출하는 방안을 찾아야 한다.

비례대표제의 문제점은 그대로 둔 채 숫자를 늘린다면 정치의 질은 더욱 떨어지고 말 것이다. 양심적인 직능·지역·소수자 대표라 해도 소속 정당의 이해관계와 진영논리를 벗어나기 어렵다. 지금과 같은 줄 세우기 비례대표 충원이 지속되는 한 사회 각 분야가 정치적으로 오염되고 정치 단체화되는 것은 시간문제다. 벌써 '염불보다는 잿밥에 관심을 둔' 얼치기 전문가들에 의해 직능 조직이 이용당할 조짐이 나타나고 있지 않은가.

비례대표제가 성공하려면 투명하고 공정한 선발 절차는 물론이고 국민이 직접 적임자를 선택하도록 해야 한다. 국민은 들러리고 당 실세가 정해놓은 순번대로 당락이 결정되는 이런 방식은 정교한 비례대표제를 채택하고 있는 유럽 의회에선 상상도 못 할 일이다. 그러나 선거 1년을 앞두고 각자의 셈법으로 밥그릇 싸움을 하는 정치 풍토에서 그런 '진짜 개혁'을 기대할 수 있을까. 차라리 이럴 바엔 제역할 못 하는 비례대표를 없애는 건 어떨까. 헌재 결정에 따른 지역구 조정을 여유 있게 하면서도 전체 의원 수는 조금 줄이는 효과를 가져올 테니까 말이다.

— 〈문화일보〉, '時評', 2015년 4월 2일

Comment

정치가 욕먹고 국회가 비난받을 때 심심찮게 나오는 대안 중 하나가 비례대표 확충이다. 오랫동안 국회에 몸담아 오고 정치에 간여했던 사람으로서 이 논거에 정면 대응하고자 한다.

비례대표는 한마디로 대안이 될 수 없다. 지면 관계상 일일이 다 언급하지 못했지만 비례대표보다는 지역구 의원이 차라리 낫고, 국회의 질을 올리고 의원 품위를 향상시키려면 다른 방식으로 해야 한다. 국회의원 개인의 책임과 권한을 엄밀히 하는 내부 혁신과 선거제도 방식, 정당 구조 등 정치 개혁을 할 생각은 않고 편한 길, 편법만 궁리하며 자기 밥그릇 챙기기에만 몰두해선 곤란하다.

외국 사례 좋아하는 이들을 위해 말하자면 미국과 영국에는 비례대표가 없다. 독일은 비례대표를 우리 식으로 뽑지 않는다. 유럽 여러 나라는 공정성과 객관성이 담보된 엄밀한 제도를 채택하고 있다. 한국처럼 보스 눈에 잘 보이면 앞 번호를 받는 이런 제도는 정치 선진국 어디에도 없다.

지금 비례대표들은 4년 후 지역구 출마를 모색하는 일이 정해진 궤도처럼 움직인다. 많은 희망자가 국회 진출을 위해 갖은 고초를 다 겪건만 줄 잘 선 덕분에 비례대표 국회의원으로 편안히 4년을 보내고 다시 국회의원 배지를 달겠다는 것은 엄청난 욕심이고 특혜다. 이러니 비례대표 의원 중 바른 소리, 쓴소리 하는 이가 드물고 당이나 지도부 눈치만 살피는 경향이 많다. 국회가 제 할 일 못한다고 더 나쁜 대안을 찾아서야 하겠는가.

개인적으로 비례대표제의 취지에 부합한다고 생각되는 사람들이 있다. 김일성대학 출신인 조명철 교수나, 〈완득이〉란 영화에 '완득이 엄마'로도 출연했던 다문화 가정 출신 이자스민 같은 이다. 4월 총선에서 각 당의 비례대표 후보자들이 줄을 잘 서서 좋은 번호를 받았는지, 비례대표에 부합해서 받았는지 유권자들이 엄정히 심판해야 할 것이다.

정치인의 '좋은 시절'은 갔다

박정희 시대의 김영삼(YS)과 김대중(DJ), 두 영웅적 야당 지도자 이야기부터 잠깐 하자. 지도자로서 자질과 역량이 충분한 분들이지만 박 대통령 쪽에서 키워준 측면도 적지 않았다는 게 내 생각이다. 정치권력과 그 하수인들은 그들을 집요하게 괴롭혔고, 그들은 끈질기게 버텨냈다. '인동초忍冬草'(DJ)와 '닭의 목을 비틀어도'(YS)가 각각 고난의 정치 역정을 상징적으로 대변한다. 이런 탄압과 고통 가운데서 국민적 동정과 지지를 한 몸에 받으며 한국 현대 정치사에 거목으로 우뚝 섰다.

그렇다. 돌아보면 공과功過와 명암明暗이 동전의 양면처럼 존재하던 시대였다. 두 야당 지도자를 비롯한 수많은 투쟁과 희생으로 우리는 산업화의 기반 위에 민주화를 이룩한 자랑스러운 나라가 되었다. 핍박받는 지도자에겐 언제나 국민의 동정 어린 시선과 지지가 따른다. 연민에 바탕을 둔 지지는 철옹성 같은 지지층을 형성한다. 그런 시대엔 국가 경영이나 중장기 비전, 민주 시민으로서의 존엄과 가치 등을 숙고하며 체득할 시간도, 여유도 주어지지 않는다. '목숨을 건' 생존 투쟁과 저항 말고는 독재에 맞설 다른 길이 없기 때문이다. 두 분을 비롯한 민주화 세력이 집권하고도 뚜렷한 업적을 못 남긴 것은 이런 역사적 맥락에서 보면 이해될 법도 하다. 그러나 아쉬움은 남는다.

지도자는 하루아침에 탄생하지 않는다. 오랜 경험, 성찰과 단련, 좋은 동지들, 참모진의 조력 등이 뒷받침돼야 한다. 차기 대통령 선거가 3년도 남지 않았다. 어떤 후보가 나올지 아직은 알 수 없다. 다만 국정 경험을 쌓고 경륜을 닦아나가도 모자랄 이 중요한 시기에 오늘의 정치 환경은 미래 전망을 어둡게 한다. YS나 DJ 같은 출중한 지도자가 없어서가 아니다. 오히려 그분들과 그 시대 정치 유산을 답습하려는 것 같아 하는 말이다.

시대가 바뀌었다. 지금은 인터넷이 세상을 지배하고 스마트 기기와 SNS로 소통한다. 게으르고 방만한 대의민주주의에 직접적인 도전과 위협을 가하는 전자민주주의의 물결이 거세게 밀려오고 있다. 우리 정치는 이런 세계적 조류와 시대적 흐름 속에서 호흡하고 있는

가. 고압적인 자세로 '창조 경제'를 외친들 창조도, 경제도 제대로 될리가 없다. 아픈 곳을 찾아가 눈물 흘리는 것은 끝이 아니라 시작이다. 그런데 그마저도 하지 않거나 그것으로 할 일을 다 한 양 착각하고 있다. 호통치고 옷 벗기는 것으로는 문제가 해결되지 않는다. 더 심각한 문제를 낳을 따름이다. 이 또한 그분들 시대에나 통했던 일이다.

광속의 시대에 대의정치가 살아남으려면

사회는 저만큼 앞서가고 국민은 저 높이 보고 있는데 우리 정치는 아직도 그 시대 그 시절 눈높이에 머물러 있지는 않은가. 집안싸움, 계파정치, 진영논리에 갇혀 기득권에 안주하는 한 희망은 없다. 제 1야당 전당대회에 국민이 냉담한 것도, 여당 최고회의가 뉴스 가치를 잃은 것도 형식과 내용을 바꾸라는 시대적 요구를 못 알아듣기 때문이다. 최근의 건강보험료 말 바꾸기, 어린이집 학대 사건, 연말정산 파동 역시 마찬가지다. 장관은 소신이 없고 담당 공무원은 나 몰라라 한다. 청와대나 국회, 정당이 변죽만 울리고 껍데기만 건드리니 공무원들은 의욕을 잃고 현장만 모면하자는 식이다. '수요자 중심, 국민 최우선' 개념은 입술에만 있지 가슴에는 없다. 30년 전과 별반 다르지 않다. 그동안 우리 모두가 민주화의 그늘에 안주해 과일 따 먹기만 해온 결과다. YS·DJ 이후 우뚝한 정치인이 나오지 않는 것도 그래서이다.

나 같은 정치인이 행세했던 '좋은 시절'은 이제 끝났다. 세상은 뒤처진 정치를 더는 용납하지도, 동행하지도 않을 것이다. 3년 뒤 나라를 이끌 지도자가 되려면 지금부터 새 모습을 보여야 한다. 과거는 더 이상 답이 될 수 없다. 국회는 경쟁과 협조, 비판과 통합의 정치를 추구하고 또 평가받아야 한다. 그것이 이 광속光速의 시대에 대의정치가 살아남는 길이기도 하다.

마침 국무총리 후보 인사청문회가 열린다. '혹시나' 했다가 '역시나'로 끝나는 청문회가 될까 봐 염려스럽다. 제대로 듣고 또 들으려면聽聞 수준 있게 물어야質問 한다. 국민은 후보자를 검증하는 국회와 그 지도부를 검증할 것이다. 한 가닥 기대와 희망의 끈을 놓지 않고서 말이다.

– 〈문화일보〉, '時評', 2015년 2월 3일

Comment

DJ는 죽을 뻔한 교통사고를 당하고 사형선고도 두 번이나 받았다. 권력에 밉보이고 소수 지역을 대표했지만 민주화의 꿈을 접지 않고 마침내 이루어냈다. YS는 좋은 여당을 스스로 박차고 야당의 가시밭길을 헤쳐나갔다. 군사정부 시절 23일간의 단식 투쟁으로 고사 위기의 민주주의를 살려냈다.

그때와 견주기는 어렵지만 지금 정치인들은 헌신과 자기희생의 정신이 너무나 부족하다. 건성으로 쉽게 대처하고 고민을 덜 한다. 말로는 '국민'을 앞세우면서 계보·계파 이익을 대변한다. 줄 서기, 눈치 보기 역시 여전하다. 시의에 맞지 않거나 조류에 뒤처지는 지도자의 언행을 심심찮게 보는 깃도 이런 연유기 이닌가 싶다.

정치가 시대와 국민으로부터 버림받는다는 것! 생각만 해도 아찔하지만 이런 불상사가 생길 것만 같은 두려움이 나를 휘감을 때가 있다. 국민에게 '봄날'과 '좋은 시절'을 안겨주어야 정치인도 '봄날'과 '좋은 시절'을 다시 만나게 될 것이다.

이 글은 꼭 1년 전에 썼다. 그래서 '3년도 남지 않은 대통령 선거'를 걱정했지만 대선이 2년도 안 남은 지금, 그 걱정은 심각한 우려로 변하고 있다. 이런 예측은 빗나갈수록 기분 좋은 일이건만 현실은 예측대로 되어가니 답답할 수밖에….

개헌은 왜 어려운가

신년(2014년 1월 13일자) 〈동아일보〉는 국회의원 80.6%가 개헌을 원한다고 보도했다. 응답자 170명 중 민주당은 93.2%, 새누리당은 69.7%가 개헌의 필요성에 공감했다. 의원들의 대체적 여론은 개헌 쪽으로 모였다. 박근혜 대통령은 신년 기자회견(1월 6일)에서 개헌 곤란 입장을 명확히 했다. 이 설문조사는 대통령과 국회의 생각에 상당한 거리가 있음을 보여준다.

2008년 7월 필자는 국회의장 취임 일성으로 개헌을 주장했다. '87년 체제'의 근간이 되는 현행 헌법을 바꿀 때가 되었다는 신념에 서였다. 다음 해 제헌절 경축사 때는 작심하고 개헌 얘기로 일관했다. 국회의장 직속의 헌법연구 자문기구를 만들어 개헌안도 마련해 공개했다.

개헌의 취지와 당위성은 대강 이렇다. 단임제 헌법으로 평화적 정권 교체 토대는 정착되었다. 그러나 국정 후반부는 심각한 레임덕(권력누수 현상)이 생긴다. 집권 초반 '제왕적 권한'을 행사하다 임기 절반을 고비로 가장 취약한 대통령으로 전락한다. 국회는 초반부엔 대선 후유증으로 몸살을 앓고, 후반부엔 차기 대통령 선거에 매달려 일손을 놓는다. 국회 본연의 입법 기능보다 대권 유지 및 쟁탈을 위한 수단 또는 부속물로 전락하고 만다.

'87년 체제'는 시대 변화에 맞게 고쳐야 할 부분이 많다. 국회와 정부의 관계, 예산 및 감사, 국회의 권한과 책임성 강화 문제 등.

무엇보다 가장 큰 맹점은 대통령 임기(5년)와 국회의원 임기(4년)가 일치하지 않는다는 점이다. 이는 잦은 선거와 정쟁, 그로 말미암은 갈등과 사회경제적 비용 등 부작용으로 이어진다. 그래서 필자는 2008년 개헌에 그렇게 목말라 했다. 타이밍이 좋았다. 4년 후인 2012년은 대통령 선거와 국회의원 선거를 같은 해에 치를 수 있는 적기였다. 대통령 중임제든 내각제든 현 대통령과 국회의원 임기를 줄이거나 늘리지 않고 새 헌법 체제에서 새로운 행정부와 국회의원 선출이 가능하기 때문이다.

그때 개헌을 주장했던 이유는 또 있었다. 임기 초반에 하지 않으면 후반에는 차기 대권주자들의 영향력 때문에 제대로 된 국가 기본

법을 만들기 어렵기 때문이었다. 그러나 당시 권력과 여야 실세들의 반응은 시큰둥했다. 전체의 4분의 3에 가까운 국회의원이 지지·서명하는데도 딴전을 피웠다. 할 일이 태산인데 개헌 논의할 때냐, 개헌은 블랙홀 같아서 다른 현안을 모두 빨아들인다, 정략적이다…. 개헌 반대 이유가 지금과 별 차이가 없었다. 특히 청와대 반응이 싸늘했다. 결국 불발탄으로 끝났다.

필자가 의장직에서 물러나고 대통령 임기 후반기로 접어들자 개헌 논의가 다시 고개를 들었다. 이번에는 청와대도 조금 관심을 두는 듯했다. 순수성을 의심받았고 성사되지 못했다. 노무현 대통령 후반기에도 이른바 '원 포인트 개헌'이 제기됐다. 하지만 후반기 개헌은 위험하다. 헌법 같은 국가 중대법을 정치적 타협이나 흥정 대상으로 삼을 소지가 있기 때문이다. 그래서 그때 나는 반대했다.

지금은 어떤가. 한마디로 때를 놓쳤다. 개헌의 핵심은 권력구조 변경이다. 그러나 대통령과 국회의원의 임기 만료가 맞아떨어지는 2012년, 절호의 기회를 우리는 놓쳤다. 아쉽지만 때는 지나갔다.

다시 하려면 대선과 총선을 같은 해에 치르는 2032년에 하든지, 권력구조에는 손대지 않는 부분 개헌을 하든지, 몇 년에 걸쳐 연구한 뒤 그때 발효되는 개헌을 하든지, 그런 방법들밖에 없다. 차라리 현행 헌법 체제 안에서 정치 관련법 개정에 손대는 것이 더 쉬운 방법일지도 모른다. 때를 놓치면 이렇게 힘든 법이다.

개헌 문제가 현실과 이상의 부조화 사이에 놓이게 된 것은 당시

징치 지도자들의 단견短見 닷이 크다. 미래를 멀리 내다보는 장기적 대응이 얼마나 중요한가를 다시금 교훈으로 되새긴다.

– 〈동아일보〉, 2014년 2월 10일

`Comment`

본문에도 밝혔듯이 나는 개헌론자다. 그것도 열렬하고 적극적인 입장이다. 국회의장 시절에는 팔 걷어붙이고 나섰다. 개헌을 위해서라면 때와 장소를 가리지 않고 일각의 오해마저 무릅써가며 누구라도 찾아가 만났다. 대통령, 여야 대표, 언론계, 학계, 세미나 등. 그렇게 사심 없이 임했지만 힘에 부쳤고, 결국 성사를 못 시켰다.

개헌이란 대업을 이루기 위해서는 전략적 접근이 필요함을 오래전에 깨달았다. 눈 밝은 독자라면 이 책에 나오는 두어 편의 개헌 관련 글에서 방법론상 약간의 상이점을 발견하고 내 고민의 일단을 이해해주리라 믿는다.

지금도 개헌이 정도(正道)란 신념에는 변함이 없다. 어렵지만 꼭 해야 하는 국가 중대사, "고지가 바로 저긴데 예서 그만둘 수는 없다"란 각오로 우리가 끝내 가야 할 길(고지)이 바로 개헌인 까닭이다.

무엇을 위한, 누구를 위한 개헌인가…
중심은 국민이어야 한다

대한민국 헌법은 1987년 이후 한 번도 개정되지 않았습니다. 개헌 필요성에 대한 공감대는 형성되어 있지만 내용과 방법에 대해서는 이견이 많습니다. 이명박 정부 때인 18대 국회 전반기에 국회의장으로서 여야 학계 전문가를 망라한 개헌자문위원회(위원장 김종인)를 구성하고 종합 보고서까지 냈던 김형오 전 국회의장이 개헌의 방향과 내용을 짚는 특별 기고를 보내왔습니다. 국가적 중대 사안인 개헌에 대한 진지한 고민을 함께 공유해볼 기회로 삼았으면 합니다.

- 〈동아일보〉 편집자 주

권력 비대화가 부른 비극

느닷없는(?) 개헌론이 불거졌다. 이번엔 이원정부론이다. 국민이 직접 뽑는 대통령은 외교·안보 등 외치를 맡고, 국회에서 뽑는 총리가 내정을 이끌자는 것이다. 즉각 찬반양론이 나왔다. 정작 발언 당사자는 하루 만에 '꼬랑지'를 내렸지만 냄새는 계속 풍긴다. 여야와 언론 모두 들끓었다. 이래서 대통령이 "개헌은 모든 것을 빨아들이는 블랙홀"이라 했는가. 청와대는 뒤늦게 확인 사살이라도 하듯 개헌에 쐐기를 박는 면박성 발언을 함으로써 오히려 의도와는 전혀 다른 결과를 가져올 수도 있는 악수惡手를 두었다.

개헌의 핵심은 당연히 권력구조다. 그러나 권력의 제도적 배분과 조정보다는 누가 어떤 방식으로 권력을 잡을 것인가에 더 관심이 집중되고 있다. 때아닌 '권력 갈등'으로 배가 산으로 가는 일은 없어야 한다. 대통령과 여당 대표 모두 스타일을 구긴 이번 해프닝은 어쩌면 소통 단절, 배려심 부족 때문이겠지만 이런 점도 개헌을 쉽지 않게 하는 요인이다.

현행 헌법 유지론자들은 운영을 잘못해서지 헌법 탓이 아니라고 한다. 또 지금처럼 사회 갈등이 심하고 리더십이 부재한 상태에서의 개헌론은 자칫 국론 분열을 부채질할 수 있다는 주장도 있다. 뼈아픈 지적이다.

하지만 냉정히 생각해보자. 그동안 우리는 '5년 단임제 직선 대통령'을 여섯 번이나 뽑았지만 전임 대통령 다섯 분이 모두 말로가 좋지 않았다. 대통령 본인 아니면 혈육이 곤욕을 치렀다. 우연의 일치일까. 나는 헌법상 견제 장치가 허약한 상태에서 대통령에게 권한이 집중된 '권력 비대화'가 부른 비극이라고 생각한다. 다들 '내가 하면 다르다'고 생각했겠지만 결과는 하나같이 실패였다.

헌법이 대통령에게 막강한 권한을 보장하는 한 일방통행과 극한 대립, 조기 레임덕과 측근 비리는 막을 수 없다. 이런데도 그 원인과 책임을 제도가 아닌 운영 탓으로 돌린다면 너무 안이하다. 대통령의 불행은 국민의 불행이고 나라의 수치다. 언제까지 이런 논란 많은 제도 속에서 국민이 대통령의 안위를 걱정할 수는 없다.

2012년은 지나갔고, 2032년은 멀고

개헌의 가장 큰 장벽은 아이러니하게도 헌법 조항에 있다. 내각제든, 이원정부제든, 4년 중임제든 어떤 개헌을 추진하더라도 헌법은 현재의 국회의원(4년), 대통령(5년) 임기를 늘리거나 줄일 수 없도록 명시해놓았다. 현직 대통령 재출마 역시 불가능하다. 그래서 타이밍이 중요하다. 총선과 대선이 같은 해에 있는 '20년 주기설'이 개헌의 키포인트인 것이다. 그 절호의 기회였던 2012년은 안타깝게도 지나갔고, 2032년은 너무나 아득하게 느껴진다.

개헌은 나라와 국민의 미래가 달린 일이다. 당리당략이나 정치적 계산에 휘말려선 안 된다. 차기 대선을 앞둔 임기 후반보다는 누가 청와대 주인이 될지 모르는 임기 전반에 해야 하는 이유가 거기에 있다. 그런 의미에서 정권이 바뀐 다음 곧바로 새 국회가 들어섰던 2008년이 개헌의 적기였다. 우리는 아쉽게도 당시 대통령과 여야 지도부의 단견으로 2012년 새 헌법에 따라 국가 최고지도자를 선출할 기회를 놓쳐버리고 말았다. 그렇다고 이대로 마냥 2032년이 오기를 기다릴 수는 없다. 현행 헌법은 많은 장점에도 다음과 같은 치명적인 약점들을 안고 있기 때문이다.

현행 헌법의 치명적인 약점들

첫째, 앞에서 언급한 대통령 권한의 비정상화와 급격한 레임덕이다. 대통령은 행정권 전체를 장악하고 있을 뿐 아니라 입법권, 예산권, 공무원 감사권을 일부 또는 전부 갖고 있다. 그 밖에 많은 권한이 대통령에게 속한다. 어느 나라 대통령보다 막강한 권력이다. 그런 구조이기 때문에 집권 초반엔 '제왕적'이라 할 만큼 권한이 집중되지만 중반을 넘기기가 무섭게 권력누수 현상이 밀려온다.

강력한 권한은 강렬한 저항에 부닥치기 마련이다. 단임제의 맹점이다. 어느 나라도 이렇게까지 심각하지는 않다. 벌써 여러 번 겪다 보니 여기에도 가속도의 법칙이 적용돼 레임덕은 점점 더 빨리 오고 또 길어진다. 국정 낭비가 치명적이다.

둘째, 대통령과 국회의원 임기 불일치에 따른 엄청난 비용 지출이다. 대선, 총선, 지방선거, 보궐선거 등 거의 해마다 선거를 치러야 하고 그때마다 정치권은 선심성 공약과 극심한 선거 후유증에 시달린다. 경제적 비용에 심리적·정서적 문제까지 유발시키면서 불신과 갈등이 사회 전반에 퍼진다.

셋째, 국회의 무능과 무책임이다. 정부가 비대해지면서 입법권보다 행정권이 강화되고 있는 것이 일반적 추세이지만 우리처럼 행정부를 견제할 수 있는 장치가 미약한 국회는 보기 드물다. 국정감사, 대정부 질의 정도가 전부다. 권한이 없다 보니 책임도 없고, 이는 무능으로 이어진다.

헌법은 국회의원들에게 마음대로 발언할 권한을 주었으나 말에 대한 책임은 면해주었다. 제도적 견제 장치가 약하고 경험도 부족하다 보니 행정부를 제어·통제하지 못하고 발목 잡기나 허장성세로 끝나버린다. 미국을 본떠 행정부 견제 장치로 인사청문회 제도를 일부 도입했지만 무성의한 청문회 운영으로 여론은 제도 자체에 회의적이다. 국회의 자업자득이다.

대화-타협 자체가 어려운 시스템

현행 헌법에서 파생된 문제점은 또 있다. 우선 법을 만드는 의원들이 스스로 법을 어기는 심각한 문제가 관례처럼 굳어지고 있다. 한 가시 예를 들어보자. 헌법상 예산안은 새 회계연도 개시 한 달 전인 12월 2일까지 처리해야 하지만 한 번도 지켜진 적이 없다. 예산심사 기일 60일 또한 마찬가지다. 1년 예산이 10조 원이던 때 만들어진 헌법으로 350조 원이 넘는 예산을 다루니 부실할 수밖에 없다. 그나마 주어진 60일조차 제대로 심의하지 않는다. 이러니 국회가 신뢰를 얻지 못하는 것이다. 현행 헌법에는 이 밖에도 시대에 맞지 않거나 미비한 조항이 한두 가지가 아니다. 민주 항쟁 결과로 급속히 헌법을 개정하다 보니 아이러니하게도 유신헌법의 유산을 그대로 물려받은 부분도 있다. 헌법을 위반해도, 의무를 다하지 않아도 국회의원에게 책임을 묻는 조항은 어디에도 없다.

현행 헌법은 대화보다는 투쟁에 더 적합한 시스템이다. 대통령의 힘이 국회보다 훨씬 센 힘의 기울기 차이가 확연하다 보니 양쪽 다 진지한 대화와 타협의 자세를 보이지 않는다. 힘센 쪽은 대화를 시간 낭비로 여기고, 다른 쪽은 투쟁이 더 효과적이라 믿는다. 국회가 초반 2년은 대선 후유증으로, 후반 2년은 차기 대선 구도 선점을 위해 치열하게 싸우는 이유도 이 때문이다. 그래야만 당 지도부와 자기 지지층으로부터 인정받는다. 국민은 그런 편 가름 싸움에 염증을 느끼지만 의원들은 잘 싸워야만 미래가 보장되는 묘한 구조다.

모든 결함과 부작용을 헌법 탓으로만 돌릴 수 없지만 헌법을 고쳐 힘의 기울기를 조절하지 않는 한 하위 법률을 손본다 한들 한계는 분명하다.

개헌 논의에서 가장 중요한 것

혹자는 헌법 전문부터 부칙까지 전면 개정을 주장하지만 이는 개헌을 하지 말자는 말과도 같다. 마찬가지로 헌법의 세부 내용은 가다듬지 않은 채 큰 틀, 즉 권력구조만 바꾸는 개헌을 해서도 곤란하다.

개정될 헌법은 지방자치, 정보화 시대, 인권 등 21세기형으로 고쳐져야 한다. 아울러 국회와 대통령, 국회와 정부, 국민과 국회, 국민과 정부 관계를 올바르게 새로 설정해야 할 부분이 적지 않다. 표피적 접근으로 권력구조의 중심만 이동시킨다면 오히려 개악이 될 것이다.

앞에서 언급한 대통령의 권한 비대화 조항들을 고스란히 둔 채 5년 단임제를 단순히 4년 중임제로 바꾼다면 그것은 '8년 단임제'를 하는 것이나 마찬가지다. 또 지금 논의되는 수준의 이원정부제나 의원내각제를 채택한다면 '그들만의 잔치'에 국민을 들러리로 세우게 되는 꼴이다. 껍데기만 번드레한 개헌으로는 어떤 권력구조를 도입하고 어떤 개헌을 하든지 백약이 무효하다. 하드웨어를 받쳐주는 소프트웨어, 즉 콘텐츠가 중요한 것이다.

내년 2015년은 박근혜 정부 5년 동안 유일하게 중요 선거가 없는 해다. 국회가 국민의 신뢰를 얻고 당의 실세와 대권주자들이 진솔하게 접근한다면 나라와 국민을 위한 제대로 된 개헌 논의가 가능할 것이다.

여야 외원 다수가 개헌을 지지하는 이유 이면에는 국회 권력의 화대가 있다. 이는 의회 선진국들의 일반적인 경우이기도 하다. 추후 개헌이 된다면 한국 국회도 그만큼 권한이 더 커질 것이다. 그러나 분명한 건 국회가 변하지 않고 지금 같은 모습이라면 국민이 그런 국회에 절대로 더 큰 권한을 줄 리가 없다는 사실이다. 무엇을 위한 개헌이고, 누구를 위한 개헌인가. 그 중심은 늘 국민이어야 한다. 논의부터 시행까지 국민의 공감과 동의와 신뢰를 얻어내는 일이 제일 중요하다. 추진력과 추동력도 국민으로부터 나온다. 국회가 지금부터라도 제 할 일을 하고, 자기 살을 도려내고, 분명히 책임지는 모습을 보인다면 국민은 국회를 믿고 권한을 줄 것이다. 그때 비로소 개헌은 가능할 것이다.

− 〈동아일보〉, 2014년 10월 23일

Comment

서울대학교 정치외교학과 동창회 초청으로 개헌 등 현안 문제에 대해 강연한 것을 참석했던 기자가 듣고 원고 청탁을 해 쓰게 된 글이다. 매수에 구애받지 말고 써달라해서 언론 기고용치고는 좀 긴 글이 됐다. 그래도 할 말이 많이 남았지만 말이다.

글에서는 개헌의 필요성과 더불어 개헌이 국민적 합의를 얻으려면 국회의 행태를 고쳐야 한다는 점을 강조했다. 어떤 형태로든 개헌이 되면 국회는 지금보다 더 강력한 권한을 갖게 될 것이 분명하다. 그것이 선진국의 보편적 현상인 데다 또 국회에서 이뤄지는 개헌이 의원 스스로의 권한을 축소할 리 없기 때문이다. 그러나 지금의 국회 모습으로는 국회 권한이 부수적으로 확대되는 개헌에 국민이 동의하겠는가 싶어 국회의 변화를 강조했다. 왜 우리 국회는 해를 거듭할수록 오히려 욕먹는 일이 더 많아지는 걸까. 개헌을 통해 이득을 취하려는 정략적 판단일랑 내려놓자. 지금의 이 난국을 타개하려면 이 길밖에 없다는 각오가 선행돼야만 개헌은 비로소 가능할 것이다.

부연하자면 이 글에선 중요 선거가 없는 2015년을 개헌의 적기로 보았다. 그러나 뜻하지 않은 메르스의 습격으로 국가 사회적 마비 사태가 왔고 개헌은 흘러가버렸다. 2016년부터는 3년 연속 전국적 선거다. 개헌이 메인 이슈가 될 것이다. 예전에도 선거 때는 늘 그랬으니까. 그리고 당선된 대통령은 또 '긴급한 국정 중요 현안 때문에' 개헌을 지금 (당장은) 할 수 없다고 할 것이다. 세월은 그렇게 흘러가겠지. 철학적 비전과 실천 능력을 갖춘 대통령(후보)이 나와야 할 텐데, 현실은 그렇지 않은 것 같다.

차라리 국회를
세종시로 옮겨라

세종시는 '행정 중심 도시'가 아닌 '행정 변두리 시'라며 언론에서 세종시의 문제점을 심층 보도했다. 논의 단계부터의 우려가 현실로 다가왔다. 엄청난 자원·인력·시간 낭비가 속속 발생하고 날이 갈수록 더 심해질 것이 너무나 분명하다. 국정의 책임 반열에 있었던 사람으로서 자괴감이 앞선다. 국토 균형 개발론으로 그럴싸하게 포장했지만, 사실은 지역이기주의에 편승한 선거용이었다. 이걸 내세운 노무현 후보는 대통령으로 당선되고 어정쩡한 입장이었던 이회창 후보는 연고지인 충청도에서도 밀려 낙선했다. 여야를 불문하고 충청 의원들은 그다음 총선에서 '행복도시(행정중심복합도시)'를 대문짝만 하게 내걸었다. 타 지역 의원들은 또 어정쩡한 태도를 취했다. 새누리당(당시 한나라당)은 대권 경쟁을 앞두고 친박·친이 간에 미묘한 기류가 흘렀다. 다소 소극적이었던 이명박 대통령 시절 '세종시' 추진 문제를 놓고 국회에서 표결이 있었다. 결과는 가결, 여당 내 친박계와 야당은 환영 일색이었다.[2] 뜨거웠던 논의는 잠잠해지고, 박근혜 후보가 대통령이 되었다. 세종시는 그의 '약속'대로 건설되고 있다.

필자는 4년 전 브라질을 방문했다. 지금 월드컵 경기가 한창인 리우데자네이루와 상파울루 간의 고속철도 건설 계획이 당시 현안이었는데 한국은 참여 의사가 높았다. 고속철 문제를 국회에서 다룬 경험이 있는 현직 국회의장으로서 고위직 접촉의 적격자라는 권유도 있어서 이웃 중남미 국가 대통령 취임식 참석과 연계해 지구 반대편에 있는 나라를 찾았다. 브라질 측은 화·수·목 3일 중에 방문해달라고 요청했다. '높은 사람들'은 그 사흘 말고는 행정수도인 브라질리아에 없다는 것이다. 계획된 '이상도시'를 국토의 중심부, 사람이 살지 않는 밀림 가운데에 건설한 탓에 생긴 현상이었다. 과연 주차장이 안 보이고 대로에는 인도가 없어 내 눈에도 인간의 숨결이 부족한 도시로 보였다. 고위 공직자들이 주말은 고향이나 연고지에 머물다가 월요일 오후에나 출근하고 금요일이 되면 떠날 채비를 한

---

2 당시 필자는 친박도 친이도 아니었으며, 세종시 안에 반대표를 던졌다. 정확히는 이명박 정부가 낸 수정안에 찬성했지만 이것이 부결됨으로써 세종시는 원안대로 가결되어 오늘에 이르고 있다.

단다. 일주일의 반은 수도에서 근무하고 반은 연고지, 하루는 비행기에서 보내는 셈이다. 그 바람에 나도 주중 사흘을 브라질리아에서 보냈다. 수도로 계획된 지 50년이 지났건만 아직도 미완성인 이 이상 도시에서 행정의 낭비와 비효율의 극치를 보았다. 세종시도 그런 길을 가게 될까 봐 걱정이다.

'행복도시'로 건설되었지만 아무도 행복하지 않다. 행복의 조건인 평화·사랑·여유·가족애·안정 등 어느 것 하나 충족시킬 수 없기 때문이다. 서울과 세종시를 오가느라 시간을 다 써버린다. 세종시 근무자는 직급별로 머무는 시간이 다르다고 한다. 1급 공무원은 세종시에 주 하루 근무, 2급은 이틀, 3급은 사흘…, 6급 이하는 한 주 내내 근무한다고 자조적으로 말한다. 국회로 불려 다니고, 청와대나 높은 데 보고하러 가야 하고, 주말엔 가족도 만나야 한다. 여의도까지 편도 130km를 당일치기로 왕복하는 것은 비효율의 극치다. 곳곳에서 편법이 생기고 비상식이 판을 친다. 근무지가 서울이냐 세종시냐에 따라 공무원의 선호도가 확연히 달라진다. 이대로 가다간 브라질보다 더 못한 결과가 나올 수도 있다. 우리 구조상 그 나라처럼 아예 사흘간을 유령도시로 비워둘 수도 없다. 국가 경쟁력도, 삶의 질도, 근무 환경도 더욱 나빠질 것이 분명한데 정치권은 원죄의식으로 쉬쉬하며 눈을 감고 있다.

수천억 원이 투입됐고 앞으로 더 많은 돈이 들어갈 세종시를 포기할 수는 없다. 그렇다고 몸 따로 머리 따로인 이런 행정도시로는 나라 망칠 것 같다. 방법은 하나밖에 없다. 합칠 수 있는 것은 합쳐야 한다. 더 나빠지지 않기 위해서다. 청와대를 옮기는 것은 헌법을 비롯한 여러 문제가 있다. 그렇다면 국회를 세종시로 옮기자. 국회가 옮겨 간다 해서 기를 쓰고 반대할 서울 사람도, 국민도 별로 없을 성싶다. 공무원을 수시로 불러대는 버릇도 고쳐져야겠지만 같은 세종시 안에서 국회와 부처를 왔다 갔다 하면 지금처럼 길바닥에서 하루를 소모하는 일은 없게 된다. 이런 기대감도 생긴다. 말 많고 탈 많은 국회가 여의도를 떠나 세종시로 옮기면 껍데기뿐 아니라 속도 바뀌지 않을까….

— 〈조선일보〉, 2014년 7월 1일

Comment
───

어느 날 아침, 〈조선일보〉를 펼치니 세종시 문제를 기획 특집 기사로 다루고 있었다. 며칠은 계속될 대형 시리즈물인 것 같아 앉은자리에서 글 한 편 써 신문사로 보냈더니 다음 날 바로 실렸다. 〈조선일보〉는 시리즈를 마감하며 나를 비롯한 전문가 세 사람을 초청해 좌담회(2014년 7월 9일자 신문)도 마련했다. 그 모임에서의 내 발언을 몇 줄 옮긴다.

"더 나쁜 길로 가는 걸 막으려면 국회와 행정부를 한곳에 모으는 게 해결책이 될 수 있다. 국회를 세종시로 이전해 5000명 정도 되는 국회 직원들이 그곳으로 오면 가족을 포함해 1만 5000~2만 명의 주민이 전입하게 된다. 그러면 기존 주민과 합쳐 실질적인 상주 도시로서의 발전을 이룰 수 있다. 국회 이전은 국민적 저항이나 불만도 크지 않고 의원들 입장에서도 나쁠 게 없다. 전국 어느 지역구든 자동차로 쉽게 오갈

수 있다 … 세종시엔 '문화'가 빠져 있다. 정부가 세계적인 건축가에게 이뤄해 박물관이든, 미술관이든, 음악당이든 세계에 자랑할 문화 시설을 만들어야 한다. 그러면 오지 말라 해도 해마다 몇백만 명의 관광객이 찾아온다. 창의적인 아이디어를 내는 행정력이 필요하다. 마라톤 대회, 자전거 대회를 크게 열어보는 것도 아이디어가 될 수 있다. … 국회 분관 설치나 정부를 다시 쪼개는 식의 행정 편의적 발상을 하는 한 세종시는 영원히 불구 신세를 벗어나지 못할 것이다."

세종대왕이라면 절대로 하지 않았을 세종시. 우리는 이미 최악을 선택했다. 루비콘 강을 건넜다. 그렇다고 마냥 주저앉아 있을 수만은 없다. 최악의 상황을 피하려면 최선은 아니더라도 차선책은 내놓아야 한다.

행정부의 분할과 행정도시의 산재는 대한민국의 암 덩어리다. 이 좁은 나라에 중앙 부처가 4개 시(서울·세종·과천·대전)에 흩어져 있는 것은 코미디요 난센스다. 자연히 정부 부처 간 유대감도 없어서 제몫 챙기기와 부처 이기주의가 더욱 기승을 부릴 판이다. 국가 경쟁력을 스스로 갉아먹고 나라가 망가지고 있다.

공무원·국회의원·노조가 문제다

"공무원·국회의원·노조가 문제다." 이렇게 말하면 당사자는 억울해할 분들이 많을 것이다. 물론 그중 다수(80%라고 하자)는 본분에 충실하고 사명감이 넘친다. 문제 인물은 20% 정도다. 그러나 그 20%가 분위기를 주도하고 방향을 좌지우지하기에 문제가 더 심각하다. '그레샴의 법칙(악화가 양화를 구축한다)'은 여기서도 적용된다.

흔히 공무원을 '국민의 공복公僕'이라 한다. 공공의 업무에 종사하는 심부름꾼, 더 낮추면 '종' 혹은 '머슴'이란 뜻이다. 그런데 스스로를 국민의 종이나 머슴으로 생각하는 공무원이 몇이나 될까. 국민 입장에서도 마찬가지다. 많은 경우 공무원은 종이 아닌 상전, 머슴이 아니 주인일 따름이다.

대한민국은 공무원 되기가 세계에서 가장 어려운 나라다. 그 어렵고 힘든 관문을 통과했으니 머리끝부터 발끝까지 자부심과 엘리트 의식으로 충만할 것이다. 하지만 과로와 박봉, 눈치 보기, 열악한 근무 환경에도 이직률은 지극히 낮다. 왜일까. 왜 '철밥통'이고 '신의 직장'일까.

박근혜 정부는 들어서자마자 '창조 경제'와 창의·개혁을 부르짖었다. 그러나 1년 넘게 지난 지금도 아직 그 개념조차 못 잡고 있는 것이 정부다. 듣기 거북하겠지만 삼성 같은 민간 기업이나 외국계 컨설팅 회사에 맡겼다면 아마 지금쯤 착실히 추진되고 있을 것이다. 그런데도 어느 장관, 어느 공무원 하나 책임지고 물러난 사람이 없다.

규제 개혁을 예로 들어보자. 역대 정권 모두 새 정부 출범과 동시에 규제 완화·철폐를 외쳤지만 통계상 규제 건수는 해마다 늘어났다. 뽑히는 전봇대 대신 새로 박히는 전봇대가 더 많았다. 박 대통령은 사생결단의 각오로 '손톱 밑 가시 뽑기'를 역설한다. 하지만 아직 누구도 가시적 조치와 성과를 느끼지 못한다. 공무원이 안 움직이기 때문이다.

정부의 주인이 누구인지 그들은 너무나 잘 알고 있다. 장관은 1년이면 바뀐다. 대통령은 3년 지나면 힘이 떨어지고, 국회의원은 4년마다 물갈이된다. 자신들은 붙박이고 그들은 뜨내기다. 앞에서는 '예, 예' 하다가 돌아서면 손을 놓는다. 정 필요하면 옛날 자료 찾아내어 단어와 수치만 바꿔놓고 생색낸다.

부처 간 영역(칸막이) 다툼은 또 얼마나 치열한가. 힘 있는 컨트롤타워가 없다 보니 조정도, 조절도 안 된다. 관료들은 규제를 조직의 보호 본능처럼 여긴다. 꽉 쥐고 있어야 사건이 안 터진다. 규제를 풀었다가 문제라도 생기면 책임과 뒷감당을 져야 한다. 적당히 버티다가 퇴임하면 산하 단체나 민간 기업이 줄을 서서 요직에 '모시려' 한다. 부처 장악력도, 포용력도 없는 장관과 세월 가기만 기다리는 고위 공직자들에게 오늘도 국민은 꼬박꼬박 세금 내며 그들을 상전으로 모시고 산다.

'선량'이라는 국회의원은 또 어떤가. 어릴 때는 '착하고善 어진良 사람'을 일컫는 말인 줄 알았다. 그러나 본뜻은 '선택된選 훌륭한良 사람', 곧 뛰어난 인물로 국민에게 뽑혔다는 의미다.

맞다. 한국의 국회의원은 정말로 뛰어나고 뽑히기도 어렵다. '바늘구멍을 통과한 낙타' 같은 사람들이다. 미국 어느 국회의원도 장·차관 출신은 없다. 영국 의회에 대학 총장·검찰총장을 하다 온 인사가 있다는 얘기는 못 들었다. 학·경력 뛰어난 선량들은 또 새벽부터 밤늦게까지 바쁘게 돌아다니며 심신을 혹사시킨다. 그런데도 국민의 평가는 박하다. 가장 일 안 하는 사람이 국회의원, 가장 신뢰받지 못하는 기관이 국회다. 왜일까. 왜 가장 인정 못 받는 집단이 됐을까.

제도와 관행이 문제다. 여야는 늘 격돌한다. 당론이 우선이고 의

116

원 개개인이 역할은 매우 제한돼 있다. 선진화법 덕분에 여야가 싸움으로 지고 새는 일은 없어졌지만 '식물 국회'란 오명은 그대로다. 시급한 법안도 지극히 사소한 문제로 차일피일 낮잠을 잔다. 그 뛰어난 자질과 능력을 흑백논리 다툼, 당파 이익 대변에 소진한다. 튀는 말과 행동으로 언론에 보도되려고 애를 쓴다.

여당은 청와대나 차기 실세에게 찍히면 곤란해지고, 야당은 강경파와 시민단체 눈치를 살펴야 한다. 줄서기는 정치인의 피할 수 없는 숙명인가 보다. 실질적 권한도, 책임도 없다 보니 장관이든 누구든 불러놓고 호통치는 국회로 전락했다. 오죽하면 마포대교를 '견자교犬者橋'라 불렀겠는가. 국회에서 호되게 당한 장·차관들이 여의도를 지나 정부 종합청사 쪽으로 가는 다리를 건너며 '개犬'자와 '놈者'자로 분을 삭이는 걸 동승한 비서들이 듣고 이름 붙인 별칭이다.

씨름 씨름하던 예산안이 국회를 통과하고 나면 지역구의 선심성 예산이 대폭 늘어난다. 몇천억이라고도 하고 몇조라고도 한다. 이 모두가 국민의 세금이 투입되는 사업이다. 의원은 가만있는데 관료들이 알아서 국회의원 지역 사업을 챙겨주었을까. 또 그 숱한 인사·이권 청탁은 사라졌는지 모르겠다. 국민 신뢰를 받지 못하니 있지도 않은 비행기 1등석을 공짜로 탄다는 등 세금 낭비하는 대표 집단으로 낙인찍혔다. 국회의원은 '선량善良한 선량選良'이어야 한다.

노조는 어떤가. 전교조가 해직과 파면을 각오하고 참교육을 외치며 나왔을 때 많은 국민의 마음이 짠했다. 민주노총이 어용·관권 노조에 반대해 새로운 노조상을 세우겠다고 나섰을 때 내심 응원과 지지를 보냈다. 그러나 지금 여전히 박수를 받고 있는가. 그사이 기득권 세력으로 변한 건 아닌가. '귀족 노조'란 비난에서 자유로운가. 왜 정치 현안·인사 문제로 파업하고, 다른 회사에 집단 응원을 가는가. 그렇게 할 일이 없나. 폭력은 왜 행사하는가.

1700여 만 근로자 중 노조 가입률은 10% 안팎이다. 정부나 기업의 영향력도 일부 작용했겠지만 대다수는 노조 결성과 가입조차 할 수 없는 근로자들이다. 여러분이 잘한다면 진짜 서민이고 정말 살기 어려운 그 90%가 기를 쓰고라도 노조에 가입하려 하지 않겠는가. 입으로는 '비정규직 차별 금지, 기간제 철폐'를 부르짖지만, 기초 임금조차 제대로 못 받는 그들을 위해 시위와 파업 말고 무엇을 했는가. 자신들의 높은 연봉 일부를 그들에게 보태겠다며 '제 살 깎기' 하는 모범을 보였더라면 정부와 기업의 태도도 달라졌을 것이다. 고임금에 영구 직장도 모자라 이제는 고용 세습까지 요구한다. 비타협 강경 투쟁에 질려 해외 자본은 등 돌리고 국내 투자는 주춤한다. 청년 실업, 고용 없는 성장을 정부 탓이라고만 할 수 있을까. '살맛 나는 세상'을 만들겠다던 초심으로 돌아갈 때 국민은 다시 노조를 응원할 것이다.

공무원·국회의원·노조는 대한민국의 기둥이다. 기둥이 바로 서야 나라가 안전하고 국민이 행복하다.

- 미발표 원고, 2014년 3월 19일

공무원, 국회의원, 노조. 대한민국을 움직이는 주체 중 빼놓을 수 없는 세 집단이다. 나라의 장래가 이들에게 달려 있다. 그만큼 막강한 핵심 세력이다. 그러나 당사자들은 늘 불만에 차 있다. 힘의 한계로 능력 발휘를 못 한다 하고, 외부의 몰이해 때문에 괴로워한다.

문제 없는 집단, 실수 안 하는 조직이 어디 있겠는가. 상대방 그리고 국민의 비난·비판·불평은 어쩌면 당연하다. 설사 그것이 진짜 잘못 때문이 아닌 선망과 질투의 산물일지라도 말이다. 잘 알지도 못하면서 그런다고 탓하거나 억울해하기 전에 먼저 선택받은 직분이라는 사실을 인정해야 한다.

바꾸어 생각해보자. 많고 많은 직업 중에 공무원 시험 경쟁률이 가장 높고 이직률은 제일 낮다. 국회의원 배지 달기에 목매단 사람이 넘쳐나 선거 때면 당선을 위해 사돈의 팔촌까지 총동원된다. 노조 간부는 어떤가. 길거리 시위 주도는 물론 때로 단식 투쟁까지 해야 하는데도 그 고생이 힘들고 지겹다며 탈퇴하는 간부는 없다. 사명감 때문만은 아닐 것이다.

대한민국헌법 전문의 한 대목이 생각난다. "…자유와 권리에 따르는 책임과 의무를 완수하게 하여…." 권리에 더해 막강한 권한까지 쥐고 있으면서도 자신들의 잘못마저 스스로에게 책임을 묻지 않고 남 탓만 한다면 그야말로 '가진 자'들의 푸념으로 전락하고 말 것이다. 하기야 헌법정신을 제대로 가르치지도, 배우려 하지도 않는 풍토이니 할 말이 없다.

3장

한국의 시계는 지금 몇 시인가

껍데기 분칠은 그만하고
속을 바꾸자

'아레테arête'는 기원전 그리스에서 지도자가 갖춰야 할 최고의 가치였다. '덕' 또는 '탁월함'으로 번역되는 이 말은 시대와 사람에 따라 다양한 의미로 쓰이지만 원뜻은 용기, 설득력 그리고 명예다. 호메로스의 『일리아드』에서 아킬레우스가 보여준 아레테는 적과 위기 앞에서 빛을 발한 용기였다. 뒤를 이은 오디세우스의 아레테는 언변이었고, 페리클레스는 이를 아테네 시민에 대한 설득력으로 승화시켰다. 군인에겐 용기, 정치인에겐 설득력이 아레테의 핵심이고 지도자의 덕목이었다. 고대 그리스가 찬란한 문화를 꽃피운 것도 지도층에 이 아레테가 충만했기 때문일 것이다.

세월호 참사 때 우리는 아레테의 기본인 용기도, 설득력도 보지 못했다. 제복 입고 바다에서 일하는 사람들이라면 마땅히 보여줘야 할 용기는커녕 제복에 대한 최소한의 명예마저 그들은 지키지 못했다. 한마디로 모든 제복 입은 사람들을 부끄럽게 만들어버렸다. 오히려 학생·교사·일반인·임시직 승무원들이 순결한 자기희생으로 제복의 역할을 대신해 더욱 가슴을 베어내듯 아프게 했다.

누구도 희생자 가족과 국민을 설득하지 못했다. 설득은 믿음과 공감을 전제로 하건만 현장에 간 총리와 장관은 대화 상대로 인정받지 못했다. 기가 막힐 노릇이다. 분노와 불신과 애절함만이 가득한 공간엔 유언비어와 선동이 독버섯처럼 돋아났다.

바다에 몸을 던진 제복이 없듯이 유족과 국민을 위해 몸을 던진 리더는 보이지 않았다. 여과 장치도, 제어 과정도 없다 보니 화살이 곧장 대통령에게로 날아갔다. 대통령의 언행에 토를 다는 지적이 빗발쳤다. 사건 즉시 대통령이 현장에 간 것은 잘한 일이다. 국민의 생명과 재산을 지키는 국가 최고책임자로서 자세는 확실했다.

그러나 다음이 문제였다. 대통령도, 참모들도 준비가 안 돼 있었다. 수천만 국민에게 확고한 믿음과 깊은 공감대를 형성할 말과 행동이 미처 준비되지 못했다. 참모들은 '말씀'을 받아쓰기 바빠 정부의 역점 사항인 '창조'와 '개혁'은 남이 하는 일로 생각했을까.

설득에 실패하면 사태 장악도 안 되는 법이고 정부의 신뢰는 무너지고 만다. '내가 옳으니 날 따라오라'는 것만으로는 불충분한 세상이다. 케밥과 다이빙벨 소동은 우리의 부끄러운 민낯을 드러낸 해프닝이다. 터키 국민 요리인 케밥으로 실의에 찬 분들을 위로하려던 선의는 누군가의 "케밥은 잔치 때나 먹는 요리"라는 한마디로 순수성을 의심받으며 자칫 두 나라 국민 관계까지 어색해질 뻔했다. 불신의 그림자가 짙게 깔린 세상엔 유언비어가 얼마나 침투하기 쉬운가를 단적으로 보여준 사례다. "구명조끼 입고 선실 밖으로 나오지 말라"는 엉터리 방송으로 무고한 생명을 잃은 부모 심정에 누구를 믿을 수 있을까.

다이빙벨은 두고두고 반성해야만 할 대목이다. 이런 초유의 사태가 터지면 온갖 아이디어가 백출하게 마련이다. 언로는 틔워두되 책임자는 냉정해야 한다. 이 방면에 손때가 묻은 사람이라면 물때와 바닷속 선체 상태를 보면 바로 판단이 서야 한다. 베테랑 전문가는 그만두고 책임감만 있었어도 이런 해프닝은 일어나지 않았을 것이다. "생명과 직결된 일에 검증되지 않은 작업은 할 수 없다. 내가 책임자로 있는 한 받아들일 수 없다!" 이런 소신과 용기를 지닌 사람을 우리는 왜 만나지 못할까. 기본이 약하기 때문이다. 네덜란드의 인문주의자 에라스무스Erasmus는 "아드 폰테스Ad Fontes(근원으로!)"라고 외쳤다. 여기서 말한 근원은 고대 그리스 문물을 뜻하지만 바로 이것이 인류 문명사에 큰 획을 그은 르네상스의 정신을 열었다. 기본이 없이는 학문도, 정치도, 문명도 발전할 수 없다.

지난 50년 동안 우리는 앞만 보고 달렸다. 목적을 위해 수단과 방법을 가리지 않다 보니 절차와 과정은 '과감하게' 생략됐다. 어느덧 '목표 달성과 결과 만능주의자'로 변해버린 것이다. 이것이 지난 시대의 금언이었으나 새 시대엔 장벽이 되었다. 늦게 가더라도 분명히 알고 정확히 가야 한다. 하드웨어에서 콘텐츠로, 소프트웨어적 발상 전환을 해야 한다. 지금 나오는 대책들은 기구·조직 개편하고 사람 바꾸자는 식이다. 여전히 하드웨어적이다. 속을 바꿔야 하는데 껍데기 분칠할 생각부터 한다. 수나 양보다는 질과 격이 중요하다.

왜 우리에겐 책임감과 소명의식을 가진 '제복다운 제복'이 안 보이는지, 왜 국민 생명과 직결된 부서가 기피 대상이 됐는지를 철저히 진단하는 일이 먼저다. 두 달밖에 안 된 장관 바꾼다고 사고가 안 난다면 얼마나 좋겠는가. 껍데기가 아니라 알맹이를 바꿔야 한다. 근원으로 들어가 차분히 안을 들여다보자. 진정한 용기로 속속들이 자기 무장을 하고 진심으로 남이 공감할 수 있는 설득의 논리를 개발할 때까지 거듭 고민하자. 언제 무슨 일이 터질지 모르는 세상이다. 살아 있다는 것을 감사히 여기고, 공동체를 위해 어떻게 헌신할까를 먼저 생각하자. 언제까지나 봄이 오지 않는 나라에 살 수는 없지 않은가.

- 〈중앙일보〉, 2014년 5월 15일

'아레테'는 내가 좋아하는 말 중 하나다. 위기의 순간 늘 되새기곤 한다. 2500년 전 그리스 시민이라면 늘 품고 다녔던 이 아레테 정신(용기와 설득력)이 오늘날 우리 지도자들에게서는 보이지 않아 답답했다. 더구나 세월호 같은 미증유의 사태 앞에서 일국의 지도자라면 응당 가져야 할 기본자세조차 팽개쳐버려 참으로 아쉽고 또 민망했다.

아무리 복잡다단한 사안이라도 기본만 확고하면 50점은 챙길 수 있다. 그런데 그 머리 좋고 유능하다는 엘리트들, 높은 분들이 기본을 잊고 또 잃어버린 것 같아 너무 안타까웠다. 기초 교육보다 응용문제 풀기에 치중하는 우리 교육에 근본적인 맹점이 있는 걸까.

암울하던 1960년대에 외친 신동엽 시인의 절규 "껍데기는 가라"가 시대적 의미를 뛰어넘어 가슴으로 와 닿는 요즘이다.

메르스보다 무서운
'무치병無恥病'

작가 박완서는 『부끄러움을 가르칩니다』란 제목의 소설을 썼다. 또 구상 시인의 〈수치羞恥〉란 시는 "이 도성都城 시민에게선 / 이미 퇴화退化된 / 부끄러움을 / 동물원에 와서 찾고 있다"로 끝난다. 짐승만큼도 부끄러움을 모르는 인간을 매섭게 질책하고 있다.

부끄러움을 가르치는 학교는 없는가. 우리는 정녕 부끄러움을 아는 국민인가. 세월호에 이어 메르스 사태를 겪으면서 한동안 그런 의구심과 회의감에 휩싸였다. 언제부터 우리 사회는 '내 덕 네 탓'만 전염병처럼 창궐할 뿐, '내 탓 네 덕'이라는 자성과 겸허가 사라져버렸는가. 수치심을 잊으면 인간으로서 자존감을 잃게 되는 법이다.

메르스 발병 이후 매스컴과 인터넷, SNS는 낯 뜨거운 얘기들로 넘쳐났다. 남의 편법과 일탈은 참지 못하면서 스스로는 위법과 탈법을 버젓이 저지르는 개념 없는 사람, 양심 불량의 사회였다. 환자는 거짓말을 일삼고 격리 대상자들은 마스크도 벗은 채 집 밖을 돌아다녔다. 단지 아빠가 의사, 엄마가 간호사란 이유로 자녀들은 따돌림을 당하고 등교마저 눈치를 봐야 했다. 입주민 중 소방관이 살고 있으니 조심하라는 아파트 안내 방송이 아무렇지도 않게 흘러나왔다. 일부 지도층 인사는 표를 얻고 지지율을 높일 생각에만 골몰했다. '나만 살면 된다'는 이기주의가 판을 쳤다. 덕분에 병원을 제집처럼 드나들던 '나이롱 환자'들이 발길을 끊었지만 말이다. 불안과 공포를 퍼뜨리는 심리적 바이러스의 슈퍼 전파자들이 방역망과 저지선을 무너뜨리며 우리 사회를 잠식하는 듯했다. 신뢰지수는 추락하고 갈등지수는 솟구쳤다. 마음과 마음은 더 멀어지고 더 두껍게 격리되었다. 그렇게 우리의 자화상은 일그러져 갔다.

컨트롤타워는 작동하지 않았고 시스템은 엉망이었다. 90명 안팎을 감염시킨 14번째 환자는 퇴원 며칠 전까지도 자기가 슈퍼 전파자란 사실을 모른 채 자신도 14번째 환자에게 감염된 줄 알았다니, 누가 누구를 탓했단 말인가. 그나마 다행인 것은 그런 그가 자책감이나 낙인(주홍글씨) 효과에 시달리지 않도록 심리 치료를 하고 있다는 의료진의 성숙한 자세다. 우리 사회가 조금씩 이성을 되찾아가고 있는 걸까.

그렇다. 절망하기엔 이르다. 큰불이 잡힌 지금, 뭔가 달라져 가는 조짐이 보인다. 막장 드라마에서 휴먼 드라마로 채널이 돌려지고 있다. 자원 봉사자들이 점차 늘어나 병원을 청소하고 집에도 못 들어가는 의료진 자녀의 돌봄이 역할을 한다. 뇌종양 소년과 암 환자 노인 두 명도 메르스를 이겨냈다. 임신부도 완치 판정을 받고 제왕절개로 건강한 아기를 낳았다. 메르스로 폐쇄 조치된 전북 순창의 한 마을과 서울의 한 병원에선 주민·환자·의료진이 '전우애'나 다름없는 마음과 자세로 2주가량의 격리 생활을 이겨냈다. 이천에 사는 어린 두 자매는 저금통을 비워 산 선물을 감사 편지와 함께 병원으로 보내 간호사들을 울렸다. 울산에선 6중 추돌 사고가 발생한 터널 안에서 200여 대의 차량이 일제히 벽 양쪽으로 붙으며 구급차와 소방차에 길을 터주어 인명 피해와 2차 사고를 막는 '모세의 기적'이 일어났다….

갈등·분열의 가위를 접고 포용·상생의 보자기를 펼치자
—

이제부터가 중요하다. 태풍도, 홍수도, 세월호도, 메르스도 단 한 번으로 종식되지 않는다. 곧 다시 찾아온다. 또 다른 모습으로 말이다. 우리는 한 해 사이에 거듭 두 번이나 큰일을 당하면서 소도 잃고 외양간까지 망가졌다. 그래도 살 집은 남았다. 먼저 흔들리는 집부터 새롭게 뜯어고치자. 그런 다음 외양간을 다시 짓고 소를 들여야 한다. 더는 허둥대는 모습을 보이지 말자. 나라의 체통을 깎아내린 우리 모두가 아니던가. 제발 이번엔 우선순위를 착각하지 않았으면 좋겠다.

지금 우리에게 필요한 것은 무엇일까. 바위(주먹)를 이기는 것은 가위가 아니라 보(보자기)다. 갈등과 분열의 가위를 접고 포용과 상생의 보자기를 펼치자. '네 탓'만 하는 나쁜 정치에 물들지 말고 부끄러움을 아는 선한 사람으로 돌아가자. 나이팅게일의 마음과 슈바이처의 정신으로 헌신하는 의료 종사자들을 생각하자. 그들의 노고에 감사하고 그들의 분투를 응원하며 온 국민이 공동체 의식을 갖춘 선진 시민으로 거듭나야 할 때다.

6월도 오늘로 마지막이다. 한 해의 절반이 지나갔다. 내일은 7월의 첫날, 축구로 치면 후반전의 시작이다. 전반전의 어이없는 실점을 만회할 득점의 기회가 지금 우리 앞에 펼쳐져 있다. 플레이어는 남이 아니다. 내가 바로 희망의 슈퍼 전파자다.

– 〈문화일보〉, '時評', 2015년 6월 30일

Comment

세월호로 홍역을 치른 정부가 다시 메르스로 혼쭐이 빠졌다. 전 국민을 공포에 떨게 만들었다. 세월호를 겪고도 전혀 준비 안 되고 달라지지 않은 황당한 방역 태세와 지휘 체계는 또 한 번 우리가 후진국 수준임을 아프게 드러냈다. 정부와 병원은 물론 우리 모두 이 책임에서 자유로울 수 없다.

문제는 그다음이다. 우리 마음에 백신은 주입돼 있고, 우리 정신에 평형수는 채워져

있는가. 부분적으로는 고쳐지고 나아졌겠지만 우리 사회가 안고 있는 총체적 부실의

병은 누구도 치유하려 들지 않는다.

메르스 이후 대한민국의 시민정신이 살아나고, 공공성이 회복되고, 양보와 포용의

정신이 발휘되는 그런 움직임이 어디선가 나타나기를 간절히 염원하며 쓴 시평이다.

'기러기 가족'과 한국 교육의 길

어제는 입학식, 오늘은 새 학기가 시작된 날이다. 그러나 지난해까지 함께 공부하던 친구 가운데 몇몇은 이제 국내에선 더 이상 얼굴을 볼 수 없게 되었다. '기러기 가족'이 되어 떠나버린 것이다.

10년 전 미국 샌프란시스코에서의 일이다. 아이들 유학 뒷바라지를 위해 남편과 떨어져 사는 '기러기 엄마'들을 어렵게 만났다. 사진도 찍지 말고 신상이나 대화 내용을 외부에 공개하지 않는다는 조건을 달고서였지만, 일단 말문이 터지자 약속된 시간이 지났는데도 이야기를 더 하자며 나를 붙잡았다. "미국 오면 편할 줄 알았는데 더 바쁘다. 매일같이 아이를 태워다주고 태워 와야 한다. 한국 사교육

비면 죄다 해결된다 해서 왔는데 돈이 훨씬 더 든다. 따라가기 위해 영어 과외를 한다. 국어와 수학은 따로 공부시킨다…."

내친김에 '기러기 아이'들도 만나보았다. 미국에서 등록금이 제일 비싼 인근의 스탠퍼드대학보다 학비가 더 든다는 사립학교에서 부모와 떨어져 기숙사 생활을 하는 중고생들이었다. 눈빛이 초롱초롱했다. 내 공통적인 물음은 "미국서 공부하면 뭐가 좋은가"였다. 놀랍게도 답변이 한결같았다. "질문을 마음 놓고 할 수 있어요." 그 순간 나는 머릿속이 하얘졌다. 아니, '질문을 하기 위해' 그 비싼 학비를 내고 이 먼 곳까지 와서 혼자 지낸단 말인가. 한국의 공교육이 무너져 내리는 소리가 크게 울렸다.

그런 어느 날, 내 지역구에서 필리핀으로 자녀를 유학 보낸 젊은 어머니들을 만났다. 당시 부산에서 가장 못사는 동네였건만 의외로 기러기 가족이 많았다. 미국엔 못 보내도 허리띠 졸라매고 필리핀에라도 보내야 영어라도 배울 게 아니냐는 거였다.

이제 자식 교육을 위해 기러기 가족이 되는 건 흔한 일이 돼버렸다. 이유가 무엇이든 어린아이들이 부모 곁을 떠나 남의 나라로 공부하러 가는 것이 어찌 정상이겠으며, 바른 교육이라 하겠는가.

10년 전이나 지금이나 달라진 것은 없다. 조기 유학생 수가 약간 줄고는 있다지만 아직도 해마다 2만 4000여 명의 초중고생들이 이런저런 연유로 나라 밖으로 공부하러 간다. 1년 미만 연수생이나 단기 유학생은 몇이나 되는지 아예 자료조차 못 찾겠다. 누적된 통계가 없다 보니 이 시각 우리 아이들이 어느 나라에 얼마나가 있는 지 알 수가 없다. 유학 중인 대학생 수(22만 명)를 감안하면 적게 잡 아도 10만 명 이상일 것이다. 초등학생 비율은 점점 증가 추세다.

버락 오바마 미국 대통령은 몇 차례나 한국의 높은 교육열을 칭 찬했다. 교육열이 높은 것과 교육의 질이 높은 것은 엄연히 다르다. 오바마가 이 점을 착각했거나, 알면서도 자국민에게 자극을 주려고 한 발언이 아닌가 싶다. 그렇게나 교육열이 뜨겁고 미국이 본받아야 할 나라라는데 왜 우리 아이들은 오히려 미국으로, 외국으로 나가 는가.

교육은 '백년대계'라 했다. 개인과 국가의 미래는 교육이 좌우한 다. 자식의 미래를 맡길 수 없는 교육을 하는 나라는 미래도 없는 법 이다. 우리는 백년대계는커녕 1년 계획도 못 세워 갈팡질팡한다. 실 제로 '질문을 마음 놓고 할 수 있는 교실'조차 못 만들고 있지 않은 가. 교육정책을 다루는 사람이나 비판하는 사람이나 자기 자식은 외국 학교에 보내는 경우도 적지 않다. 스스로도 못 믿는 교육을 누 구더러 믿으라 하겠는가.

요즘 제주도 거주를 선호하는 중국의 신흥 부자 '푸이다이富—代' 가 부쩍 늘었다고 한다. 여러 이유가 있겠지만 교육 문제가 한 몫을 차지한다. 이곳에 자리 잡은 국제학교들이 중국의 젊은 부모들을 바 다 건너 이 섬으로 불러들이고 있는 것이다. 다른 나라 국제학교보 다 학비가 싸면서 교육의 질도 좋기 때문이란다. 이 '아이러니'를 다각적으로 연구·분석해보면 뭔가 우리 교육에 대한 답을 찾을 수도 있지 않을까.

기러기 아빠의 외롭고 고달픈 삶을 풍자한 〈개그 콘서트〉의 '가장 자리'란 코너를 본 적이 있다. '가장家長 자리'에 머물지 못한 채 변방 구석(가장자리)에서 떠도는 우리 아버지들의 현주소를 통렬하게 꼬집고 있다. 세계에서 가장 많은 사교육비를 지출하는 나라, 가장 긴 시간 공부를 시키는 나라, 원하는 대학에서 원하는 공부를 마음 놓고 할 수 없는 나라, 그러면서도 대학에 가장 많이 들어가는 나라에서 오늘도 어린 자식들은 영어를 배우러 먼 나라로 날아간다. 아버지들은 남겨진다. 날개도 없이.

– 〈문화일보〉, '時評', 2015년 3월 3일

Comment

※ Comment를 대신하여: 〈한국경제신문〉 대담(2015년 10월 5일)에서

이학영 편집국장: 지금 교육은 창의적인 인재를 키우는 게 아니라 대학 입학이 목표가 돼버렸습니다.

김형오: 우리나라 교육을 칭찬한 사람은 버락 오바마 미국 대통령밖에 없지요(웃음). 한국의 학부모들은 세계에서 가장 비싼 사교육비를 부담합니다. 세계 최고인 노인 자살률도 어쩌면 자식에게 투자하느라 정작 자신은 노후 대책을 못 세워 그런 면이 큽니다.

교육 평준화 정책은 나름대로 선의가 있었다고 생각합니다. 하지만 경쟁 없는 사회

는 발전이 없습니다. 하향 평준화나 줄 세우기 교육이 아닌, 경쟁력과 창의력을 동시에 지닌 인재를 길러내는 교육정책을 만들어야 합니다. 입학사정관제도도 그런 취지로 도입했는데 잘 안 되고 있습니다. 한 5년간 준비해서 제대로 시행하면 공부 잘하는 사람, 봉사에 헌신적인 사람, 리더십이 뛰어난 사람 등 다양한 인재를 뽑을 수 있을 것입니다.

또 하나, 엘리트 충원 제도가 한국처럼 단순화된 곳이 있을까요. 고려 시대에 시작한 과거제도를 손질한 것이 고시제도 아니겠습니까. 다원화된 세계에 걸맞게 채용도 다각화해야 합니다. 고시를 거치지 않은 실력 있는 인재를 정부 부처에서 다양한 방법으로 뽑고 영입해야 합니다.

아버지는 어디에 있는가

'땅콩'이 '킹콩'만 해지는 건 순식간이었다. 사태 수습 과정에서라도 책임감과 진정성을 보였더라면 이렇게까지 파문이 커지지는 않았을 것이다. 킹콩의 괴력만큼이나 그 파괴력 또한 엄청나 대한항공은 창업 이래 공들여 쌓아온 이미지에 먹칠하고 새 사업 추진에도 브레이크가 걸렸다. 당사자는 구속됐다.

자식의 잘못은 어디까지가 부모의 책임이고 허물일까. 두 아이의 엄마이기도 한 큰딸을 잘못 가르친 죄라며 아버지가 머리를 크게 숙이는 장면은 보는 이도 민망했다. 나이 마흔을 넘겼고 사회적 지위를 가진 자식의 언행까지 아버지가 나서서 사과하고 용서를 빌어야 하는 걸까. 막내딸의 야릇한 문자 메시지까지 공개된 마당에 그 아버지의 심경은 또 어떨까.

물론 몇몇의 일탈 행위로 재벌가 전체를 매도해선 곤란하다. 그 반대인 예도 적지 않다. 최태원 SK그룹 회장 둘째 딸 민정 씨는 해군 소위로 임관한 재벌가 첫 여성이 됐다. 아버지를 감옥에 둔 딸로서 국가에 대한 서운함을 가질 법도 하건만 그녀는 의연하게 호국의 길을 택했다. 아버지도 딸의 결심을 흔쾌히 반겼다 한다.

시대에 따라 아버지상像도 변하는 걸까. 지난 연말에 본 영화 〈국제시장〉의 몇 장면과 대사 몇 마디가 가슴을 스친다. 눈보라 휘날리는 흥남부두에서 아버지와 헤어진 어린 덕수는 평생을 오로지 식구들을 위해 피와 땀과 눈물을 쏟는다. 남동생 등록금 때문에 독일 탄광에 다녀온 덕수가 여동생 시집보낼 돈을 벌기 위해 다시 베트남에 가겠다고 하자 아내 영자는 울먹인다. "왜 당신 인생인데 그 안에 당신은 없는 거냐"고. 그러나 덕수의 생각은 이렇다. "그래도 그놈의 전쟁을, 독일 탄광을, 월남에서의 고생을 내가 겪었으니 망정이지 우리 새끼들이 겪었으면 어쩔 뻔했어." 그런 덕수지만 외롭고 서러울 땐 아버지 사진 액자를 붙잡고 하소연한다. "아부지예, 내 이만하면 잘 살았지예? 근데 진짜 힘들었거든예…."

극장을 나오면서 보니 중장년층은 물론 아이들과 젊은이들의 눈시울도 다들 젖어 있었다. 이 영화가 젊은 세대를 극장으로 불러 모으고 또 눈물짓게 하는 건 그만큼 그들이 〈국제시장〉 속 덕수, 그 모진 세월을 온몸으로 치열하게 살아온 우리 아버지들의 모습에 공감하고 있다는 얘기다. 세대 간 단절을 이어줄 수 있는 작은 소통과 희망의 끈을 본 느낌이었다.

처음부터 아버지였던 사람은 없다. 세상 모든 아버지는 아버지이기 전에 누군가의 아들이었다. 아무리 강인해 보이는 아버지도 가끔은 한없이 약해지고 작아져서 누군가의 아들이 되고 싶어지는, 그 어깨에 기대어 울고 싶어지는 순간이 있는 법이다. 덕수처럼.

김현승 시인은 「아버지의 마음」에서 "세상이 시끄러우면 / 줄에 앉은 참새의 마음으로 / 아버지는 어린 것들의 앞날을 생각한다"고 했다. 그런 아버지건만 여전히 대접을 못 받고 산다. 직장에서나 가정에서나 큰소리 한번 못 친다. 특히 가정에서 그렇다. 잘된 것은 제가 잘나서고 잘못된 것은 모두 아버지 탓이다. 가부장으로서 권위는 사라진 지 옛날이고 책임만 남겨졌다. 가르침이 없는 가정, 배울 것이 없는 집안이 돼버렸다.

2014년엔 유난히도 자식 때문에 고개 숙이고 가슴을 쳐야 했던 아버지들이 많았다. 서울시장 후보도, 교육감 후보도, 경기도지사도, '선생 김봉두'로 기억되는 어느 배우도 아들·딸 문제로 곤욕을 치렀다. 자식 교육을 잘못한 탓이고 불찰이라며 사과를 해야 했다.

결국은 교육이다. 공교육은 이미 무너졌다 하고, 가정교육도 위태롭게 흔들리고 있다. 교육이 안 되는 나라는 미래가 없다. 가정이 바로 서지 못하는 사회가 튼튼할 리 없다. 아버지 부재, 부성·부권 실종 시대다. 아버지 역할의 상당 부분은 아내에게 넘어갔다. 시간적·정신적·육체적으로 아버지란 사람은 쫓기고, 시달리고, 피곤할 수밖에 없다. 이제 우리 사회가 잃어버린 아버지를 찾아주어야 한다. 24시간 매여 있고, 묶여 있고, 눈치 보는 아버지들이 가정으로 돌아가게 하는 방법을 진지하게 고민할 때가 되었다. 못난 아버지와 잘난 자식이라도 밥상 앞에 함께 앉아야 한다. 그래야만 아버지가 '발견'되고 아버지가 살아난다. 가정교육은 그때 비로소 자리 잡을 것이다.

뿌린 대로 거두는 것이 자식 농사다. 새해엔 더는 자식으로 고개 숙이고, 가슴 치고, 눈물 훔치는 아버지들의 모습을 보지 않았으면 좋겠다.

— 〈문화일보〉, '時評', 2015년 1월 6일

Comment

프랑스 사상가 장 자크 루소는 소설 형식의 교육학 고전 『에밀』에 이런 인상 깊은 구절을 남겼다. "사업상 바쁘다는 핑계로 자신의 의무를 돈으로 해결하려는 아버지들이 있다. 오, 이 얼마나 천박한 태도인가. 돈으로 아버지를 사줄 수 있다고 믿다니 말이다." 그러나 아이러니하게도 루소 자신은 다섯 명이나 되는 자식을 모두 태어나자마자 보육원으로 보낸 비정한 아버지였다.

반면 다산 정약용은 아버지로서 말과 글과 행동이 일치했다. 그는 유배지에서 두 아들 학연과 학유에게 사랑이 깃든 수십 통의 편지를 써 보내며 가르침을 대신했다. 그

편지들은 '하피첩(霞帔帖)'으로 묶였다. 아내가 남편을 그리워하며 보낸 다섯 폭의 치맛자락을 잘라 두 아들의 앞날에 지침이 될 당부의 말을 적어 편지로 부친 것이다. 금슬 좋은 어느 부부의 자녀 사랑이 이보다 더 애틋하게 심금을 울릴까.

김현승 시인의 〈아버지의 마음〉을 몇 줄 더 적어본다. "…아버지의 눈에는 눈물이 보이지 않으나 / 아버지가 마시는 술에는 항상 / 보이지 않는 눈물이 절반이다. / 아버지는 가장 외로운 사람이다. / …폭탄을 만드는 사람도 / 감옥을 지키던 사람도 / 술가게의 문을 닫는 사람도 / 집에 돌아오면 아버지가 된다. …"

나 역시 집에 돌아오면 아버지가 되는 그런 사람이었다. 정치하느라 바빠 가정에 소홀하고 부족했던 점을 메우려고 틈만 나면 두 딸을 껴안아주곤 했다. 시집을 간 지금도 딸들은 스스럼없이 내 품에 안긴다. 딸들과의 포옹은 아버지로서 사랑의 표현이면서 나 자신에 대한 당당함이기도 했다. 생각해보라. 밖에서 부끄러운 일, 부도덕한 짓을 하고 온 아버지라면 딸들을 어찌 껴안을 수 있겠는가. 나쁜 기운, 오염된 공기를 옮길지도 모르는데…. 그런 생각으로 스스로를 경계하고 담금질하곤 했다. 피부 접촉을 통하든, 따뜻한 눈길로 마주하든 자식에 대한 사랑과 교육의 열쇠는 '관심'을 전달하는 데 있다고 나는 믿는다. 이 말을 하고 나니 '아버지'로서 다시 한 번 부족함을 느낀다.

〈명량〉의 울음소리를 들어라

-침몰하는 리더십, 역사에서 답을 찾자-

김한민 감독 영화 〈명량〉을 보았다. 울돌목으로 바다의 울음소리, 칼의 울음소리를 들으러 갔다가 마음 안으로 실컷 울고 왔다. 이 글을 쓰는 지금도 이순신 장군의 고뇌에 찬 모습이 내 가슴을 서늘하게 베며 지나간다.

흥행 속도가 무섭다. 날마다 한국 영화 관객 동원 역사를 새로 쓰고 있다. 가히 '명량 신드롬'이다. 주요 언론도 연일 〈명량〉 관련 기사와 칼럼을 쏟아내고 있다. 왜 우리는 이 영화에 이토록 열광하는가. 임진왜란 당시처럼 지금이 난세여서인가. 리더십은 실종되고, 세상을 구원할 영웅은 나타나지 않고 있기 때문인가. 누가 있어 우리를 지켜주고, 침몰해가는 이 나라를 끌어올릴 것인가. 진정한 리더십, 영웅의 출현에 목말라 하는 국민의 갈망이 불멸의 이순신을 찾아 영화관으로 모여들고 있다. 〈명량〉이 슬프고 아프고 억울한 국민 가슴을 어루만져주는 치유제 역할을 하고 있는 것이다.

기적은커녕 리더십을 침몰시킨 한국 지도층

———

두 시간 내내 푸른 바다, 피맺힌 바다, 한 많은 바다가 회오리친다. 처음 몇 분간은 세월호 참사를 아프게 오버랩시킨다. 진도 앞바다에 두 개의 해협이 있다. 유속이 빠르고 물살이 거세기로 우리나라에서 첫째(울돌목), 둘째(맹골수도) 가는 해협들이다. 6000톤이 넘는 대형 여객선(세월호)은 맹골수도에서 속수무책으로 침몰했고, 그에 비하면 가랑잎에 불과한 12척(실제 13척)의 판옥선은 100여 척(왜선 전함대 330척)의 적함 중 31척을 울돌목 깊숙이 수장시켜 버렸다. 이순신은 울돌목 거친 물살 속에서 기적을 일궈냈지만, 우리의 지도층은 맹골수도에서 기적을 들어 올리기는커녕 리더십마저 침몰시켜 버린 것이다. 관객은 이 영화를 통해 위기를 기회로 바꾸는 리더십과 위기를 더 큰 위기로 몰아넣는 리더십의 극명한 차이를 보았다.

그런 상념도 잠깐, 서서히 영화 자체에 빨려들었다. 가장 위대한 장군의 영웅적 면모와 인간적 모습이 400년 세월을 뛰어넘어 관객의 몸속으로 뚫고 들어온다. 이런 수준의 영화라면 세계 시장에도 통하겠다는 생각이 들었다.

이순신은 말보다는 마음으로, 실천으로 부하들을 움직인다. 이따금 던지는 극도로 절제된 발언이 더욱 육중하게 다가오는 것은 그래서이다. 영화에서 이순신은 말한다. "충忠은 백성을 향하여야 한다. 백성이 있어야 나라가 있고, 나라가 있어야 임금이 있는 법이다." 이순신의 애민사상이 21세기 관객에게 극명하게 전달된다. 물론 어록에는 없지만 그가 정말로 그런 말을 했을 것 같은 느낌을 준다.

이런 대사도 있다. "독버섯처럼 퍼진 두려움이 문제지. 만일 그 두려움을 용기로 바꿀 수만 있다면 그 용기는 백배, 천배로 나타날 것이다." 루스벨트 대통령이 대공황의 암울함 속에 좌절해 있던 미국 시민들에게 했던 명언("지금 우리가 두려워해야 할 단 한 가지는 두려움 바로 그 자체이다.")과 비슷한 맥락으로 가슴을 파고든다. 두려움은 이순신과 조선 수군에게만 있었던 것이 아니다. 왜장과 휘하 수군에게도 도사리고 있었다. 이순신은 자신의 두려움을 억누르고 적의 두려움을 이용했다. 〈명량〉의 이순신 해석, 그 압권이라 할 수 있다.

문제의 핵심은 두려움, 그것을 어떻게 극복하는가이다

———

그렇다. 문제의 핵심은 두려움이다. 전쟁이든 혁명이든 대공황이든 절박한 위기의 순간이 닥치면 누구나 두려움을 느낀다. 이순신도, 나폴레옹도, 루스벨트도, 처칠도, 마오쩌둥도 다르지 않았다. 소크라테스는 아무도 경험해보지 않은 죽음을 두려워하는 것은 어리석은 일이라며 흔쾌히 사약을 받는다.[3] 과연 죽음 앞에서 두렵지 않은 사람이 있을까. 십자가에 달린 예수마저 "하나님, 왜 나를 버리시나이까"라고 절규하지 않았는가. 구약성경에서도 신은 인간에게 "두려워 말라"면서 말문을 연다. 그만큼 인간이 나약한 존재란 의미다. 탁월한 리더십과 그렇지 못한 리더십은 그 두려움을 극복하는 방법에서 판가름이 난다.

세계 최초의 실증주의 역사서라 할 『펠로폰네소스 전쟁사』를 쓴 투키디데스는 "아테네의 세력 확장에 대한 두려움이 스파르타로 하여금 전쟁을 일으키게 만들었다"고 설파했다. 『술탄과 황제』를 쓰면서 내 전공(?)이 되다시피 한 비잔틴 제국 멸망사를 한번 보자.

1123년을 지탱한 세계 최고의 제국에도 서서히 종말이 다가오고 있었다. 최후의 저항은 격렬하고 처절했다. 오스만튀르크의 술탄 메흐메드 2세는 증조부 때부터 아버지 시대까지 이루지 못한 콘스탄티노플 함락을 위해 총력을 기울인다. 그의 리더십은 한마디로 '진두지휘·신상필벌'이라 할 수 있다. 그는 비상한 머리로 직접 전략을 세우고 늘 앞장서 전투를 지휘한다. 배를 끌고 산을 넘어 항구를 점령하

---

3 플라톤이 저술한 『소크라테스의 변론』(29a)에서 인용. 그러나 조금만 더 읽어가면 "죽음이 두려워 정의나 양심을 팔지 않겠다, 죽는 한이 있더라도 (이 신념을) 양보하지 않을 것이다"(32a)라고 말하는 것으로 보아 소크라테스의 뜻은 명확하다. 이순신 장군의 사생관과도 일맥상통한다 하겠다. (천병희 역, 『소크라테스의 변론, 크리톤, 파이돈, 향연』, 도서출판 숲, 2012년, pp. 42–51 참고)

는 기상천외한 발상을 성공시키는가 하면, 패전한 장수는 지위고하를 막론하고 엄단한다. 나는 이를 두고 '달리는 리더십'이라 이름 붙였다. 그는 두려움을 즐기면서 극복한 몇 안 되는 지도자 중 한 사람이었다. 오스만튀르크 600년 역사상 유일무이한 '정복자'란 칭호가 그에게 주어진다.

반면 술탄과 맞서 싸우는 비잔틴 최후의 황제 콘스탄티누스 11세는 아둔하고 우유부단한 사람처럼 비치지만 한 꺼풀 벗겨보면 의외의 리더십을 발견할 수 있다. 그는 할 수 있는 게 아무것도 없었다. 성은 50일 넘게 포위되어 식량도, 돈도 다 떨어졌다. 지키는 병력 수는 공격군의 10분의 1에도 못 미친다. 신하와 장병들은 거듭 항복을 간청하지만 그는 끝내 거부하고 삼중 성벽을 수의壽衣 삼아 전사한다. 황제의 뜨거운 눈물이 세계에서 가장 큰 교회였던 하기아소피아(지금의 아야소피아 박물관)의 차가운 대리석 바닥에 떨어질 때 머뭇거리던 신민들은 이렇게 외친다. "가자, 황제와 함께! 죽자, 조국과 신앙을 위하여!" 황제의 진정성이 항복을 바라고 살기를 원했던 사람들의 두려운 가슴마저 녹여낸 것이다. 그들은 모두 황제를 따라 성벽에서 장렬한 최후를 맞는다. 나는 이를 '눈물의 리더십'이라 명명했다.

달리는 리더십 + 눈물의 리더십 = 이순신의 리더십

이순신은 술탄의 '달리는 리더십'과 황제의 '눈물의 리더십'을 모두

갖춘 지도자다. 〈명량〉에서 그는 두려워 나서지 못하는 장졸들을 뒤로한 채 혼자 울돌목 거센 조류를 버티며 왜군과 대적한다. 감동한 부하들은 배를 앞으로 몰고 나와 죽을 각오로 장군과 함께 싸워 귀한 승리를 일군다. 이순신은 평소에 백성과 부하를 자식처럼 아끼고 사랑했다. 밥을 함께 먹고 놀이도 같이 하며 그들의 애로를 귀담아 듣고 고충을 헤아렸다. 그러나 군율을 어긴 장졸은 계급의 높고 낮음을 가리지 않고 가차 없이 처단했다. 용장勇將 밑에 약졸弱卒 없는 법이다.

그렇다. 군기軍紀와 사기士氣는 '양날의 칼'이 아니라 '동전의 앞뒷면'이다. 이순신은 그 중요성을 잘 알았다. 사기와 군기, 둘 중 하나만 부족했더라도 울돌목의 기적은 결코 일어나지 못했을 것이다. 최근 임 병장·윤 일병 사건 같은 엽기적인 병영 사고를 보면서 또다시 〈명량〉의 이순신을 떠올릴 수밖에 없다. '세월호' 이후 우리 사회 곳곳에서 부끄러운 민낯이 드러났다. 근본을 잊었거나 잘못된 것임을 새삼 깨닫게 한다. 군 역시 마찬가지다. 왜 군대에 가는가? 왜 군인의 길을 선택했는가? 입대 장병과 직업군인에게 묻고 싶다.

군은 나라를 지키기 위해 존재한다. 나는 내 나라, 너는 네 나라를 지키려고 군대에 간다. 나와 너는 같은 우리나라, 대한민국 군인이다. 함께 피를 흘리고 함께 죽을 수도 있는 운명 공동체다. 내가 너 대신, 네가 나 대신 죽고 살기도 한다. 살아남은 자는 죽은 자의 몫까지 조국을 위해 헌신해야 한다. 이것이 전우이고 군인정신이다.

그렇게 배우고 그렇게 알았다. 그런데 같은 부대원끼리 총부리를 겨누고, 함께 먹고 자는 같은 내무반에서 집단 구타와 가혹 행위가 발생했다. 우리 군 전체가 아니라 극히 일부에서 일어난 일이라고 믿고 싶지만 아연실색할 노릇이다. 이건 전우가 아니다. 군인정신을 내팽개쳤다.

우리 세대가 군 복무할 때 있었던 '기합'이란 일제 잔재가 아직 청산되지 않은 것이다. 그땐 그것도 훈련의 일부라거나 군기 확립 차원이라고 억지로 이해하려 했다. 그러나 지금은 시대가 다르다. 인터넷과 스마트폰이 어디서든 펑펑 터지고 외동아들 귀한 자식 아닌 장병이 없는데 아직도 이런 케케묵은 구시대 군대 악습이 남아 있다니, 창피해서 고개를 들 수가 없다. 나라를 지킨다는 자부심이 조금이라도 있었다면 이런 어처구니없는 일은 일어나지 않았을 것이다. 핵을 가진 북한이 연일 미사일을 쏴대고 전쟁 위협을 공언하는 판국인데 우리 군의 자세는 극도로 해이하고 안이한 것이 아닌가.

이런 군기, 이런 군대로 국토를 수호하고 국민의 생명을 보호할 수 있을까 싶다. 우리가 못 지키는 대한민국은 미군도, 유엔도 지켜줄 수 없고 지켜주지도 않는다. 이등병부터 참모총장까지 정신 자세를 완전히 바꾸어야 한다. 복무 기간이 우리보다 여섯 배나 긴 북한 병사를 우리 사병이 이기려면 전투력은 물론 정신력 면에서도 지금보다 훨씬 강해져야 한다. 21개월 후 전역하여 버젓한 사회인으로 역할을 하기 위해서도 확실히 뜯어고쳐야 한다.

대통령·장관·여야 국회의원 모두 "잘못은 내 책임" 해야

두려움을 직시하고 극복하는 방법을 다시금 깨우치자. 〈명량〉에서 이순신이 보인 리더십을 생각하자. '내가 두려우면 남도 두려운 것'이다. 장관이나 육참총장·경찰청장의 수시 교체가 두려움을 물리치거나 해소해줄 수는 없다. 책임이 나에게 튀지 않게끔 방어막·차단벽을 치는 것에 불과하다. 내 두려움을 남에게 떠넘긴다고 그 두려움이 없어지는 것이 아니다. 진정한 리더는 그렇게 하지 않는다.

한국전쟁 때 미국 대통령이었던 트루먼은 자기 책상 앞에 이런 글귀를 큼지막하게 걸어놓았다. "모든 책임은 나에게 있다The Buck Stops Here." 그렇다. 지금 책임의식이 절대로 필요한 곳은 다른 곳이 아니다. 대통령부터 각 부처 장관, 여야 지도부와 국회의원들까지 서로 앞다퉈 "잘못된 것은 내 책임이다" 할 때 나라가 잘될 수 있을 것이다. 두려움이 극복되고 사기가 오를 것이다.

군 수뇌부를 불러놓고 책상을 치며 호통하고 줄줄이 옷을 벗으라고 다그치는 국회 모습⁴도 미덥지 않기는 마찬가지다. 국회가 해야 할 일은 군 기강을 바로 세워 이런 사고가 다시는 일어나지 않도록

---

4 국회에 상당 기간 몸담았던 사람으로서 국회와 정치권에 대한 언급은 참으로 부담스럽다. 정계를 떠났지만 세상이 국회를 비난하고 민심이 정치인을 등질 때면 마치 나를 두고 하는 것처럼 자괴감과 무한 책임을 느낀다. 동료·후배들에게 드리는 이 고언(苦言)이 나의 못난 경험에서 나온 것임을 이해해주기 바란다.

150

대책을 마련하는 일이다. 병사들의 사기 앙양과 군기 확립을 위해 무엇이 부족한지를 국민의 대표로서 살피는 일이다. 문책은 군 통수권자의 일이며 질책은 언론과 사회의 몫이다. 제 일은 제쳐놓은 채 모욕 주고 야단치며 남의 영역에 간섭하니 딱하다 못해 염려스럽다.

지금 세월호 이후 불거져 나온 것이 이른바 '관피아(관료 마피아) 척결'이다. 자기들끼리 똘똘 뭉쳐 해먹는 조직·집단이기주의가 심각하다. 해피아(해수부)·철피아(철도청)·모피아(재무부)·교피아(교육부) 등등 수많은 신조어가 쏟아져 나오는 판이다. 이들은 관련 업체·기관 위에 올라서 군림하고 지배하려 든다. 대기업과 협력업체 간에 이루어지는 '갑을 관계'보다 절대 못하지 않다. 우리 사회에서 다수를 차지하고 있는 '을'들은 그래서 억울하고 불쌍하다. 현대판 신분제도가 따로 없다. 감히 단언하건대 이 차별과 불공정이 사라지지 않는 한 우리는 선진국이 될 수 없다. 국회와 정치권이 정부를 견제하고 시비를 가리는 것은 지극히 당연하다.

문제는 정치권이 '을'을 보호한답시고 '갑'에게 해대는 폭언과 무례다. 책임은 뒷전인 채 권한만 휘두르니 '갑 중의 갑'이 따로 없다. 특히 제복 입고 나라 지키는 사람들에게 그들의 명예를 지켜주지는 못할망정 모욕을 주어서야 하겠는가. 기강을 잡는답시고 기강을 세워야 할 군 지휘관·장성들을 국회로 호출해 공개적으로 면박하는 나라가 대한민국 말고 또 있겠는가. 이러고도 기강이 바로 서기를 바라는가. 민주주의의 근간인 공권력이 정치권력에 의해 무너지는 소리가 어디 내 귀에만 들리겠는가. 인기 만회용이든 지도력 확립 차원이든 이런 언행이 계속된다면 머지않아 "너나 잘하세요"란 말을 듣게 될 것이다. '국피아(국회)' '여피아(여당)' '야피아(야당)' 같은 말이 나올까 두렵다. 정치권의 군 길들이기로 '정치군인'과 '눈치군인'을 양산하던 과거로 되돌아갈 셈은 설마 아닐 거라 믿는다.

포퓰리즘은 이제 그만, 현실에 기반을 둔 근본 대책을 세워라
———

또 있다. 근본 대책은 수립하지 않고 사고에 따른 문책만 있다면 무사안일주의가 만연할 것이다. 자동차 운전면허를 따고도 끝내 운전하지 않는다면 '무사고 운전자 보험'에는 들 수 있다. 부엌이나 싱크대에 있지 않으면 그릇 깰 일도 없다. 이런 사람을 두고 모범 운전자라거나 살림 잘하는 주부라고 하지 않는다. 열심히 하다 보면 가끔 사고도 난다. 사고를 줄이거나 방지할 궁리를 해야지 사고 난다고 처벌만 하는 시스템이라면 결과는 뻔하다. 자칫 훈련 시간 단축, 경비 태세 소홀 등으로 이어지고 나아가 군기 문란, 사기 저하, 전투력 약화, 안보 위기의 연쇄 반응을 일으킬 수도 있다. 우리 군의 실상을 아는 이들이라면 모두가 한목소리로 초급 간부의 자질 강화와 복무 환경 개선이 무엇보다 시급하다고 한다. 이것은 의지만으로 되는 일이 아니다. 돈이 뒤따라야 한다. 구체적인 예산 지원책 마련이 국회가 우선으로 해야 할 일이다. 군기와 관련한 여야 정치인들의 포퓰리즘성 발언은 그래서 조마조마하다. 충무공이시여, 당신이라면 이런 때 어떻게 하시겠나이까.

〈명량〉을 통해 추가로 두 가지 점을 꼭 짚었으면 한다.

명량에서 대승을 거둔 이순신의 그다음 행보는 어떠했는가. 영화에서 언급되지는 않았지만 굉장히 이례적인, 그래서 얼핏 고개를 갸웃거리게 만드는 장면이 아닐 수 없다. 그는 피어린 울돌목을 뒤로하고 기수를 돌린다. 그냥 돌리는 것이 아니라 전속력으로 쉬지 않고 노를 젓는다. 당사도·어의도·법성포·위도를 경유한 그의 행선지는 전라도와 충청도의 경계인 선유도(고군산열도)다. 동력선도 아닌 당시 배로 비바람을 뚫고 수백 리 파도치는 길을 닷새 만에 왔으니 급속한 후퇴다. 대승을 거둔 군대로선 쉽게 상상하기 어려운 행동이었다. 자신을 못 미더워하는 선조 임금을 비롯한 조신들이 쏟아부을 비난과 질책을 아랑곳하지 않고 이런 퇴각을 하다니(그의 퇴각에 대해 조정에서 어떤 논의가 있었는지는 '실록에 기록되지 않아 알 수 없다).

나는 이 점에서 탁월한 전략가로서의 그를 다시 보았다. 만약 승리에 들떠 환호하는 백성과 함께 명량 주변에 머물렀다면 이순신 군은 대패하고 말았을 것이 틀림없다. 조선 수군 12척은 천신만고 끝에 살아남았고 일본 배 200여 척은 아직 싸움 한 번 하지 않은 채 건재한 상태였기 때문이다. 연이어 전투가 벌어졌다면 승부는 불을 보듯 뻔했다. 그래서 이순신은 퇴각한 것이다.

사즉생과 퇴각을 아는 용기의 리더십

———

요즘의 한국 정치 상황에 비추어보자. 전투에 이긴 사령관이 지역을 버리고 퇴각했다면? 여야 정치인, 일부 언론과 시민단체, 심지어는 청와대까지 나서서 소환·문책하라고 야단이 났을 것이다. 전문가도 아닌 사람들이 자기 입장에서만 사건을 해석하니 진실과 거리가 먼 일방적 주장이 목소리를 키우고 사실이 왜곡되기 십상이다. 요즘 우리 사회는 전문가를 키울 틈도 없이 갈아치운다. 또 설사 전문가라 하더라도 소신껏 책임 있게 일하라고 말하기가 쉽지 않은 환경이다. 임진왜란이 일어났던 16세기는 국회도, 언론도, SNS도 없던 시대라 이순신은 살아서 다음 전쟁에 대비할 수 있지 않았을까, 그런 상상을 하며 실소를 머금어본다.

상황은 다르지만 국민당 장제스蔣介石 군에 패해 중국 대륙을 도망 다녔던 마오쩌둥毛澤東 군이 중국인의 민심을 얻게 된 것도 바로 이 패주 길에서였다. 그들은 가고 머무는 곳에서 군율을 엄격히 지켰다. 민가에 들어가 잠자지 않고, 음식이며 물자를 빼앗지도, 훔치지도 않았다. 말로만 듣던 적군赤軍·홍군紅軍이 실제로 내 아들, 내 조카와 같은 중국인임을 각인시켰다. 패잔병이었지만 그들이 머무는 곳곳에서 온정이 오갔다. "일본군과 싸워야 하는데 국민당 군에게 쫓기고 있다. 하룻밤 바깥에서 머물다 갈 테니 불편하더라도 참아달라." 중국의 서북 변방 옌안延安에 올 때까지 병력·물자·무기·

154

복색이 초라하기 짝이 없었지만 마오쩌둥 군은 중국 인민들에게 깊은 인상을 심어주었다. 2만 5000리 패주 길을 대對 국민 홍보 심리전의 더없이 좋은 기회로 삼았다. 마오쩌둥 군은 전투에선 졌지만 민심을 얻는 데선 장제스 군을 이긴 것이다. 병력은 1/12로 줄고 복장은 남루하고 행색은 초라했지만 중국 대륙 통일의 기반을 마련했던 것이 바로 이 '장정長征'이었다.[5]

이순신의 퇴각로 역시 도망 길이 아니라 승전보를 생생히 온 백성에게 전하는 살아 있는 방송이고 뉴스였다. 가는 곳마다, 들르는 지역마다 이 위대한 장수와 병정에게 조선의 희망을 걸었다. 수군 지원자가 몰려오고, 부족하지만 군량과 물자 조달도 가능해졌다. 군대를 훈련시킬 시간도 벌게 되었다. 결국 전라도 중턱까지 분풀이한답시고 올라왔던 일본 수군은 언제 조선 수군의 기습이 있을지 몰라 추위를 핑계 대며 퇴각하고 만다. 나는 이순신의 용전분투와 더불어 깊은 전략적 숙고, 민심까지 추스르는 혜안과 인품에 감탄을 금하지 못했다.

---

5 1934년 10월 중국 공산당 홍군(紅軍)이 국민당군의 포위망을 뚫고 370일 만에 9600km를 걸어 1935년 10월 산시(陝西)성 옌안(延安)에 도착했다. 출발 당시 병력 8만 6000명이 7000명으로 줄었다.

백척간두에서 한 발 더! 바다를 무덤 삼으리라

———

다른 하나는 〈명량〉에 나타난 그의 사생관이다. 전투 하루 전날 『난
중일기』에 쓴 '필사즉생 필생즉사必死則生 必生則死'는 이 영화의 키
워드다. 이순신의 삶 자체가 '사즉생'이었기에 주제 선정은 잘했다고
본다. 다만 '죽을 각오로 싸우는 것'과 '죽기 위해 싸우는 것'은 엄연
히 다르다. 영화에선 이순신이 후자의 자세로 임하고 있음을 곳곳에
서 느끼게 한다. 잘못 이해하면 염세적 사생관을 가진 분으로 생각
할지도 모르지만 그건 결코 아니다. 선조에게 보낸 장계에도 '죽을힘
을 다하여 싸우겠다出死力拒戰'는 비장한 결의를 담았듯이, 그는 열
악한 조건에서 적의 전진을 막고 승리하기 위해 죽을 각오로 싸웠을
따름이다. 두려움을 이기고 죽음을 극복하는 이순신의 영웅적 면모
를 부각시키려고 감독이 다소 오버하지 않았나 하는 인상을 받았다.

명량에서 맞붙은 적장 구루시마來島(조선에선 마다시馬多時로 알려진
인물)는 일본에서도 물살이 가장 빠르기로 소문난 시코쿠四國 끄트
머리인 나루토鳴門 해협에서 활동하던 해적 출신이다. 나루토 해협
은 〈명량〉에 자주 등장하는 바다 회오리를 요즘도 볼 수 있는 곳이
다(그러나 명량에선 자주 볼 수 없는 현상이다). 당포해전에서 전사한 형에
대한 복수를 벼르던 구루시마는 해협의 급류에 누구보다 익숙한 터
라 울돌목 앞바다를 만만하게 보았다.

반면 임진왜란 1년 전까지 바다를 모르고 살았던 이순신은 매 순

간 매 장소에서 현지 전문가들의 의견을 경청했다. 그들을 대동하고 현장을 직접 살폈다. 밤잠을 설친 채 전략·전술에 골몰했다. 무기든 날씨든 지형지세든 적에게 유리한 조건과 상황에선 절대로 맞붙어 싸우지 않았다. 백척간두에 서서 모든 것을 두려워하고 모든 것을 경계하는 자와 복수심에 불타 적을 가볍게 여기고 바다를 우습게 보는 자, 그 두 지휘관의 싸움은 병력 수와 관계없이 승패가 나는 법이다.

분노와 복수의 칼날 앞에 선 한국 사회, 각자 위치에서 최선 다해야
___

최근 한국 사회는 또다시 분노와 복수의 칼날 앞에 서 있는 듯하다. 리더십에 대한 신뢰가 떨어져 각종 이해관계가 날카롭게 부딪친다. 억울한 사람들을 부추기는 이들은 많아도 참으라고, 기다리라고 말리거나 달래는 사람은 별로 없다. 이순신처럼 죽기를 각오하고 자기가 맡은 일을 하는 사람이 인정받고 대접받는 세상은 그때나 지금이나 쉽지 않은 모양이다.

박근혜 대통령과 청와대 사람들도 〈명량〉을 보았다고 한다. 이 영화에 열광하는 일반 국민 마음을 헤아렸을까. 이순신의 애민애국을, 〈명량〉의 울음소리를 들었을까. 영화를 보며 함께 울었던 우리 국민도 조국을 위해 내가 무엇을 했는지, 내 이웃을 위해 어떤 봉사를 했는지 생각해보는 시간이 되었을 것 같다. 오늘 우리는 각자의 위치에서 최선을 다하고 있는가. 대한민국은 바르게, 그리고 빠르게 일어서야 한다.

— 〈데일리한국〉, 〈인터넷한국일보〉, 2014년 8월 13일

Comment

전 국민적 감동을 자아내며 역대 흥행 순위 1위를 기록한 영화 〈명량〉을 보았다. 세월호 사건 때문인지 바다가 남다르지 않았다. 파도 소리, 소용돌이가 귀와 눈을 무찌르며 어린 학생들을 앗아간 바다로 나를 데려갔다. 슬프고 아픈 장면이 자꾸만 오버랩되었다. 몇 날 며칠 그 회오리 바다의 거센 파도가 잠결에 내 침대 머리맡으로 밀려오곤 했다.

그러던 차에 원고 청탁이 와 그 느낌과 생각을 글로 옮겼다. 언론 보도용으로는 이례적으로 긴 글인데 인터넷 매체에 헤드라인으로 실리고 종이신문에도 전문이 동시에 게재돼 큰 반향을 일으켰다. 힘겹게 쓴 만큼 보람도 컸다.

집필을 위해 이순신의 『난중일기』와 『선조실록』 관련 부분을 찾아보았다. 투키디데스와 플라톤의 저술 및 졸저 『술탄과 황제』, 석사논문인 마오쩌둥 사상·전략도 일부 참고했다. 아울러 국가 안보에 심대한 영향을 미칠 최근 군 기강 해이 사건도 다루었다.

'두려움'을 〈명량〉의 주제로 본 만큼 인생론·사생관을 국가적 차원으로까지 확장했다. 특히 물살이 세기로 소문난 시코쿠의 나루토 해협 출신인 적장이 명량해협과 바다를 모르는 이순신을 가볍게 보고 덤볐을 거라는 가설을 세워보았다.

죽음이란 무엇인가. 영화 〈명량〉의 주제이기도 한 죽음에 대해 생각해보았다. 죽음 앞에서 얼마나 당당할 수 있겠는가. 나이 드니 조금은 어엿해질 듯하다. 죽음을 맞이

해가는 과정이 삶이고 일생이 아니겠는가 싶다. 이순신은 누구보다도 죽음에 초연하고 위풍당당한 인격체였다. 그래서 그의 삶이 더욱 빛나고 고결한 것이다.

삶과 죽음은 유럽의 중세 사회를 관통하는 두 개의 철학적 키워드이기도 했다. 라틴어 '카르페 디엠(Carpe diem)'과 '메멘토 모리(Memento mori)'가 바로 그것이다. 각각 '지금 이 순간을 즐겨라', '죽음을 기억하라'란 뜻이다. '모든 순간을 치열하게 최선을 다해 살라'는 말과 동의어일 것이다.

생의 마감 시간을 1년 혹은 3년 뒤로 당겨놓고 생각하면 삶의 소중함이 더욱 절실하게 다가온다. 묘비명은 좌우명의 연장선에 있다. 좌우명이 '이렇게 살겠다'는 의지의 축약이라면, 묘비명은 '그렇게 살았다'는 결과의 함축이다.

오늘 우리의 정치인들이여, 죽는 날까지 좌우명에 부끄럽지 않고 묘비명에 부족하지 않은 삶을 살도록 노력하자. 죽음 앞에서 당당해지도록 자신을 단련하고 수양하자. 그러면 좀 더 살맛 나는 정치가 펼쳐지지 않을까.

안현수의 조국은
아이스링크다

요 며칠 올림픽 중계 보느라 잠을 설쳤다는 사람이 많다. 그중에서도 단연 화제는 안현수, 아니 빅토르 안 선수다.

안 선수가 결승점에 가장 먼저 도착해 두 팔을 번쩍 들어 환호하는 모습, 몸을 엎드려 금메달을 선사한 얼음판에 입 맞추는 모습···. 관중석에선 희열과 감격, 흥분을 차마 감추지 못해 눈물로 범벅된 그의 부친과 여자친구 얼굴이 클로즈업되었다.

러시아 국기가 올라가고 러시아 국가가 연주될 때 안 선수는 시상대 가장 높은 곳에서 가슴에 손을 댄 채 러시아 국가를 소리 내어 불렀다. 늠름하고 당당하게.

160

TV를 본 많은 국민은 마음이 매우 착잡했다. 나는 안 선수가 정말 대단하다고 느꼈다. 시상대 위의 그 한순간은 지난 8년 세월의 총결산이다. 만감이 교차하련만 그의 눈동자는 TV 카메라를 정면으로 응시했다. 쿨했다. 그 냉정함이 우리 국민을 숙연하게 만들었다. 반면 그 명랑하던 이상화 선수는 1주일 전 시상대에서 금메달을 목에 걸고 애국가가 연주될 때 눈물을 흘렸다. 모든 국민이 그를 칭송하며 함께 울먹였다. 참 자랑스러웠다.

안 선수 아버지와 여자친구가 흘린 눈물의 의미를 모르는 사람이 있을까. 지난 8년의 한恨이 흘러내렸을 것이다. 뒷바라지의 힘듦이 눈물과 함께 날아갔을 것이다. 두 사람은 안 선수 대신 울었다.

귀화歸化란 단어가 조국을 버리는 일로 여겨져 우리는 귀화를 잘하지도, 잘 받지도 않는 민족이었다. 그러나 이제 다문화 가정의 확산으로 주변에서 흔히 보게 되는 현상이다.

정치적 신념에 의한 망명이나 돈벌이를 위한 국적 포기는 왕왕 있어왔다. 그러나 안 선수처럼 운동을 계속하기 위해 새로운 조국을 택한 경우는 매우 이례적이다. 결과적으로 앞길이 창창한 올림픽 3관왕을 조국은 버린 것이다.

불화, 파벌 싸움, 권위주의, 소속 팀 해체, 부상과 수술 등으로 20세의 빙상 천재는 이 나라에서 더는 버틸 수가 없었다. 그를 받아줄 새로운 나라를 택했다. 모든 것이 다르고 낯선 그곳에서 그의 유일한 친구는 스케이트화였다. 자유와 도전, 창의력을 발휘할 유일한 공간은 아이스링크였다. 속박받지 않고 눈치 보지 않고 신 나게 달리고 달렸다. 8년간 이를 악문 채 그가 흘린 땀방울·눈물방울을 모았다면 얼마나 쌓였을까. 그는 부활했고 세계를 놀라게 하며 러시아엔 팡파르를, 한국엔 경종을 울렸다.

정치권에 승마 선수를 영입해야 한다?

한국은 엘리트 스포츠를 하는 대표적인 국가다. 최고의 선수를 길러내기 위해 어릴 때부터 철저하고도 체계적인 훈련을 시키는 나라다. 태릉선수촌으로 상징되는 국가의 전폭적인 지원 체계는 다른 나라의 벤치마킹 대상이다. 스포츠 엘리트들을 집중 육성함으로써 스포츠 보편화와 대중화를 견인하는 정책이다. 그런 정책으로 우리는 김연아 같은 보배를 발굴, 육성해 세계적인 찬탄과 부러움을 사고 있다. 선수의 천재성과 노력 그리고 국가 지원이 맞아떨어진 절묘한 경우다.

그러나 이번 쇼트트랙의 몰락은 제도와 체제에 안주한 결과다. 빙상계는 물론 한국 스포츠계 전반에 혁신의 필요성을 알리는 에밀레종이다.

4년마다 냉정한 평가를 받는 것이 올림픽과 선거다. 더 나은 인물, 더 훌륭한 선수가 나오지 못하는 것은 제도와 조직에 문제가 있기 때문이다. 조직에 몸담고 있는 사람이라면 내가 바로 그 걸림돌이 아닌지 생각해보라.

한때 정치권에선 승마 선수를 영입해야 정치가 잘된다는 우스갯소리가 있었다. 말과 행동을 같이하기 때문이란다. 승마 선수가 말馬을 사랑하듯 정치인도 말言에 책임을 져야 한다. 그런 정치인이 드물기에 정치가 신뢰를 잃은 것이다.

안현수는 빅토르 안이 되었다. 그의 조국은 이제 러시아다. 그는 자신을 인정하고 대접해준 두 번째 조국에 멋지게 보답했다. 자신의 말을 지켰다. 러시아에 대해, 스스로에 대해.

그에게 스케이트화를 다시 신겨준 러시아가 고맙다. 그를 우뚝 솟게 해 한국 빙상계에 철저한 각성의 계기를 마련해준 러시아가 그래서 고맙다.

소치 올림픽은 언행이 일치하는 스포츠 슈퍼스타를 탄생시켰다. 그의 조국은 아이스링크다.

― 〈중앙일보〉, 2014년 2월 19일

Comment

2014년 소치 동계올림픽의 주인공은 단연 안현수(빅토르 안)였다. 남쪽 출신이어서 인지 겨울 스포츠에 큰 관심은 없는 편이지만 이번엔 달랐다. 특히 눈물범벅으로 환호하는 그의 여자친구 모습을 보는 순간 만감이 교차했다. 조국·귀화·애국·훈련·사랑·좌절·방황·땀·꿈·질시·고통·무시·모멸…. 별의별 단어와 장면들이 머릿속을 스쳤다. 다음 날 세간의 관심은 이상한 방향으로 흘렀다. 안 선수의 귀화가 잘한 거냐 아니냐 하는 식의 감정적·감상적 논쟁이다. 이건 아니다 싶어 서둘러 원고를 써 신문사에 보냈더니 바로 실렸다. 며칠 뒤에 만난 그 언론사 책임자로부터 그 주간 가장 많이 읽고 평이 좋았던 칼럼으로 자체 모니터 팀에서 평가했다는 말을 들었다. 아, 역시 우리 시민은 깨어 있고 건전하구나! 고맙고 흐뭇했다.

2018년 평창 동계올림픽에서 안현수, 빅토르 안은 어떤 활약을 펼치고 우리 국민은 어떤 반응을 보일까. 벌써 궁금해진다.

다만 한 가지, 이 글에서 지적했듯이 우리 스포츠계에도 변화와 혁신의 바람이 일어나야 한다. 국민적 관심이 치솟고 세계적 스타가 배출될수록 엄정하고 공정하며 체계적이어야 한다. 비단 체육계뿐이랴. 우리 사회 모든 곳, 특히 잘나가는 분야일수록 구태의연한 권위주의적 폐습을 하루 빨리 걷어내야 할 것이다.

반구대,
'물고문'부터 중단시켜라

(내 블로그www.hyongo.com 검색창에 '반구대 암각화'를 치면 20여 건의 글이 목록에 뜬다. 네이버 뉴스에서만도 100건이 넘는 '김형오와 암각화' 관련 기사가 검색된다. 그만큼 암각화 보존 문제에 관심과 애정을 기울여왔다. 국회의장 시절 두 차례 현장 방문, 특단의 대책 마련을 촉구한 기자회견, 내 책(『사랑할 수밖에 없는 이 아름다운 나라』)을 통한 호소, 신문 기고, 관훈클럽 초대석 발언, 강연을 통한 전파, 해당 부처 설득, 전문가 의견 청취 및 사진 자료 수집, SNS 메시지 등 활용 가능한 모든 채널을 동원했다. 그런 노력의 일단이 반영된 건지 2013년 6월에는 관계 부처 기관장들이 이동식 투명 구조물인 '카이네틱 댐Kinetic Dam' 설치 방안이 담긴 협약을 체결했다. 그래놓고도 아직까지 행동이 없다. 여전히

상대방 탓만 하며 차일피일이다. 다음 글은 여론을 환기하기 위해 쓴 〈동아일보〉 기고문이다.)

　국회의장 시절이던 2010년 3월 26일, 나는 의장실에서 울산 반구대 암각화(국보 285호) 보존을 위한 특별 대책을 촉구하는 기자회견을 가졌다. 국회의장으로서 이런 회견을 하는 것이 적당한지 생각할 겨를도 없었다. 그저 사라져가는 암각화를 보존해야 한다는 생각뿐이었다. 기자회견뿐만 아니라 아니라 이곳저곳 특별 대책을 촉구하는 기고를 하고 강연도 마다하지 않았으니 나로서는 다급했던 터였다. 그것이 벌써 3년 전이었다.

　그 당시에도 이미 10여 년간 문화재청과 울산시가 책임 전가만 하다 그 지경이 되었는데 또다시 3년을 허송세월해 이제는 윤곽조차 잘 안 보인다고 한다. 어느 학자는 이대로라면 수십 년 후에는 암각화가 사라질 것이라고 하는데, 단언하건대 수십 년이 아니라 불과 몇 년이면 그 같은 상황을 맞이할 것이다.

　선사시대 우리 선인先人들이 바위에 새긴 고래·호랑이·표범·사슴·멧돼지·사람·가면·배·어구 등 300여 점을 헤아리는 그림들이 어제도, 오늘도, 내일도 하나둘씩 물속에서 형체가 사라지고 있다. 그 하나하나가 세계적 관심거리지만 특히 수염고래, 새끼 밴 고래, 세계 최초의 고래잡이 민족임을 증명하는 작살 박힌 고래 등은 모양을 알아볼 수 없을 정도로 훼손됐다. 문화재청은 2017년 반구대

166

암각화를 유네스코 세계문화유산으로 등재시키겠다고 하지만 형체가 없는데 무슨 재주로 등재를 시킨다는 것인지 알 수가 없다.

비극은 1971년 반구대 암각화가 발견되기 전에 사연 댐이 축조(1965년)된 데서 비롯됐다. 댐에 물이 차면서 암각화는 물속에 잠기고 말았다. 1년 중 물이 차는 8개월은 여지없이 '물고문'을 당하는 것이다.

보존의 주체인 문화재청과 울산시의 주장은 그때나 지금이나 큰 차이가 없다. 10여 년을 해오던 소리를 아직도 되풀이하고 있다. 문화재청과 문화재위원들은 반구대 암각화를 세계문화유산으로 등재하려면 자연 상태가 훼손돼서는 안 되며, 그러기 위해서는 암각화를 물속에 잠기게 하는 사연 댐 수위를 당장 낮춰야 한다고 주장한다. 하지만 울산시는 시민의 식수 보전 계획 없이 댐 수위만 낮추는 것은 대책이 될 수 없다고 반박한다. 그래서 생태 제방을 먼저 쌓아 암각화를 보존하자고 한다. 이에 문화재청은 제방이나 둑을 쌓으면 주변 경관이 훼손돼 세계문화유산 등재가 어렵다고 말한다.

2011년 7월에도 울산시와 문화재청, 국회, 국무총리실 등 관련 부처들이 모두 모여 대책 회의를 열었지만 결론은 '다음에 다시'였다. 이게 무슨 짓들인가. '끝장 토론'이라도 벌여 즉각 조치를 취했어야 할 긴급 현안은 결국 아무런 대책이나 합의 없이 다음으로 미뤄졌고 지금에 이르렀다. 물에 빠져 죽어가는 아이부터 일단 건져내야 하지 않겠는가.

지금 같은 대립이 지속되면 해결은 난망하다. 문화재청과 울산시가 서로 싸우는 데 급급해하지 말고 일단 암각화부터 물에서 건져내야 한다. 세계문화유산 등재는 그다음 일이다. 따라서 우선 물막이 제방을 설치해 물을 빼내고, 물먹은 바위를 건조시켜야 한다. 암각화는 무른 바위에 새겨진 그림이다. 육지에 있어도 자연 마모가 생기는데 물속에 있으니 퇴화가 가속되는 것이다.

암각화를 물에서 건져낸 다음 사연 댐 수위를 낮추고 대체 식수원을 마련하자. 그리고 나서 물막이 보를 해체하면 암각화는 원상회복된다. 반구대 암각화는 세계적 문화유산인 프랑스 라스코 동굴이나 스페인 알타미라 동굴과는 달리 사람들의 접근성도 뛰어나다. 인근의 천전리 각석(국보 147호)과 연계하면 세계적인 문화관광 자원이 될 수 있다. 하지만 이 모두가 먼저 암각화를 물에서 건져낸 다음에 생각할 일이다. 상황은 급박하지만 아직도 늦지 않았다. 모든 것이 사라진 뒤에 후회하지 말고 반구대에 대한 '물고문'부터 당장 중단해야 한다.

- 〈동아일보〉, '시론', 2013년 4월 23일

Comment 1

※ 〈경상일보〉 인터뷰(2013년 6월 19일)에서

김형오 전 국회의장은 18일 "울산시와 문화재청은 카이네틱 댐 설치 협약서대로 조속히 추진해야 한다"면서 "물속에서 사경을 헤매고 있는 '아이'부터 지체 없이 건져

올리는 게 급선무"라고 강조했다. 김 전 의장은 지난 정부 김황식 총리를 만난 데 이어 정홍원 총리에게 이메일을 보내 암각화의 중요성을 설명하며 하루빨리 물에서 건져내는 방안을 찾아야 한다고 강조함으로써 카이네틱 댐 설치 협의서 체결에 크게 기여했다. 그는 "국회의장 재임 시절 암각화 현장 사진을 찍었는데, 지난 30년 전과는 아주 달랐다. 물속에 잠겼다 나왔다를 반복하다 보니 풍화작용이 심각해진 것"이라며 일단 물속에서 건져내게 돼 다행이라고 말했다.

그는 지난 2010년 출간해 화제를 모은 『사랑할 수밖에 없는 이 아름다운 나라』에도 '물고문'이 계속되고 있는 반구대 암각화에 대해 적고 있다. '고맙습니다. 죄송합니다. 꼭 해결하겠습니다'라는 소제목으로 암각화에 대한 뜨거운 관심을 소상하게 그렸다.

카이네틱 댐 설치를 위한 MOU 체결 이후에도 일부에서 논란이 계속되고 있는 것과 관련해서는 "정부와 지자체, 당 등 정책 책임자들이 이 같은 결정을 한 배경은 암각화를 조속히 건져 올리는 게 급선무라고 인식했기 때문 아닌가. 문화재청은 물론 문화재위원들도 투철한 역사의식과 국가관을 갖고 협의서대로 조속히 추진해야 한다"고 말했다.

Comment 2

암각화 문제는 벼랑 끝까지 왔다. 촌각을 다투는 응급 상황이다. 무엇보다 안타까운 건 등에 작살이 박힌 고래 그림과 어미 고래 등에 업힌 새끼 고래 그림이다. 발견 당시보다 많이 마모되고 훼손돼 눈대중으로 겨우 짐작만 할 수 있을 뿐이다. 작살 박힌 고래 그림은 포경의 역사를 새로 쓰게 했다. 작살의 소멸은 비단 암각화의 일부가 사

라지는 문제에 그치지 않는다. 우리가 최초의 포경 민족이라는 사실과 도구를 이용한 포경의 기원을 추정할 수 있는 증거 자체가 인멸되는 것이다. 휴머니즘의 극치인 새끼 업은 고래 그림도 마찬가지다. 고래의 소멸과 함께 선사 문화의 정답을 알려주는 타임캡슐이 영영 실종되고 마는 것이다.

정말로 화급하다. 다시 또 아집과 기득권에 매몰되어 애써 합의한 임시방편마저 난항에 부닥치거나 핑계를 대며 차일피일 미룬다면 그때는 정말로 돌이킬 수 없는 역사적 죄인이 되고 말 것이다. 거듭 강조하건대 가장 시급하고 중요한 것은 암각화 보존이다. 훼손을 방치하면서 세계문화유산 지정을 운운하는 것은 상식적으로도 말이 안 된다. 흔적조차 알아볼 수 없게 마모된 뒤에 무슨 세계유산인가. 일부 문화재 위원들은 아집을 버려야 한다. 일단 구조물을 설치한 다음 지속 가능한 보존 방안을 마련해야 한다. 반구대 암각화 살리기는 '문화 융성'의 시금석이다. 국민 통합의 불쏘시개라는 상징적 역할까지도 기대할 수 있다.

한시가 급한
우리 고전 번역 사업

한 달여 전 전주대학교 한국고전학연구소가 10년 각고 끝에 90권의 책으로 낸 『추안급국안推案及鞫案』은 단일 번역서로는 『조선왕조실록』에 버금가는 성과물이다. 임금의 특명으로 중죄인을 심문한 이 '의금부 수사 일지'엔 역모 사건의 진실과 권력을 둘러싼 암투부터 희대의 스캔들까지 조선 후기 세태와 풍속, 범죄사가 가감 없이 적나라하게 묘사돼 있다. 요즘으로 치면 신문 사회면 톱뉴스의 총집결이랄까. 역사의 이면에 가려진 실체를 밝혀내고 복원해줄 일종의 퍼즐 조각들이다. 소설가·영화감독·드라마 작가라면 누구나 탐낼 만한 무궁무진한 소재의 창고 문이 열렸다.

하지만 이런 일부 값진 결실에도 현재 우리나라의 고전古典 국역 사업은 지지부진하다. 역사가 짧고 성과는 미미하다. 북한보다도 뒤져 있다. 휴전 직후인 1954년부터 국책 사업으로 고전 국역을 시작한 북한은 1981년 『조선왕조실록』, 2006년 『비변사등록』을 완역했다. 반면 우리는 이에 자극받아 1985년 '고전번역활성화방안'을 만들고 1993년 『조선왕조실록』을 완역(『비변사등록』은 2010년 완역)했지만 북한을 의식해 서두르다 보니 오역 등 많은 부실을 낳게 되었다. 그나마 번역의 손길을 기다리고 있는 고전들이 차고 넘친다. 현행 추세대로라면 남은 주요 고전 국역에 100년 이상이 걸리고, 유네스코 세계기록문화유산인 『승정원일기』(국보 303호) 역시 80년 넘게 기다려야 완역이 가능하다고 한다. 남북이 고전 번역 사업을 교류한다 해도 우리는 그들에 비해 내놓을 것이 없는 부끄러운 처지다.

어쩌다 이런 현상이 빚어졌을까. 국회 입법조사처를 통해 관련 자료를 받아 보니 기가 막혔다. 한마디로 위기 상황이다. 점점 고령화돼가는 전문가들은 이 프로젝트를 기피하고, 신진 인력 양성 또한 주춤한 상태다. 있던 사람도 떠나고 새로 들어올 사람은 줄어든다. 박봉과 값싼 원고료, 빈약한 교육 시스템 탓이다. 이러다 머지않은 미래에 번역 자원 자체가 소멸되는 게 아닐까 걱정스럽다. 그렇잖아도 부모 이름을 한자로 못 쓰는 대학생이 많다는데, 영영 한글로 옮겨질 기회조차 얻지 못한 채 암호문처럼 남게 될 기록유산들이 생길까 봐 두렵다.

한국고전문학번역원은 2014년 153억 원의 정부 출연금을 받았다. 2015년 예산은 169억 원(인건비·운영비 포함)으로 잡혀 있다. 지원 규모도 해마다 달라 안정적 사업 추진이 어렵다. 10년 경력 전문가 연봉이 5000만 원 수준이다. 특히 교육 예산이 열악해 연수생 정원도 못 채우고 장학금 또한 대폭 줄어들었다. 달려도 시원찮을 판국인데 뒷걸음질을 하고 있다. 이래서야 누가 소명감을 갖고 이 일에 매달리겠는가. 뜻있는 이들의 걱정이 많지만 이런저런 이유로 벽을 못 넘고 있다. 장기적 사업을 확고히 끌고 갈 컨트롤타워도 없어 산발적으로 일이 진행된다. 한문으로 기록된 복장·음식·외국인명·무기·의학·문화예술·과학기술·천문기상 등의 용어를 관련 전문가로부터 자문받는 일도 제도화돼 있지 않다. 1차 초벌 번역 못지않게 중요한 검증 작업을 내실 있게 하기가 어렵다. 한글 오역 교정 작업과 별도로 영문 번역부터 하는 고전이 있는가 하면, 빨리 번역하라는 독촉 때문에 오역을 방지하는 표점標點 작업마저 생략하려 한다.

천병희 선생을 생각한다. 40년 넘게 그리스·로마 고전 원전 번역에 몰두하며 고독한 싸움을 해온 분이다. 천 선생이 피땀을 쏟은 '국내 최초 원전 번역본'들이 있어 우리는 희랍 고전을 제대로 읽는 즐거움을 누린다. 한국 고전 번역 분야엔 이런 분이 언제 나올 수 있겠는가. 이대로라면 중국인이 번역한 것을 다시 한글로 중역해야 하는 딱한 상황이 올지도 모른다.

타결책은 결국 사람과 돈이다. 한학자와 대학·민간연구소 등이 긴밀한 네트워크를 형성해 체계적이고 종합적으로 움직여야 한다. 예산이 충분해야 실력자들이 모이고 인재가 길러진다. 민족정신이나 자존심 측면에서만 하는 말이 아니다. 고전 국역과 한국 문학 외국어 번역 사업은 K-팝·한류 붐에도 깊이와 폭을 제공할 원천이다. 뿌리가 약하면 줄기와 가지까지 흔들리게 된다.

번역은 문화, 번역자는 복지 차원에서 접근해야 한다. 그러나 현재는 문화와 복지의 사각지대에 있다. 세월호 인양 문제가 이슈로 떠올랐다. 비용이 많게는 2000억 원에 달할 거란다. 바다 밑바닥에 가라앉은 배 한 척 끌어올리는 데 그런 막대한 돈을 지불하면서 창고에서 잠자는 고전들을 깨워 햇빛 아래로 불러내는 데 고작 그 10분의 1도 안 되는 한 해 예산을 쓴다면 어찌 문화 융성을 얘기할 수 있겠는가. 찬바람 부는 복지의 골방에서 번역 사업이 속병을 앓고 있다. 선조에게 죄스럽고 미래 세대에게 미안한 일이다.

– 미발표 원고, 2014년 11월 22일

Comment

뒤늦게 인문학 공부에 빠졌다. 인간과 문명을 보는 눈이 좀 더 맑고 깊어지는 느낌이다. 관련 지식을 알게 되는 재미도 쏠쏠하다. 좀 더 일찍 접했더라면 하는 아쉬움도 없지 않다. 그래서 규장각 운영위원으로도 기꺼이 참여하고 있다.

고전 국역 사업도 그렇다. 한글 전용을 강조하고 한자 교육을 제대로 시키지 않는 걸로 알려진 북한의 고전 국역 사업이 우리보다 앞서 있고 체계적이란 데 충격을 받았다. 우리가 북한을 의식해 서둘러 번역하느라 오역이 많다는 사실에 또 놀랐다. 우리는 예산이 부족해 우수 인력 확보가 어렵고 지금 추세라면 80년, 100년이 지나야 번역이 완료될 것 같단다. 그것도 중요 고전만 말이다.

전공자도 아닌 내가 이걸 공론화하려고 한 언론사에 원고를 보냈다가 퇴짜를 맞았다. 전문 지식도 없으면서 잘되고 있는 고전 번역 사업에 웬 참견이냐는 반응이었다(물론 이렇게 직설적 표현은 아니지만 그런 감이었다). 특히 한문 번역은 늙은 한학자보다 젊은 신진 엘리트가 훨씬 뛰어나다며 나를 가르치려고 들었다. 글쎄, 이 젊은 데스크와 시비를 가릴 생각이 없어 전화는 끊었지만 내 글을 읽기는 했는지 의심스러웠다. 다른 신문사에 기고할까 하다가 그만두었다. 본질은 외면한 채 이름 내기 위해 안달하는 사람으로 매도당할까 봐서다. 고전 번역 사업이 설사 원활하게 진행되고 있다 한들 다른 의견에 귀를 기울이면 안 되는 걸까. 우리 사회에서 여유가 없어진 게 여기뿐이겠는가 싶다.

분명한 건 한문으로 된 우리 고전의 국역화 사업, 이대로라면 정말 큰일이란 거다. 파일을 뒤져 찾아낸 묵은 원고를 이 책에 끼워 넣는 까닭이기도 하다.

4장

급변하는 세계, 우리는 어디로 …

한국 정치와
차기 대통령 선거

한미 동맹의 성과와 미래 과제

한국의 민주주의는 1987년 6·10 민주화 운동을 거치며 압축적으로 발전했습니다. 5년 단임 대통령 직선제와 개헌을 쟁취하며 민주주의의 가치를 확장해나가고 있습니다.

영국의 〈이코노미스트〉지가 매년 발표하는 '데모크라시 인덱스 Democracy Index'에서 2014년 한국의 순위가 몇 위인 줄 아십니까? 또 미국의 순위는 얼마일까요? 화면에서 보다시피 한국은 21위, 미국은 19위, 프랑스는 23위입니다. 한국은 167개 조사 대상국 중 지난 3년

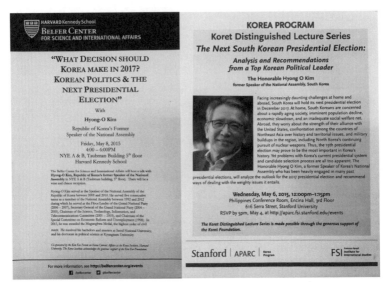

하버드대학 강연 안내문(2015. 5. 8)   스탠퍼드대학 강연 안내문(2015. 5. 6)

간 항상 20~21위를 유지했습니다. 그야말로 명실상부하게 '완전한 민주주의 국가full democracy country'로 인정받고 있습니다. 놀라운 일 아닙니까?

전 세계에서 87개 국가가 대통령제를 채택하고 있습니다. 그중 미국 다음으로 가장 성공적인 민주주의를 실천하고 있는 나라가 바로 한국이라고 하면 여러분, 믿을 수 있겠습니까? 한국은 하버드대학의 새뮤얼 헌팅턴 박사가 『제3의 물결』에서 언급한 나라 중에서도 가장 민주주의가 공고화된 나라로 평가받았습니다. 많은 나라가 시간이 흐르면서 오히려 민주주의가 후퇴했지만 한국은 두 차례의 정권 교체 테스트two turn-over test를 통과, 민주주의가 굳건하게 제도

2014 민주주의지수

순위	국가	평점
1	노르웨이	9.93
2	스웨덴	9.73
3	아이슬란드	9.58
4	뉴질랜드	9.26
5	덴마크	9.11
6	스위스	9.09
7	캐나다	9.08
8	핀란드	9.03
9	호주	9.01
10	네덜란드	8.92
11	룩셈부르크	8.88
12	아일랜드	8.72
13	독일	8.64
14	오스트리아	8.54
15	몰타	8.39
16	영국	8.31
=17	우루과이	8.17
=17	모리셔스	8.17
19	미국	8.11
20	일본	8.08
21	한국	8.06
22	스페인	8.05
23	프랑스	8.04
24	코스타리카	8.03

출처: 이코노미스트 인텔리전스 유닛(EIU)

2014 민주주의지수 세부 평가

순위	국가	평점	선거 과정	정부 기능	정치 참여	정치 문화	시민 자유
19	미국	8.11	9.17	7.50	7.22	8.13	8.53
20	일본	8.08	9.17	8.21	6.11	7.50	9.41
21	한국	8.06	9.17	7.86	7.22	7.50	8.53
22	스페인	8.05	9.58	7.14	7.22	6.88	9.41
23	프랑스	8.04	9.58	7.14	7.78	6.88	8.82
24	코스타리카	8.03	9.58	7.86	6.11	6.88	9.71

출처: 이코노미스트 인텔리전스 유닛(EIU)

화되었습니다.

한국전쟁 이후 아무것도 없던 폐허의 잿더미에서 세계 무역 규모 8위 국가로 올라섰고, IMF 관리 체제를 받던 나라에서 세계 7위의 외환 보유국이 되었습니다. 원조받던 나라에서 원조하는 나라로 변모한 세계 첫 번째 국가가 되었습니다. IT 선진국으로서 정보화 사회를 앞당겼습니다. 최근에는 K-팝과 한국 드라마가 '한류'라는 문화적 현상을 낳으며 세계의 젊은이들 사이에 확산되고 있습니다.

이 모두가 '자유'와 '민주'라는 인류 역사의 보편적 가치를 공유한 결과물들입니다. 두 나라가 인권과 인간 생명의 존엄성을 함께 존중하며 서로 피와 땀을 나누며 지켜냈다는 점에서 한국과 미국은 가장 질기고 굳건한 띠로 맺어진 관계입니다.

역대 대통령 선거와 한국 민주주의의 발전

이제 대한민국 국민이 대통령 선거를 통해 어떻게 시대정신을 반영하고 민주주의의 지평을 넓혀나갔는지 살펴보겠습니다. 우리 국민은 대단히 지혜롭고 놀라운 선택으로 매번 대선을 치를 때마다 새로운 가치를 확장시켰습니다.

1992년 대선에서는 김영삼 후보를 선택, 군부 정권에서 문민 정권으로 주도 세력을 교체했고 1997년 대선에서는 김대중 후보를 선택, 소외받던 호남을 중심으로 한 지역 교체를 이루었습니다.

2002년 대선에서는 노무현 후보를 선택, 비주류 진영이 주류 세력으로 등단하며 서민 계층과 젊은 세대가 목소리를 키웠습니다. 2007년 대선에서는 기업인 출신 이명박 후보를 선택, 정치 리더에서 경제 리더로 리더십을 바꿨습니다.

이어 지난 2012년 대선에서는 박근혜 후보를 선택, 여성 대통령을 만들어 민주적 가치를 계속 확장시켜 나갔습니다. 여성 최고지도자는 동북아에서는 최초입니다. 한국의 민주화는 그만큼 압축적이고 파격적이라 할 수 있습니다.

2017년, 대한민국은 어떤 선택을 할까요? 한국은 2016년 봄 국회의원 총선거, 2017년 12월 대통령 선거, 그리고 6개월 뒤인 2018년 6월 전국 동시 지방선거 등 3년 연속 전국 규모의 선거를 치르게 됩니다. 가장 중요한 대선이 3년 연속 선거의 한복판에 있습니다. 자칫 잘못하면 선거를 전후해 엄청난 갈등과 국론 분열로 국가 발전 저해는 물론 정치·사회 양극화가 심화될 수 있습니다. 대통령의 리더십을 세울 수 없는 상황이 올지도 모릅니다. 이런 부작용을 막기 위한 최소한의 방책은 없을까요? 이 시점에서 대한민국 차기 대통령 선거가 중요한 이유입니다.

한국에서의 대통령 선거는 난형난제의 시소게임입니다. 물론 미국의 대선도 2000년 부시와 앨 고어의 예에서 보듯이 공화당과 민주당의 대결이 늘 막상막하입니다.

한국은 무엇보다 균열의 축이 다양합니다. 보수와 진보, 기성세대와 젊은 세대, 수도권과 비수도권, 중산층과 서민층…. 특히 한반도 남부를 동과 서로 가른 지역감정은 여전히 살아 있습니다. 미국 대선에서 '스윙 스테이트Swing State(표심이 유동적인 경합 주)'가 때때로 당락을 좌우하는 것처럼 한국도 지역감정이 비교적 없는 충청과 제주의 표심이 당락에 큰 영향을 미칩니다.

그래서 한국의 대통령 선거는 더욱 치열하고 정치 공학적이며 그만큼 표 차이가 크지 않습니다. 김대중 대통령은 1.5%, 노무현 대통령은 2.3%, 박근혜 대통령은 3.6% 차이로 당선되었습니다. 이러한 박빙의 접전은 선거 과정에서 후보 간 이합집산을 부추깁니다.

정당과 정당, 후보와 후보가 통합하면 승리하고, 분열하면 패배한다는 경험적 사실이 대통령 선거에서 입증되고 있습니다. 김영삼은 3당(민정당, 통일민주당, 신민주공화당) 합당으로, 김대중은 이른바

DJP(김대중과 김종필) 연합으로, 노무현은 정몽준과의 후보 단일화로, 이명박은 박근혜의 이탈 방지로 승리를 쟁취했습니다.

그러나 당선이 곧 집권 후의 성공을 의미하지는 않습니다. 민주화 이후 모든 대통령이 '성공한 대통령'으로 확실하게 평가받지 못하고 있는 것은 5년 단임이라는 구조적인 문제와 더불어 당선 과정에서의 무분별한 합종연횡의 결과에 기인하기도 합니다.

따라서 대통령 임기 후반으로 갈수록 국정 통제력은 약화되고 야당은 더욱 강경해지면서 레임덕 현상이 가속화되곤 합니다.

한국 정치의 폐단과 그 극복 방안

저는 2008년부터 2010년까지 국회의장 직무를 수행했습니다. 당시의 정치 환경은 10년 만에 진보 정권에서 보수 정권으로 교체되면서 대통령, 국회 다수당, 여야당 대표 등 권력의 세 축이 모두 바뀌는 '대전환의 시기'였습니다.

여야는 기세 싸움에서 밀리지 않으려고 한 치의 양보도 없이 사사건건 대립하고 충돌했으며, 심지어 국회 폭력 사태로까지 번지는 경우도 있었습니다.

저는 한국 민주주의의 고질적인 병폐를 세 가지로 봅니다. 여야의 극한 대립, 대통령과 입법부의 불균형 관계, 그리고 대권 지상주의입니다.

첫째는 여야의 극한 대립입니다. 여야가 합의에 실패하면 회의장은 야당 의원에게 점거당합니다. 표결을 강행하려는 여당과 이를 저지하려는 야당 간의 물리적 대결로, 안건은 표결 처리가 불가능해집니다. 여야의 대립은 그 피해가 국민에게 전가됩니다.

지난 2013년 10월, 예산안을 처리하지 못해 일어났던 미국 연방정부의 셧다운 사태도 그 한 예입니다.

둘째는 대통령과 입법부의 불균형 관계입니다. 한국의 대통령은 대개 국회의원 출신이지만 대통령에 당선되는 순간 국회를 잊어버리는 것 같습니다. 대통령은 입법부를 견제와 균형이라는 수평적 관점에서 보지 않고 대통령을 위해 일해야 하는 종속적 관계로 보는 경우가 많습니다.

그러나 심각했던 이 두 가지 병폐는 개선될 수 있는 희망이 보입니다. 이른바 '국회선진화법'이 작동되고 있기 때문입니다.

이 법은 국회의원 60% 이상의 동의를 얻지 못하면 안건을 표결할 수 없는 제도입니다. 여야의 극한 대립은 일단 사라졌지만 야당 동의 없이는 어떤 법도 처리하지 못하는 지체 현상이 생겨났습니다. 40%만 반대해도 법을 통과시킬 수 없기 때문입니다.

이처럼 국회선진화법은 다수결의 원칙 등 다소의 문제를 안고 있지만 큰 흐름으로 보면 민주주의의 진전이라고 긍정적으로 평가합니다. 여야의 극한 대립이 없어져야 정치가 국민의 신뢰를 얻을 수 있기 때문입니다. 제도가 바뀌면 정치 문화가 바뀔 가능성이 있지만,

제도가 바뀌지 않으면 정치 문화는 결코 바뀌지 않는다는 것이 경험을 통해 얻게 된 제 신념입니다.

셋째는 대권 지상주의로 인한 폐해입니다. 5년 단임 대통령제에서 제대로 활동할 수 있는 기간은 잘해야 3년입니다. 취임 초반에는 선거 후유증과 예산 문제로, 취임 후반에는 레임덕 현상으로 실질적인 활동을 하기 어렵습니다.

더구나 정권이 바뀌어 여당이 야당이 되면 새 대통령이 취임하는 순간부터 대통령을 흔들어대며 협조에 소극적입니다. 사실상 다음 대선을 향한 레이스가 시작되는 셈입니다.

어떻게 하면 '대권 지상주의'를 치유할 수 있을까요? 대통령에게 집중된 권한을 분산시키는 것입니다. 최선의 방법은 아무리 생각해봐도 '개헌'입니다.

사심 없는 대통령이니 마음만 먹으면 어려운 일도 아닐 것입니다. 또 현행 헌법하에서도 운용의 묘를 살리면 가능한 방법이 있습니다. 대통령의 의지가 중요합니다.

통일 한국의 꿈: 먼저 남북한 체제의 안전 보장부터

올해(2015년)는 해방 70년, 분단 70년이 되는 해입니다. 같은 민족이면서 이념적으로 갈라진 유일한 곳이 한반도입니다. 현재 세계에서 가장 긴 정전 체제를 유지하고 세계 최대의 병력이 서로 대치하고 있는 곳이기도 합니다.

남북한은 길이 240km, 폭 4km인 휴전선 주변에 전체 병력의 70%를 집중 배치하고 있습니다. 지난 2월 24일 공개된 헤리티지 군사 보고서에 따르면 북한군은 110만 명, 한국군은 63만 명입니다.

재래식 전력에서도 양적으로만 비교하면 한국은 13개 항목 중 11개 분야에서 북한에 비해 열세라는 분석입니다. 물론 군사력 면에서 한국은 7위, 북한은 36위라는 다른 내용의 보고서도 있습니다.

남북 간의 긴장을 완화하고 한반도 안정을 유지하는 것은 남북양 정권뿐만 아니라 동북아 평화를 위해 매우 긴요한 과제입니다.

진보 정권 10년간 햇볕 정책을 실시해 북한을 도와줬지만 돌아온건 핵 개발이었습니다. 이후 보수 정권은 원칙과 강공 정책을 유지했지만 북한의 천안함 폭침과 연평도 포격으로 남북 관계는 더욱 경색되었습니다.

최근 북한은 핵의 소형화에 성공, KN-08 미사일에 탑재하면 미국 본토 공격도 가능하다고 윌리엄 고트니 미군 북부사령관이 밝혔습니다. 핵을 머리에 이고 살 수는 없습니다. 어떤 방식으로든 해결해야 합니다.

그러나 지난 20년간 국제사회가 시도한 어떤 제안이나 협상도 사실상 성과를 내는 데 실패했습니다. 2008년 12월을 마지막으로 6자(남북한·미·중·러·일) 회담은 열리지 않고 있습니다. 설사 열린다 해도 이 상황에선 별반 기대할 것이 없어 보입니다.

북핵을 찬성하는 나라도 없지만 북핵 문제 해결을 위해 적극적으로 나서는 나라도 보이지 않습니다. 미국의 '전략적 인내'가 그 예입니다.

북한은 연초에 핵과 경제 발전이라는 병진 정책을 또다시 천명했습니다. 이 두 가지는 공존도, 병진도 될 수 없다는 너무도 당연한 사실을 우리는 북한 지도부에 어떻게 깨우쳐주어야 할까요? 북한 정권의 절체절명의 현안은 북한 체제의 보장일 것입니다. 고립무원의 처지에서 핵만이 체제를 지켜주는 유일무이한 수단이라고 생각하고 있을 것입니다.

그러므로 그들이 더 이상은 핵에 기대지 않아도 좋을 만큼 국제사회가 북한 체제를 확실하게 인정해주는 방식으로 접근한다면 문제 해결의 실마리를 찾을 수도 있을 것입니다. 필요에 따라서는 핵심 당사자인 한국이 앞장서 노력하는 것도 하나의 돌파구가 될 수 있을 것입니다.

노태우 정부 당시에 논의됐던 남북한 '상호 불가침 조약'이나 김대중 정부 당시의 '휴전 협정의 평화 협정으로의 대체' 문제를 다시 협의한다면 북핵 문제 해결에 더욱 효과적일 것입니다. 분단 상황을 해소하는 길이라면 우리는 무엇이든 해야만 할 것입니다.

동북아 평화 체제 구축을 위한 외교

———

이를 위해서는 미국, 일본, 중국의 역할도 중요한 만큼 모두가 공감하는 선에서 외교 역량을 발휘해야 합니다.

미국은 최강의 군사력과 경제력, 소프트 파워와 스마트 파워를 가진 동북아 평화의 안정자stabilizer입니다. 한반도 통일은 미국 입장에서도 동북아뿐 아니라 아태 지역 평화·번영의 안정자 역할을 유지하는 데 큰 도움이 됩니다.

한일 관계의 악화는 참으로 안타깝습니다. 과거사 문제로 지금은 한일 관계가 경색되어 있지만 잘 풀릴 것으로 전망해봅니다.

다만 일본 지도부의 정직하지 못한 태도가 한국인들의 마음을 아프게 합니다. 야스쿠니 신사를 참배해 전범을 기리는가 하면, 정부가 관여해 역사 교과서를 왜곡시키기도 합니다. 특히 어린 소녀들을 그들의 전쟁 막사에 끌고 가 성노리개로 삼고 성적 학대를 한 데 대해 아직도 사과하지 않고 있습니다. 이로 인해 일본이 침략과 식민지배, 전쟁 등으로 한국을 비롯한 여러 나라에 뼈아픈 고통을 준 가해자란 사실을 진심으로 인정하지 않고 있다는 의구심을 사고 있습니다.

동북아에서 한·미·일이 3각 공조 체제를 이루어 자유·민주·공존·평화·번영의 가치로 진전하려 하는데, 과거사가 발목을 잡아서야 되겠습니까. 한일 양국 지도부의 진정 어린 대화가 아쉽습니다.

2014 무역 통계

	수출			수입		
한국 (1,000US$)	중국(1위) (145,287,701)	미국(2위) (70,284,872)	일본(3위) (32,183,788)	중국(1위) (90,082,226)	일본(2위) (53,768,313)	미국(3위) (45,283,254)
미국	중국(3위)	일본(4위)	한국(10위)	중국(1위)	일본(4위)	한국(6위)
중국	미국(1위)	일본(3위)	한국(4위)	한국(1위)	일본(2위)	미국(3위)
일본	미국(1위)	중국(2위)	한국(3위)	중국(1위)	미국(2위)	한국(5위)

출처: 한국무역협회(2015)

동북아 평화 체제 아래서 한국과 일본은 서로 협력하며 미래를 함께 열어가야 할 동반자입니다.

다음은 중국입니다. 국교 수립 후 23년 만에 한국과 중국처럼 경제·사회·문화적으로 긴밀한 관계를 형성한 사례가 세계적으로 몇 나라나 될까요? 한국의 대중국 교역(수출입)은 미국과 일본의 그것을 합산한 양보다 많습니다(위 표 참조).

그러나 분명한 것은 중국은 북한의 오랜 동맹이란 사실입니다. 해군 함정 천안함이 북한에 의해 침몰한 2010년 이후 한국 정부는 북한에 대해 엄격한 경제 조치를 취하고 있습니다. 그러나 북한은 중국과의 경제 관계를 더욱 강화함으로써 한국의 제재 정책은 실효성을 상실했습니다. 북한의 대중국 경제 의존도는 89.6%이며 석유 에너지는 거의 전적으로 중국에 의지하고 있습니다.

중국은 한미 동맹의 오랜 역사와 견고함을 잘 알고 있습니다. 북한의 핵 개발 및 핵 보유에는 반대하지만 북한 체제의 급격한 변화나 붕괴는 원치 않을 것입니다. 통일된 한국이 미국의 영향권 안에 있게 될 상황 또한 중국은 우려하고 있을 것입니다.

그러나 남북 간의 평화와 안정, 교류와 협력을 지지하는 중국이므로 북한 체제의 안정을 위한 한국의 노력이라면 환영할 것입니다. 또한 장기적으로 한국의 통일이 결코 중국을 위협하거나 부담을 주지 않을 거라는 점을 중국에 분명히 인식시키는 일은 한국의 몫입니다.

2017년, 대한민국의 선택은?

2017년 대한민국의 대통령 선거는 선진화 사회와 정체된 사회, 국민 중심과 진영 중심, 남북 화해와 남북 긴장, 국민 통합과 사회 분열 등의 갈림길에서 무엇을 선택하는가를 결정짓는 선거입니다.

대한민국이 처한 엄중한 현실을 감안하면 잠정적 대선 후보자들은 다음 세 가지 목표를 중심에 두고 각각의 실천 가능한 전략을 세워야 할 것입니다.

첫째는 통일 한국을 위한 외교 역량 강화입니다. 한미 관계, 한미 동맹은 한국 외교의 기본 축입니다. 한국이 지켜야 할 막대한 가치와 이익을 미국과 공유하고 있기 때문입니다. 대한민국은 한미 동맹이라는 든든한 울타리 안에서 안보를 굳건히 하고 경제를 발전시켜 왔습니다.

남북한이라는 세계 유일의 분단국을 사이에 두고 미·중·일·러라는 세계 강대국의 이해가 직접 교차하는 첨예한 환경에서 각국은 기본 축과 별도의 보조 축·연계 축을 필요로 하고 있습니다. 강국 사이의 유일한 중강국middle powers인 한국으로서는 기본 축 못지않은 보조 축·연계 축 역할이 요구됩니다.

최근 이슈인 THAAD(고고도 미사일 방어 체계) 도입과 AIIB(아시아 인프라 투자은행) 가입 문제를 놓고 한국이 미국과 중국 사이에서 외교적 이니셔티브를 발휘하지 못했다는 지적이 있습니다.

한국 외교 역량의 강화와 국민적 동의를 구하는 문제는 시급하고도 사려 깊게 추진되어야 하겠습니다.

둘째는 건실한 시민사회의 성장입니다. 국가 중심의 기존 시스템은 이제 한계가 분명해졌습니다. 그 한계는 지난해(2014년 4월 16일) 세월호 사건으로 여지없이 드러났습니다. 국가권력이 효율적으로 작동되지 않았으며 개인의 생명과 재산을 보호해주기 어렵다는 사실에 국민들은 경악했습니다.

동시에 강고한 기득권 옹호 세력과 집단이기주의가 성숙한 시민사회로 가는 길을 가로막고 있습니다. 진영논리에 갇혀 양보 없는 편싸움으로 갈등이 증폭되고 있습니다.

시민사회의 미성숙으로 국가와 관료에 대한 의존도가 높고 시민 개개인의 공공성이나 시민성은 서구 시민사회에 비해 아직 초보 수준입니다. 이것을 해결하는 것이 국가 지도자의 시대적 임무라고 생각합니다.

2014 부패인식지수(CPI)

순위	국가	점수
1	덴마크	92
2	뉴질랜드	91
3	핀란드	89
4	스웨덴	87
5	노르웨이	86
6	스위스	86
7	싱가포르	84
8	네덜란드	83
9	룩셈부르크	82
10	캐나다	81
⋮	⋮	⋮
15	일본	76
⋮	⋮	⋮
17	미국	74
⋮	⋮	⋮
43	한국	55
⋮	⋮	⋮
100	중국	36
⋮	⋮	⋮
174	북한	8

출처: 국제투명성기구

셋째는 부패와 비리가 없는 투명한 사회입니다. 국제투명성기구 Transparency International의 2014년 부패인식지수를 보면 한국은 100점 만점에 55점으로 175개국 중에서 43위, OECD 가입 34개국 중에서는 27위로 여전히 하위권에 있습니다(왼쪽 표 참조). 역대 정권이 평가받지 못하고 있는 요인은 인사 난맥과 부패 사건입니다.

2015년 초 '부정 청탁 및 금품 등의 수수 금지에 관한 법'이 국회를 통과했습니다. 일명 '김영란법'입니다. 금품이나 향응을 받으면 대가성이 없더라도 처벌의 근거를 마련한 획기적인 법입니다.

요즘 한 기업인이 자살하면서 던진 리스트가 재임한 지 63일밖에 안 된 총리를 사임으로 몰고 갈 만큼 큰 파문을 일으키고 있습니다. 일각에선 박근혜 대통령이 레임덕에 접어들었다고도 합니다. 그러나 이번 기회에 엄정하고 성역 없는 수사를 펼쳐 정치와 경제 사이에 가로놓인 부패의 연결 고리를 끊어야 합니다. 비록 진통은 겪겠지만 투명 사회로 가기 위한 계기로 삼아야 할 것입니다.

그럼 이러한 시대적 미션을 감당하기 위해서는 지도자가 어떤 자질과 덕목을 가져야 하겠습니까? 저는 수많은 정치인과 리더를 만나본 결과 딱 두 가지라고 생각합니다.

첫째는 도덕적 권위가 있어야 합니다. 이것이 약하면 국민의 신뢰를 잃게 되고 추진 동력을 상실하게 됩니다. 도덕성의 흠결이 있는 지도자는 국민을 통합할 수 없고 정치 불신만 높게 만듭니다.

둘째는 정치력이 있어야 합니다. 무엇보다 진정한 의미의 정치 복원이 필요합니다. 대통령과 입법부의 갈등, 여야의 대립, 세대·지역·계층 간 갈등, 복지 논쟁, 남북 교류 등 우리 앞에는 무수한 이슈와 갈등 덩어리들이 놓여 있습니다. 이를 타협과 소통으로 아우르고 풀어내는 리더십의 출현을 국민은 목마르게 기다리고 있습니다.

이처럼 도덕적 기반 위에 정치적 리더십을 갖춘 지도자라면 그가 말하는 공약은 비전이 되어 국민은 그를 믿고 꿈을 공유할 것입니다. 그가 앞장서 지역 갈등을 해소하려고 뛰어든다면 그에게 등 돌리지 않고 박수를 보낼 것입니다. 그런 그가 복지와 세금, 성장과 분배, 노동과 임금 등 민감하고 미묘한 문제를 건드려도 그를 믿고 함께할 것입니다.

대통령 선거가 2년 반 남았다는 것은 우리에게 희망입니다. 지금부터가 중요합니다. 공동체의 가치를 잊지 않으면서 착실하고도 분명하게 준비해나간다면 2017년, 대한민국은 그런 희망적인 지도자를 만날 수 있을 것입니다.

결론: 한국의 발전 모델을 세계로

신사숙녀 여러분, 한국은 결코 크지 않지만 강한 나라입니다. 면적은 미국의 1/95, 일본의 1/4에 불과합니다. 그나마 대륙으로 가는 길은 북한에 의해 막혀 있습니다. 3면이 바다인 반도지만 사실상 섬이나 마찬가지입니다. 지정학적 위치 때문에 해양 세력과 대륙 세력 간에 각축을 벌이고 있는 지역입니다.

현재도 세계에서 유일한 분단국가로 남아 있지만 우리는 갈라진 그 영토 안에서 싸우고 일하면서 민주와 평화를 지켜냈습니다.

2012년 한국은 1인당 소득 2만 달러, 인구 5000만 명을 동시에 충족하는 2050 클럽에 가입했습니다. 미국, 일본, 프랑스, 이탈리아, 독일, 영국에 이어 세계에서 7번째라고 합니다. 3050 클럽 진입도 눈앞에 두고 있습니다.

한국인들은 역동적이고 감성적이며 그리고 비판적입니다. 역대 대통령들에 대한 평가도 아주 인색합니다. 부분적으로 잘못한 것이 있으면 전체를 부정하고 실패로 간주하는 성향이 있습니다.

GDP 세계 13위, 민주주의지수 세계 21위로 상위권이지만 행복지수는 118위, 최하위권입니다(다음 쪽 표 참조). 한마디로 잘살고 있지만 스스로는 불행하다고 느끼는 것입니다.

이러한 현상은 어쩌면 좁은 땅덩어리 안에서의 치열한 경쟁, 분단 상황에서의 불안한 심리 등이 빚어낸 결과일는지도 모릅니다. 그러나 더 큰 이유는 물질보다 정신, 소유보다 나눔, 개인보다 공동체를 소중히 여기던 우리 민족의 심성과 미풍양속이 언제부터인가 사라져가고 있는 탓이기도 합니다. 압축 성장의 대가라고도 하고, 정치적 대립과 갈등의 결과라고도 합니다.

문제가 없는 나라는 없습니다. 문제를 해결하고 아픔을 극복해가는 과정에서 지금 우리에게 가장 필요한 것은 자신감을 회복하고 자부심을 갖는 일입니다.

제2차 세계대전 종전 70주년을 맞으면서 가장 성공적으로 발전한 나라로 한국보다 앞에 설 나라가 어디에 있을까요? 산업화와 민주

2014 행복지수(긍정경험지수)

순위	국가	점수	순위	국가	점수
1	파라과이	89	⋮	⋮	⋮
=2	콜롬비아	84	=43	호주	75
=2	에콰도르	84	=43	오스트리아	75
=2	과테말라	84	=43	중국	75
=5	온두라스	82	=43	페루	75
=5	파나마	82	=43	남아프리카공화국	75
=5	베네수엘라	82	=43	태국	75
=8	코스타리카	81	=43	영국	75
=8	엘살바도르	81	⋮	⋮	⋮
=8	니카라과	81	=83	일본	66
=11	필리핀	80	=83	니제르	66
=11	싱가포르	80	⋮	⋮	⋮
=11	스위스	80	=118	아르메니아	59
=11	우루과이	80	=118	가봉	59
=15	아르헨티나	79	=118	팔레스타인	59
=15	부탄	79	=118	한국	59
=15	캐나다	79	⋮	⋮	⋮
=15	칠레	79	134	아프가니스탄	55
=15	도미니카	79	⋮	⋮	⋮
=15	네덜란드	79	139	방글라데시	54
=15	뉴질랜드	79	⋮	⋮	⋮
=15	노르웨이	79	143	수단	47
=15	르완다	79			
=15	스웨덴	79			
=15	미국	79			

출처: 갤럽(2015년 3월 19일)

198

화를 30년 만에 동시에 이룬 한국과 동일한 사례는 또 어디에서 찾을 수 있을까요? 한국은 미국식 모델을 도입한 나라 중 가장 성공적으로 정치 시스템을 운영하고 있는 나라이기도 합니다. 한국과 미국, 우리는 동맹이고 친구입니다.

두 달 전 불의의 피격을 당했던 리퍼트 주한 미국 대사는 "같이 갑시다!"란 또렷한 한국말로 우리 국민을 감동시켰습니다. 그 말을 영어로 풀어 여러분에게 전하며 제 강연을 마치겠습니다.

"We go together!"

– 하버드대학·스탠퍼드대학 강연, 2015년 5월 6일 / 5월 8일

Comment

하버드대학(케네디스쿨)과 스탠퍼드대학(아시아태평양연구소)에서 이틀 간격을 두고 같은 주제로 특강을 했다. 스탠퍼드대학은 45분 강연에 30분 문답, 하버드대학은 30분 연설에 60분 질의응답이었다. 발표는 영어로 하고 질의응답은 통역의 도움을 받았다. 스탠퍼드대학에서는 주로 남북한 관계, 통일 문제, 한국 대통령의 자격 등에 관한 질문이 집중됐으며, 질문자가 많아 문답 시간이 45분으로 늘어났다. 하버드대학에서 가진 한 시간의 질의응답은 남북, 한미, 미중 관계 중심으로 이루어졌다. 강연장은 한 주 전 아베 일본 총리가 스피치를 한 곳인데 기대했던 한일 양국의 이슈 관련 질문이 나오지 않아 조금 아쉬웠다. 이 책에 실은 글은 두 대학에서 발표한 원고 가운데서 인사말과 도입부 등을 생략한 통합원고로서 이 책을 통해 전문을 처음 소개한다.

한국 민주화 이후 역대 대통령 선거의 치열성과 대통령들의 역사적 업적을 평가하고, 국회와 대통령 간의 긴장 관계를 분석했다. 남북한 관계의 핵심인 핵 문제 해결을 위한 접근 방법을 살펴보고 동북아 평화 체제 구축을 위한 미국·중국·일본의 역할과 한계를 짚어보았다.

2017년 대통령 선거에 출마할 후보가 가져야 할 세 가지 전략적 목표와 두 가지 자질을 제시했다. 외교 역량 강화, 건실한 시민사회의 성장, 부패 없는 투명한 사회를 목표로 삼고 도덕성과 정치력을 갖출 것을 주문했다.

북한의 핵 실험과 미사일 발사 등 남북 관계가 긴장되고 동북아의 파고가 요동치는 요즘은 지난해 미국 양 대학에서 스피치를 할 때보다 상황이 더 좋지 않다. 연설에서 나는 중국은 북한을 중시한다. 북핵을 반대하지만 적극 나서진 않는다, 북한은 체제 안전을 위해 핵에 의존한다, 한국의 통일 외교 역량 강화가 시급하다는 점 등을 강조했다.

나는 가끔 한국의 현 외교 상황을 명·청 교체기의 광해군 시대에 비유하곤 한다. 국제적 안목과 국민 화합이 한국의 국가적 존립과 융성에 직결된다는 의미다.

밤이 깊으면 새벽이 멀지 않다. 한국 외교의 새 지평을 열어나가야 할 때다.

남북한
상호 신뢰 제고를 위한 방안

(이 스피치는 객관적이고 중립적인 시각으로 남북한 문제에 접근하려 했다. 대한민국 국민이지만 한국 정부나 남쪽 의견을 대변한 것은 아니다. 그래도 남쪽 시각이 많이 반영됐으리라는 점은 부인할 수 없을 것 같다. 한반도의 진정한 평화와 발전 그리고 통일의 초석을 닦는 일이라면 나와 견해가 다른 이의 발언에도 귀를 기울이겠다.)

북한의 지뢰 도발 사건으로 확인된 세 가지 교훈

2015년 8월 4일 비무장지대DMZ에서 북한이 설치한 목함지뢰가 폭발했다. 같은 달 20일엔 상호 포격 사태까지 일어나 남북한 간에 군사적 긴장감이 고조되었다. 양측은 전쟁 직전 단계까지 가는 비상경계태세에 돌입하는 한편, 최고위급 긴급 회담을 열어 담판에 들어갔다. 몇 차례의 우여곡절 끝에 회의는 극적인 합의에 이르렀다. 합의 사항을 이행하겠다는 후속 성명이 양쪽에서 잇따라 발표되었다.

목함지뢰 사건을 통해 우리는 한반도의 몇 가지 현실을 확인할 수 있었다.

① '휴전'은 언제든지 전쟁으로 갈 수 있다는 뜻이다.
② 전쟁이 터지면 남북 모두 심대한 파괴를 각오해야 한다.
③ 협상과 회담은 전쟁 방지와 평화 유지의 수단이 될 수 있다.

그렇다. 한반도를 가로지르는 휴전선이 그어진 지가 올해로 62년째다. 동서 245km, 남북 4km의 좁은 벨트를 사이에 두고 양측 100만 이상의 정규군과 고도의 군사 무기가 밀집되어 있다.

일촉즉발의 상황인데도 세계 전사상 가장 오랜 기간 휴전이 유지되는 '비결 아닌 비결'은 무엇일까. 아마도 남북 서로가 막상막하의 군사력을 갖추고 있어 쉽게 전면전을 일으킬 수 없기 때문일 것이다.

그럼 금세기 유일의 분단국으로 남아 있는 이유는 무엇일까. 간단하게 답변하기 어렵지만 이 역시 60여 년간 완전히 다른 두 개의 체제가 강고하게 버텨왔기 때문이다. 물론 여기에 더해 한반도의 지정학적 특수성과 주변 열강과의 관계 및 영향력, 그리고 냉전과 탈냉전이라는 세계사의 복합적 흐름 속에서 한반도를 고찰해야 할 것이다.

8·25 합의는 남북 간 협상으로 위기 타개한 최초의 사건

이번 목함지뢰·포격 도발도 지난 수십 년 동안 남북한 간에 일어난 일련의 긴장 조성 사건 중 하나다. 그러나 이번 사건으로 얻게 된 교훈 내지 진전이 있다. 바로 앞서 ③항에 적시했듯, 남북 간 협상으로 문제를 해결했다는 것이다. 이는 남과 북이 새롭게 싹 틔운 커다란 희망지수의 조그만 시작이다. 남북 간에 협상으로 위기를 타개한 최초의 사건으로 역사는 기록할 것이다. 협상 과정은 길고 답답했다. 또 협상 결과는 강경파들에겐 미흡했다. 그러나 이 내용을 양측의 최종 결정권자가 수용했다. 물론 최종 결정권자의 뜻에 따라 문구가 조율되었지만 말이다. 앞으로 남북 간에 발생할 수 있는 수많은 사건을 '8·25 합의'(위 사건을 이렇게 부른다) 정신에 따라 평화적으로 해결할 수 있다는 전례와 자신감을 보여준 점에서 희망적이다. 즉 ③을 이룸으로써 ①과 ②로 가는 상황을 방지할 수 있음을 보여준 것이다.

다음으로 강조하고 싶은 것은 남북 양쪽은 상대방을 자극해서는 안 되고 또 쉽게 자극받아서도 안 된다는 점이다. 서로 체제가 다름을 인정해야 한다. 남한에서 '통일 대박론'을 말하고, '남북한 신뢰 프로세스'나 '드레스덴 선언'(한반도 평화통일을 위한 구상) 등이 발표되자 북한은 즉각 반발했다. '통일'을 한국이 독점하려는 듯한 대외적 제스처에 화가 난 북한으로서는 자칫 남한 주도의 '흡수 통일론'을 미연에 방지하자는 뜻도 내포되어 있었다. 북한의 반응은 연례적인 한미 합동 군사훈련 때만 되면 날카롭게 나타난다. 해마다 반복되는 이 훈련 기간 동안 북한의 날 선 반발은 수그러들지 않는다.

남한을 자극하는 북한의 방식은 노골적이고 감정적이다. 북한의 매체들은 박근혜 대통령과 남한 정부를 상대로 한 인신 모욕적 공격을 서슴지 않는다. 여성 비하적 언사도 등장한다. 수십 년 전부터 써온 '괴뢰 도당'이나 '주구' 같은 말 또한 빠지지 않는다. 그러면서도 북한 김정은 위원장에 대해서는 자기들 귀에 조금만 거슬리게 표현해도 '최고 존엄'에게 무례하다고 노발대발한다.

신뢰 없이 이룰 수 있는 대화나 협상은 없다. 평화를 원하거나 전쟁을 막으려면 서로 신뢰부터 쌓는 노력을 해야 한다. 일방에 의한 일방적인 노력은 한계가 분명하다. 쌍방이 조금씩 양보하며 타협해 나갈 때 신뢰의 탑이 쌓아진다. 상대방이 감당할 수 없는 요구나 주장은 신뢰를 쌓기는커녕 불신과 갈등만 증폭시킬 것이다. 그동안 남북한은 한 손으론 탑을 쌓고 한 손으론 허무는 과정을 수없이 반복해왔다.

신뢰를 쌓는 가장 좋은 방법은 무엇일까. 우선 상대방을 자극하는 표현을 쓰지 말아야 한다. 그래서 나는 남북이 서로 상대방에 대해 쓰지 말아야 할 단어를 정리해 쓰지 않기로 합의 발표하기를 먼저 권하고 싶다. 내가 듣기 싫은 말이면 상대방도 듣기 싫은 법이다. 공자는 "내가 원하지 않는 일은 남에게 시키지 말라己所不慾 勿施於人 (『논어』「위령공편」)"했고, 성경에도 "네가 대접받고자 하는 대로 남을 대접하라"(마태복음 7장 12절)고 했다.

남북이 서로 자극하는 용어 쓰지 말고 상대방 체제 인정해야
———

남북 간에 가장 긴요한 과제는 상대방 체제에 대한 인정이다. 북한은 3대 세습제를 실행하고 있는 특이한 국가다. 남한은 정권이 여러 번 바뀌었지만 체제가 바뀐 적은 없다. 1948년 이후 지속돼온 남북 양쪽의 이질적 체제는 선악의 차원이 아니라 분명한 현실이다. 체제를 무너뜨리려는 시도가 없지 않았지만 한 번도 성공하지 못했고 오히려 역작용만 낳았다. 지금 필요한 것은 남한의 통일 대박론도, 북한의 핵 무장론도 아니다. 중국을 비롯한 세계 모든 나라의 비판과 우려 속에서 북한이 핵무기를 고집하는 이유는 핵만이 북한 체제와 정권을 보장해줄 수 있다고 믿기 때문일 것이다. 그러나 역설적이게도 북한 체제에 대한 확고한 보장은 핵이 아니라 남한만이 할 수 있다. 국제사회의 현실이 그렇다. 북한이 남한과 손을 잡아야 체제 보장과 남북 공존과 번영으로 가는 길이 열린다. 그 첫걸음은 지난 8·25 대화로 시작되었다. 이제는 서로가 서로를 자극하는 발언을 하지 말고 약속을 지키는 길로 나아가야 한다. 신뢰의 탑은 '함께'

쌓아야만 세워진다.

유라시아 대륙의 시작점이자 종점에 해당하는 한반도는 공교롭게도 중국·일본·러시아와 지리적 국경을 마주하고 있고, 남한에는 미군이 상주하고 있다. 요컨대 '미·중·일·러'라는 이른바 '글로벌 4'의 직접적 이해가 교착하는 세계 유일의 지역인 것이다.

지금부터 65년 전 한반도는 전쟁으로 전 국토가 초토화되었다. 20여 개 나라의 젊은이가 이 땅에 와서 피를 흘렸으며 수백만 명의 사상자를 내고 3년 1개월 만에 전쟁은 겨우 끝났다. 그것도 마침표가 아닌 쉼표, 종전이 아닌 휴전이다. 미국과 중국이 한반도에서 직접 싸웠고, 소련과 일본도 이 전쟁에 개입했다. 남북한 모두 전쟁 후유증을 딛고 일어서는 데 20년 넘는 세월이 걸렸다.

그때와 지금은 사정이 매우 다르지만 변하지 않은 것도 있다. 여전히 군사적 긴장이 해소되지 않았으며 남북 간에는 신뢰가 아직 없다. 주변 4강은 한반도의 전쟁을 원하지 않는다. 그러나 어느 나라도 결정적 영향력이나 주도권을 쥐고 있지 못하다. 남북한 역시 마찬가지다. 미묘한 힘의 균형이 한반도의 휴전과 평화를 지탱하고 있다. 한반도는 불안과 공포를 발밑에 디딘 채 위장된 평화가 수십 년째 유지되고 있다.

그래서 평화 유지비용(더 직설적으로 표현하자면 전쟁 대비비용)은 엄청나다. GNP 대비 국방비가 세계에서 가장 높은 나라에 한국과 북한이 빠질 수 없다. 북한은 여기에 핵 개발과 대륙간탄도미사일 개발에 열중하고 있다. 남북한의 청년은 모두 군대에 가서 상대방을 향해 총부리를 겨누어야 한다. 인구가 적은 북한은 군 복무 기간이 8~10년이다. 남북한이 서로를 적대시하느라 지불하는 비용을 돌려서 평화적으로 사용하고 산업화와 삶의 질 향상을 위해 투자한다면 한반도의 환경과 생활은 획기적으로 개선될 것이다. 서로가 서로를 믿지 못해 지출되는 이 어마어마한 비용을 줄여나가는 것을 남북한 위정자들은 최우선 과제로 삼아야 한다.

120년 전 한반도의 지배권을 놓고 청국과 일본의 세력이 직접 충돌했다. 그 10년 뒤에는 러시아와 일본이 맞대결했고 결국 한반도는 일본의 수중에 떨어졌다.

120년이 지난 오늘, 한반도의 지정학적 중요성은 더욱 증대되고 그때와는 비교할 수 없을 만큼 한국의 국력이 신장했다. 그러나 한반도를 둘러싼 동북아 지역만이 지역협력체제나 경제공동체를 형성하지 못하고 있다. 주변 각국이 강력한 글로벌 파워를 가져서이기도 하지만 중간에서 매개 역할을 해야 할 한반도의 남북이 서로 으르렁대기 때문이기도 하다.

남북이 힘 모아야 4강의 균형자로서 동북아 평화에 기여

남북한이 힘을 모아야 4강의 균형자로서 동북아의 평화와 안정에 기여할 수 있다. 남북한이 서로 불신하고 반목하면 4강 모두로부터 이용당하거나 버림받게 된다. 어느 편이 남북한에 유리할 것인지는 두말할 나위가 없다. 가야 할 길을 알면서도 엉뚱한 길을 선택한다면 이 얼마나 어리석은 짓인가.

거듭 강조하건대 남북한 간에 먼저 신뢰를 쌓아야 한다. 그것이 현재와 같은 군사적 대치와 긴장 상태를 완화하는 첫걸음이다. 큰 것부터 할 수도 있지만 작은 것, 쉬운 일부터 시작해도 좋다. 방법이나 순서가 문제가 아니다. 서로가 서로를 인정하고, 상대를 자극하는 용어를 쓰지 않고, 합의를 철저하게 지켜야 한다. 최고책임자는 주변의 강경파·주전파에게 휘둘리지 말아야 한다.

목함지뢰 및 포격 사건 이후 나는 남북한 지도자들이 주도적으로 한반도의 안정과 평화, 궁극적으로는 통일의 과업을 이루어낼 수 있으리라는 희망의 메시지를 읽었다. 그 결실로 다가올 긍정과 낙관의 미래를 기대하고 있다.

— 빈하이 포럼 개막식 기조연설, 2015년 10월 13일

Comment

중국 톈진(天津)시의 빈하이(濱海)에서 열린 동북아 평화포럼에 2년 연속 초청되어 오프닝 세레모니에서 한 연설 원고다(영문본은 이 글을 반 정도로 줄였다). 개막 연설은 하토야마 유키오(鳩山由紀夫) 전 일본 총리와 나 둘만 했는데, 미국 스탠퍼드대학 출신인 하토야마 전 수상이 일본어로 발표해 내 영어 연설이 그와 비교되지 않아 다행(?)이었다.

남북한 관계를 보는 내 기본 입장은 비교적 단순하다. 첫째, 통일이라는 거창한 구호와 주장보다는 한반도 평화와 안정이 급선무다. 둘째, 어떤 일이 있어도 전쟁 재발만은 막아야 한다. 이 두 가지 입장이라면 어떤 관련국도 반대하지 않을 것이며 경우에 따라서는 적극 지지하고 후원할 거라는 것이 내 생각이다. 이를 위해 남북한이 서로를 자극하는 발언이나 행동을 해선 안 된다는 것이 연설의 주제였다. 목함지뢰 사건 발생 뒤 고조됐던 긴장이 남북 합의로 완화된 8·25 타결에서 희망을 가진 것이다.

나는 이 연설에서 북한이 갈망하는 체제 보장은 핵이 아니라 한국 정부만이 그 열쇠를 쥐고 있다는 점을 강조했다. 따라서 핵 개발보다 남한과의 관계 개선, 곧 남북한 신뢰 회복과 평화 공존 방안 모색이 더욱 중요하고 시급함을 역설했다. 이는 한반도를 넘어서 동북아 평화와 안정에도 크게 기여할 수 있다. 요컨대 남북한은 이제 새로운 역할을 찾고 실행해야 할 때다.

그러나 그런 노력 대신 북한은 2016년 벽두에 4차 핵 실험을 단행했고, 곧이어 보란 듯이 미사일까지 발사했다. 동북아 정세가 또 한 번 요동쳤다. 우리는 이와 같은 북의 강경 군사노선에 단호히 대응하는 한편 평화 공존을 위해 더 큰 노력을 쏟아야 한다. 한국은 지금 세계가 지켜보는 가운데 국제 외교 역량의 시험대 겸 돌파구 앞에 서 있다.

역사적으로 본 한반도 국제전쟁의 4가지 유형과 오늘

이 글은 미래 한반도 평화 번영의 길을 역설적으로 과거 전쟁사를 통해 찾아보려는 시도이다. 고금을 통틀어 한반도가 세계사의 중심 축이었던 경우는 없었다고 해도 과언이 아니다. 여기서는 다만 한반도 국제전 중에서 지역적 중심축 내지 국제적 관심축이 되었던 4개 국면을 선정해 비교·분석하고, 그 전쟁들이 오늘 우리에게 어떤 시사점을 던지는가를 살펴볼 생각이다.[6]

---

6 이 4개 국면은 필자의 주관적 견해로 선정되었다. 이 글에서 명칭(전쟁명·인명·지명 등) 표기는 한국식 용어를 사용했으며 중국·일본·미국식 명칭은 필요한 경우 병기(倂記)했다.

① 나·당 연합군에 의한 신라의 삼국 통일(648~676년)

② 임진왜란과 병자호란(1592~1637년)

③ 19세기 말 외세 침범과 20세기 초 국권 상실(1894~1910년)

④ 6·25전쟁(1950~1953년)

세계 질서 재편 혹은 정착 과정에서 발발

우선 한·중·일 중심의 동아시아는 19세기 이전까지는 유럽의 동시대에 비해 영토적 야심이나 영토 확장 측면에서의 국가 간 전쟁이 적었다.[7] 그런 점에서 일본에 의한 전쟁과 침략(임진왜란 및 한말 국권 상실)은 점령과 지배라는 영토 확대 야욕이 촉발시킨 예외적인 경우라 하겠다. 또한 특정 국가 혹은 집권 세력이 현상 타파를 원할 때도 전쟁은 일어났다(7세기 신라, 17세기 청, 20세기 북한).

한반도 국제전의 또 한 가지 특징은 외세 주도의 전쟁이었다는 점이다. 또한 청일·러일 전쟁을 제외하고는 전쟁이 시종일관 한반도 안에서 국한되어 일어났다.

전쟁 도발자들은 자국의 영토 안에서는 전쟁이 일어나지 않을 거

---

7 이는 중국을 중심으로 한 동아시아 지역의 질서가 유럽의 그것과는 아주 다르게 조공·책봉 관계라는 '천하(天下, Diensia —Under the Heaven) 질서'의 양태로 19세기까지 근 2000년 동안 지속되었음을 말해준다. 하영선 "동아시아 질서의 역사적 변환: 천하에서 복합까지"(http://www.youtube.com/watch?v=w5PfDq7tWBI, 2012년 12월 24일) 등에서 원용.

라는 전망 속에서 침공 혹은 참전을 감행했다. 임진왜란 당시 명이 서둘러 조선에 참전한 이유는 역으로 중국 본토가 전쟁터가 되는 것을 사전에 막기 위해서였다.

세 번째 특징은 강력한 동맹 세력이 있는 편이 동맹 세력이 없거나 느슨한 편을 상대로 한 전쟁에서 언제나 이겼다는 사실이다. 즉 세력 간 힘이 확연하게 차이가 나면 전쟁은 조기 종결되었다(청의 두 차례 조선 침략과 청일전쟁 등). 그러나 힘의 기울기가 확연해도 쌍방 모두 확고한 동맹국이 참전하게 되면 그 전쟁은 현상 유지로 끝났다(임진왜란, 6·25전쟁 등). 또 전쟁 당사국은 모두 엄청난 피해를 입었다. 6·25전쟁이 웅변적으로 말해주고 있다.[8]

네 번째로 아이러니하게도 한반도를 침략하거나 참전한 나라 중에는 종전 이후 쇠퇴(멸망을 포함한)의 길을 걸은 예가 많았다.

결국 이 모든 전쟁은 그 당시 세계 질서의 재편 혹은 정착 과정에서 발생했으며, 7세기를 제외하고는 대부분 주도 역량이 부족했던 한반도의 희생으로 종결되었다.

한반도 국제 전쟁사를 통해 짚어본 이러한 특징들을 오늘의 현실에 견주거나 대입한다는 것은 무리이고 억지일 수 있다. 다만 오늘의

---

8 한국 국방군사연구소 자료(1996년)에 따르면 한국전쟁의 피해자 수는 한국군 621,479명(전사자 137,899명), 유엔군 154,881명(전사자 40,670명), 북한군 801,000명(전사자 522,000명), 중국군 366,000명(전사자 116,000)명이다. 민간인 피해자(사망·학살·부상·납치·행불자 포함) 수는 한국 약 99만 명, 북한 약 150만 명이다. 북한군 피해는 *The US Military Experience in Korea*, 중국군 피해는 〈조선전쟁결책내막(朝鮮戰爭決策內幕)〉 자료 인용.

상황과 역사적 사실을 비교할 수는 있을 듯싶다. 어쩌면 과거와 현재가 다르다는 점을 찾아내는 것이 전쟁을 방지하고 평화를 추구하는 데 도움이 될 수 있을 것 같다는 생각도 든다.

체제 수호냐 재앙이냐, 핵은 보검인 동시에 흉검

위의 첫째~넷째를 오늘의 현실에 대비해보자.

지금 남과 북에는 저마다 군사 동맹이 실질적으로 존재하고 있다. 한반도에는 세계에서 가장 강력한 군사력이 대치하고 있으며 이로써 군사적 세력 균형을 이루고 있다.[9]

현재는 한반도 주변국 중 영토 확장이나 현상 타파를 원하고 있는 나라가 어디에도 없다. 대한민국 역시 이 점 확고하다. 북한은 간혹 '전쟁'을 입에 올리지만 이는 국가 체제 보존 차원으로 보인다.

현재 각국이 보유하고 있는 막강한 군사력으로 볼 때 전쟁이 난다면 한반도에만 국한될 수가 없다. 국지전만으로 전쟁이 종결될 거라고는 아무도 믿지 않는다. 이 점이 한반도 안으로 국한되었던 역사적 전쟁 사례와 구별되는 근본적인 차이다. 주변국 어느 나라도 한반도 밖으로, 즉 자기 영역 내로 전쟁이 확산되는 것을 여전히 원하

---

9 독립적 군사력 평가 기관인 GFP(www.globalfirepower.com)가 발표한 2014년 세계 군사력 (국방력) 순위는 다음과 같다(비대칭 전력인 핵무기는 제외). 1위 미국, 2위 러시아, 3위 중국, 4위 인도, … 9위 한국, 10위 일본, … 31위 북한.

지 않을 것이다.

나는 조심스럽게 이런 전망을 해본다. 지난 2000년간 동아시아의 지배 질서였던 '천하天下' 개념처럼 국가 간 대결과 전쟁을 뛰어넘을 21세기 동아시아의 새로운 가치관은 이제 막 확산·발전되고 있는 한·중·일의 경제·문화 영역에서 찾을 수 있지 않을까.

다만 북한의 태도가 변수다. 고구려와 백제의 위협에서 벗어나기 위해 당을 노크했던 신라처럼 북한은 체제 유지를 위해 핵에 대한 의존도를 높여가고 있다. 북한은 "한반도에서 전쟁이 일어나면 엄청난 핵 재난을 가져올 것"이라며 '핵 재난 방지를 위한 현실적 조치'를 논의하자고 제안했다.[10] 이는 핵이 체제 안전을 지키는 보검寶劍인 동시에 일대 재앙을 초래할 흉검凶劍이라는 의미를 내포하고 있다. 그러므로 국제사회가 북한의 핵 포기 압박을 전방위적으로 밀어붙이는 것은 자칫 북한으로 하여금 선택의 여지를 좁히게 할 수도 있다. 핵이 수단에서 목적으로 바뀌지 않도록 해야 한다. 핵 없이 또는 핵 대신에 안보와 경제 발전이라는 '병진노선竝進路線'이 성공할 수 있도록 지금까지와는 사뭇 다른 새로운 차원의 지원 방안을 마련해야 한다.

---

10 김정은 북한 국방위원장의 조선중앙TV 육성 신년사(2014년 1월 1일) 및 조선국방위원회의 중대 제안 "우리 민족끼리의 단합된 힘으로 북남 관계 개선의 활로를 열어나가자"(2014년 1월 16일)에서.

신뢰의 테이블에 앉아 만찬을 함께 즐기려면…

미국과 중국은 한반도를 중심으로 한 동아시아 정책에서 과거의 갈등과 충돌 관계를 뛰어넘는 새로운 형태의 관계 구축을 모색하고 있다. 미국은 아시아 재균형 정책이 냉전 시대의 봉쇄 정책과는 전혀 다름을 강조하고, 중국은 신형 대국 관계론이 국강필패론國强必霸論(국력이 강해지면 반드시 패권을 추구함)과는 거리가 멀다고 주장한다.[11] 사반세기도 안 되어 한국은 중국의 가장 중요한 인적·물적 교류 국가가 되었다. 미국도 동태평양 정책을 추구함에 있어 한국을 빼고는 생각할 수 없게 되었다. 아시안게임 폐막에 맞추어 북한의 권력 실세 3인이 한국을 전격 방문했다. 스포츠 외교로 시작된 또 하나의 신화를 만들어나갈지, 과거처럼 일회성 이벤트로 끝나고 말지는 단정하기 이르다. 그러므로 동아시아의 안정과 평화를 위해서는 각 나라가 '상호 보완적 복합 관계'를 구축해나가야 하고 한국의 역할이 갈수록 증대되고 있는 것이다.

한반도는 역사상 네 차례 국제적 관심 권역에 포함된 적이 있었지만 주도적 입장에 서본 적은 일찍이 없었다. 지도층의 무지와 정세 오판이 사태를 그르치기도 했다.

앞서 살펴본 바와 같이 이 모든 경우를 통괄하는 하나의 중심 흐

---

11 하영선, 중국 〈환구시보(環球時報)〉 기고문(2014년 7월 4일) 참고.

름main stream이 있다면 그것은 '신뢰'다. 신뢰할 수 없는 나라를 이웃에 둔 경우 전쟁이 일어나거나 긴장·불안 국면이 만들어졌다. 북한이 말한 대로 상호 신뢰가 없으면 "사소하고 우발적인 군사적 충돌도 전면 전쟁으로 번질 수 있다."[12] 불신의 장막을 걷어내고 신뢰의 테이블에서 만찬을 함께 즐길 수 있도록 해야 한다. 지정학적으로나 현실적으로 그 만찬 테이블을 마련할 적임자가 한국이다. 단순한 장소 제공자가 될지, 주방장이 될지는 오직 한국의 몫이다. 2014년 오늘, 한반도는 국제 관계에서 이제껏 겪어보지 못한 미증유의 상황에 놓여 있는 것이다. 시진핑 주석과 힐러리 장관이 말했던 '새로운 역사'에서 '새로운 답안지'를 찾아야 하는 나라는 다름 아닌 대한민국이다.

– 빈하이 포럼 개막식 기조연설, 2014년 10월 15일

Comment

텐진시 개발특구인 빈하이에서 열린 동북아평화포럼에 초청되어 기조연설을 했다. 동북아 6개국(남북한·일·러·몽골 및 중국)과 미국 등이 초청됐지만 마지막 단계에서 북한은 불참했다. 이 글은 영문으로 발표하기 전 작성한 한글판 원고(본문)이며, 영문 연설은 이 글의 중간 부분부터 시작했다.

나는 여기서 남북한 관계 및 통일 문제를 지난 1000여 년간 한반도에서 일어났던 큰

---

12 김정은 국방위원장의 2014년 신년사에서.

직한 전쟁과 사변을 통해 모색해보았다. 이러한 시도가 앞으로 더욱 학문적으로 활성화되고 발전하기를 바라는 의미에서 화두를 던지려 했다.

우선 한반도는 국제전쟁이 상대적으로 드물었으며 국제적(세계사적) 중심축에 있지 않았다는 점을 밝혔다. 아울러 신라에 의한 삼국 통일과 당 세력 축출 과정을 빼고는 한반도 세력이 주도하거나 중심이 된 적이 없음을 이야기했다. 여기에 임진왜란과 병자호란, 20세기 초 국권 상실과 6·25전쟁을 더하여 주변 각국과의 관계 속에서 한반도 전쟁이 한반도 세력의 피해로 점철되었고, 참전국들은 자국으로 전화(戰禍)가 미치지 않게 하려고 한반도를 희생물로 삼았음을 밝혔다.

그리하여 한반도와 그곳에서 살아가는 사람들이 더는 희생당하지 않기 위해서라도 남북 관계가 안정돼야 하며, 그것은 상호 '신뢰'에서 출발한다는 지극히 평범한 주장을 결론으로 도출했다. 신뢰는 힘이 있어야 지켜진다. 힘이 약하면 신뢰도 무너지고 만다.

초연결사회의 바람직한
호모 모빌리언스를 위한 제언

-인터넷이 인류 문명의 파괴자가 아닌 개척자가 되려면-

존경하는 내외 귀빈 여러분, 우리는 지난 3일간 인터넷 세상의 삼매경에 푹 빠져 있었습니다. 어떻게 시간이 지나갔는지 모를 정도입니다.

중국에서 가장 오래된 도시인 이곳 우전에서 우리는 최첨단 문명과 미래를 토론하며 전망하고 대비하는 아주 특별한 시간을 가졌습니다.

중국 고전 『장자莊子』에 보면, 나비 꿈을 꾸었는데 꿈에 내가 나비가 된 것인지, 나비가 내가 된 것인지 모르겠다는 유명한 구절이 나옵니다. 여러분도 잘 아는 '호접몽胡蝶夢'이라는 고사성어입니다.

유구한 역사를 지닌 최고最古의 도시 속에 최첨단 인터넷이 어우러진 가운데서 지금 나도 내가 인터넷에 빠져 있는지, 인터넷이 나를 품고 있는지 '인터넷 꿈互联网夢'을 꾸고 있는 것 같습니다. 여기에 계신 모든 분도 나와 유사한 경험을 했으리라 생각합니다.

잠깐 회상하자면, 나는 국회의원 임기 20년 중 10년 이상을 과학기술정보통신 분야를 담당하는 상임위원회에서 활동했습니다. 나는 이 위원회의 상임위원장을 지냈고, 국회의장도 역임했습니다. 나는 IT 황무지에서 출발한 한국이 디지털 인터넷 강국이 되는 결정적 시기에 한국 국회에 몸을 담고 이 분야에서 역할을 함께했다는 사실에 무한한 자부심을 느낍니다. 지금도 여전히 문명사적 전환기로서의 인터넷 혁명에 깊은 관심을 갖고, 사이버 공간에서의 자유와 창의 그리고 책임을 강조하고 있습니다.

인터넷, 인류 발전·세계 평화에 기여… 호모 모빌리언스 등장

우리는 인터넷이 '공유, 개방, 참여'라는 소중한 가치를 계속 확장하면서 인류 발전에 긍정적 기여를 해왔다는 사실을 확인했습니다. 또한 우리는 인터넷이 마치 살아 있는 생물처럼 끊임없이 자기 진화를 거듭하고 있다는 사실도 실감했습니다.

1990년대는 PC통신, 2000년대는 월드와이드웹www, 2010년대는 모바일, 그리고 2020년대는 사물들 간의 초연결 시대로 인터넷은 계속 진화하고 있습니다.

이러한 변화의 기저에는 하드웨어, 소프트웨어, 네트워크의 물리적 발전은 물론, 공유와 개방 그리고 집단지성이라는 인터넷의 가치들이 우리의 일상생활을 더욱 풍요롭고 편리하게 바꾸어나가고 있는 것입니다.

초고속 인터넷망과 무선 인터넷이 전 지구적으로 확산되는 가운데 웨어러블wearable 컴퓨터가 등장하고, 가상현실까지 즐기고 있는 것이 현주소입니다.

인터넷으로 세상은 넓어지고, 세계는 또 좁아졌습니다. 현재 인터넷은 개인의 모바일 속에 들어가 있습니다. 스마트폰은 인류의 생활을 혁명적으로 바꿔놓고 있습니다.

스마트폰만 있으면 못할 것이 없습니다. 신문, TV, 출판, 쇼핑, 금융, 게임은 물론 보건·의료 사업과 정보 소통, 그리고 엔터테인먼트가 언제 어디서나 가능합니다.

손오공의 여의봉보다 더 강력하고, 알라딘의 요술램프보다 더 다양합니다. 삼장법사가 헤쳐나간 그 험한 서역天竺 길도 인터넷 디바이스만 있으면 고난과 역경을 쉽게 넘을 수 있는 시대인 것입니다.

거의 전 인류가 이제 '호모 모빌리언스'의 생활을 자연스럽게 받아들이고 있습니다. 인간과 시간, 공간이 인터넷을 통해 하나의 세계로 연결되는 천지인天地人의 초연결사회로 융합되고 있습니다.

그래서 '디지털 노마드'라 할 수 있는 '호모 모빌리언스'는 과거의 유목민과 달리 전혀 외롭지 않습니다. 우리가 어디에 있든지 가족과 이웃, 친구 그리고 모든 세상 사람들과도 항상 연결되어 있기 때문입니다.

그리고 이러한 연결은 사람과 사람, 사람과 사물뿐 아니라 사물과 사물 간에도 이루어지고 있습니다. 인간과 비인간의 유기적 복합체 organic collective로 진화하고 있는 것입니다.

TV, 냉장고, 시계, 안경, 책상 등이 전부 디지털 디바이스로 바뀌고 있습니다. 세상의 모든 물건이 디지털 디바이스로 바뀌고 인터넷으로 연결되어 새로운 생명력을 갖게 됩니다.

초연결사회가 구축해낼 '팍스 인터넷피아'
—

불과 2~3년 전까지만 해도 일부 영역에 국한되어 있던 사물인터넷은 이제 빅데이터와 함께 새로운 문명을 여는 길라잡이가 되고 있습니다. 발표자들은 산업혁명, 정보혁명에 이어 초연결 혁명의 시대를 이야기했으며, 어떤 이는 가장 큰 변화와 성장의 역사로 기록될 것이라고 했습니다. 이때쯤이면 인터넷은 단순한 수단에 불과할 것이라는 주장도 있었습니다.

어떻게 명명하든 곧 다가올 시대는 모든 제품과 사물, 시스템이 인터넷을 기반으로 하여 혁명적으로 진화하는 초고도 성장과 변화의 시대라는 데는 이견이 없는 것 같습니다. 변화의 일례로 사물인터넷 시장은 2017년에는 7조 3000억 달러가 될 것이며, 또 2020년에는 인터넷으로 연결된 사물의 개수가 세계 인구의 4배인 260억 개에 이를 것으로 전망합니다. 그러나 미래를 예측한 학자들의 전망이 항상 맞는 것은 아니었습니다. 적어도 IT와 인터넷에 관한 한 예측보다 더 빨리 더 많은 성과가 나타났기 때문입니다.

얼마 전 끝난 베이징 APEC 정상회의 선언문에서도 인터넷 경제를 촉진하기 위한 협력을 지지하며 특히 사물인터넷의 잠재력을 촉진하여 경제 발전에 기여하고자 한다고 밝힌 바 있습니다.

또 주요 국가들은 빅데이터로 촉발될 데이터 주도 혁신data-driven innovation을 강조하고 있습니다.

인터넷의 진화는 정말 무서울 만큼 빠르고 대담합니다. 인류 사회는 지금까지 경험하지 못한 새로운 사회문화적 혁신을 요구받고 있습니다. 사회구조, 산업구조, 권력구조, 인간의 삶과 문화, 세계 관계와 무역 등 인류 문명이 송두리째 바뀌어가고 있습니다.

코페르니쿠스의 지동설만큼이나 충격적이고 광범위합니다. 다만 지금의 인류는 이것을 주체적이고 능동적으로 이끌어갈 역량과 지혜를 가졌다는 점에서 중세사회와 구별됩니다.

초연결사회는 세계 각국의 긴밀도와 의존도를 더욱 높여주고 궁극적으로 '하나 되는 세계'를 지향하면서 세계 평화에 기여할 수 있을 것입니다. 나는 이것을 '팍스 인터넷피아'라 부르고 싶습니다.

'나비꿈'과 같은 세계로 나아가고 있다

G2 국가인 미국과 중국 역시 인터넷으로 연결돼 있고, 한쪽이 어려워지면 다른 한쪽도 곤란해질 수 있다는 점에서 '팍스 인터넷피아'는 상호 의존적이고 평화 지향적입니다.

이제는 온라인과 오프라인이 따로 존재하지 않습니다. 온라인과 오프라인, 가상공간과 현실공간, 디지털과 아날로그, 비트와 아톰이 결합하는 시대입니다. 인류의 꿈과 현실을 동시에 반영해 '호접몽'과 같은 세계로 한 발 한 발 나아가고 있습니다.

인터넷은 21세기적 문명의 상징이며 인류가 향유하는 전 지구적 자원입니다. 중국에서 발명한 종이, 화약, 나침반이 서양으로 건너가 인쇄출판, 지리상의 발견 등 인류의 역사를 진보시킨 것을 잘 알고 있습니다. 그러나 종이, 화약, 나침반이 때로는 사용하는 사람에 따라 희생과 야만성이 뒤따랐다는 역사적 교훈을 우리는 상기해야 합니다.

모바일 인터넷을 이용하는 스마트폰은 초연결사회의 단초이기도 하지만 매우 개인적인 디바이스입니다. 개인은 정보의 생산자이면서 소비자입니다. 하루에 접하는 정보량은 20세기 초 사람들이 평생 접했던 정보량과 비슷하다고 합니다. 또한 유튜브에 올라오는 하루 동안의 동영상은 미국 3대 방송사가 1년 동안 방영한 총 프로그램 수와 맞먹는다고 합니다. 가히 개인 미디어 시대이고 정보의 빅뱅입니다.

현재 인터넷은 긍정적인 측면 못지않게 테러, 범죄, 마약, 해킹, 개인 정보 유출 등 부정적인 측면도 많이 있습니다.

초연결사회에서 개인의 역할과 기능은 전체 네트워크에 긍정적으로 기여할 수도 있는 반면, 이를 무력화시킬 수도 있습니다.

중국의 춘추전국시대는 중국 역사상 가장 혼란기였습니다. 그러나 아이러니하게도 제자백가의 출현으로 가장 도덕적이고 윤리적인 사상들이 쏟아져 나왔던 시대이기도 합니다. 지금도 이 시대의 사상과 가치는 여전히 유효하며 세상의 불을 밝혀주고 있습니다.

자유에는 책임이 따른다, "Don't be Evil"

결론적으로 말씀드리면 인터넷은 초연결사회를 낳았고, 초연결사회는 호모 모빌리언스를 양산했으며, 호모 모빌리언스는 파워풀한 개인의 속성을 농축시켰습니다. 따라서 어떤 시대보다 개인의 높은 도덕성과 윤리가 요구되는 시대인 것입니다.

인터넷은 자유를 먹고 자랍니다. 자유에는 책임이 따르며, 인터넷상에서 자유와 창의를 부당하게 침해받지 않을 권리 역시 중요합니다. 그것이 보안입니다. 자유와 보안은 맞서는 게 아니라 함께 가야 하는 개념입니다. "Don't be Evil(사악해지지 말자)"이라는 어느 인터넷 기업의 구호처럼 모든 기업, 모든 국가, 모든 개인이 함께 지켜야 할

도덕적 자세인 것입니다.

존경하는 내외 귀빈, 토론자 여러분!

마지막으로 나는 여러분에게 한 가지 제안을 드리고자 합니다. 개인들이 높은 도덕성과 윤리의식을 가지지 못한다면, 또 국가나 권력기관 역시 지구적으로 일어나는 이런 초국가적 현상에 슬기롭게 대처하지 못한다면 인터넷은 디지털 붕괴 현상을 초래할지도 모릅니다.

전 인류가 수용할 수 있는 인터넷 규범과 도덕성에 대해 백화제방, 백가쟁명이 가능한 기회를 만들어주기를 희망합니다. 내년에 이 자리에서 이러한 이슈로 집중 토론해도 좋을 것 같습니다. 인류 문명의 마지막 파괴자의 길이 아닌 가장 좋은 문명을 만들어내는 개척자의 길에서 우리 모두 만나도록 합시다.

미래는 미지수로 가득 차 있습니다. 인터넷 환경 또한 언제 어떻게 바뀌고 발전할는지 모릅니다.

문득 당나라의 유명한 시인 두보杜甫의 「춘야희우春夜喜雨」 중 한 구절이 생각납니다.

들길은 구름이 드리워 온통 깜깜한데
강 위에 뜬 배에 불빛 홀로 밝음일지라.
野徑雲俱黑
江船火燭明

앞으로 '월드 인터넷 컨퍼런스'가 IT로 인해 빚어질 문명사적 전환기에 깜깜한 강 위에서 불을 밝히는 한 척의 배 같은 역할을 할 것이라고 기대합니다.

– 2014년 12월 21일 세계인터넷대회 폐막 연설문

Comment
_____

2014년 10월 초 중국에서 세계인터넷대회(WIC) 기조연설 요청이 왔다. 인터넷 분야에서 손을 놓은 지 제법 됐고 규모가 큰 세계 대회라는 데 적잖이 부담이 갔다. 몇 사람과 의논하니 좋은 기회라며 적극 권유해 용기를 냈다.

제1회 대회였는데 개최지는 중국 항저우(杭州) 부근의 유서 깊은 소도시인 우전이었다. 우전 대회의 슬로건은 '공유, 개방, 참여'였다. 사회주의 국가 체제지만 최첨단 산업인 인터넷 분야에서도 공격적으로 보일 만큼 중국의 자신감이 대회장 곳곳에서 느껴졌다. 50여 개국에서 대표단이 참가했고 중국의 유명 인터넷·IT 기업은 모두 망라되었다. 국빈급 예우를 받으며 흥미롭게 참관하고 마지막 날 폐막 연설 겸 총평을 했다. TV 생중계로 시간을 10분으로 제한하는 바람에 준비한 영문 원고를 줄이느라 고생했지만 요지는 전달할 수 있었다.

장소가 중국인지라 연설에서 중국 고전과 역사에 비중을 두어 언급했다. 이 점이 공감을 샀는지 원고 전문을 달라는 각국의 참가자들이 많았다. 대회 기간 중 마윈(马云) 알리바바 그룹 회장과 단독으로 나눈 한 시간 동안의 대화, 리커창(李克强) 총리 주최로 열린 두 시간짜리 간담회도 의미 있고 인상 깊었다.

지금, 여기, 우리에게…
실크로드는 왜 중요한가

'실크로드'란 말을 처음 쓴 이는 독일의 지리학자 리히트호펜 Richthofen(1833~1905)입니다. 그는 지리학이란 관찰 실험의 학문임을 입증해 보인 행동주의자입니다. 리히트호펜은 처음 이 실크로드란 용어를 중앙아시아의 교역로를 가리키는 한정적 의미로 사용했지만 그 범위가 점차 확대되어 지금은 유라시아 대륙을 횡단하고 종단하는 동서 교역로를 총칭하는 말로 쓰이고 있습니다.

앞장서 걷는 사람이 길을 만듭니다. 실크로드 위에는 숱한 선각자와 모험심 강한 탐험가들의 발자국이 찍혀 있습니다.

맨 먼저 떠오르는 이름은 장건張騫(BC ?~BC 114)입니다. 기원전

139년경 한나라 무제의 특명을 받고 서역으로 떠나 생사의 위기를 넘나들며 미지의 땅을 개척한 그는 오늘날 '실크로드'라 일컬어지는 동서 교통로의 기반을 닦고 교류의 물꼬를 튼 '첫 특파 외교사절'이라 할 수 있습니다.

고구려 유민 출신인 당나라 장수 고선지高仙芝(?~755)도 중앙아시아에 뚜렷한 발자취를 남긴 인물입니다. 이 지역을 둘러싼 당과 이슬람 세력의 패권 다툼에서 역사적 분기점이 된 751년 탈라스 전투에서의 패배로 그의 시대는 막을 내리지만, 아이러니하게도 포로로 잡힌 당나라 병사들이 서역에 전한 나침반과 제지 기술, 화약 제조술 등이 유럽으로 건너가는 계기가 됩니다.

신라의 승려 혜초慧超(704~787)는 파도를 헤치며 서역에 갔다가 흙을 밟으며 오늘날의 파키스탄과 아프가니스탄, 이란 동북부까지 고행의 순례를 거듭했습니다. 그가 남긴 실크로드 여행기인 『왕오천축국전』은 둔황의 석굴에서 발견되어 루브르 박물관으로 옮겨져 수많은 관람객의 찬탄을 자아내고 있습니다.

13세기 아시아의 신비롭고 뛰어난 문화를 유럽에 처음 알린 마르코 폴로Marco Polo(1254~1324)는 열일곱 살 때 아버지를 따라 길을 떠납니다. 그러고는 17년간 중국(원元)에 머물다가 24년 만에 귀국해 유럽인들의 동양 인식을 바꾼 유명한 여행기 『동방견문록』을 남깁니다. 그는 육로를 이용해 중국에 갔지만 돌아오는 길은 바닷길을 택했습니다.

세상을 넓히고 세계를 좁힌 선각자들

———

여행기 하면 이븐 바투타Ibn Battuta(1304~1368)를 빼놓을 수 없습니다. 사반세기에 걸쳐 쉼 없이 이어진 그의 지구촌 대장정은 역사에 길이 남을 위대한 족적입니다. 스물한 살에 처음 길을 떠난 청년은 목숨이 다하는 날까지 수많은 나라와 대륙을 '바람의 구두'를 신은 채 유랑했습니다.

근현대로 건너와서는 핀란드의 언어학자인 람스테트Ramstedt (1873~1950)가 머리를 스칩니다. 몽골어학 및 알타이 비교언어학의 창설자인 람스테트 역시 답사 여행을 통한 치열한 탐험가 정신으로 높은 학문적 성취를 일궈냈습니다. 오랜만에 서가를 뒤져 그의 책 『일곱 차례 동방 여행』을 찾아 다시 읽어보았습니다. 나는 그가 생후 몇 달밖에 안 된 딸과 아내를 동반한 채 건설 중인 시베리아 횡단 열차를 타고 한 달여에 걸쳐 바이칼 호수 앞까지 가서는 그곳에서 다시 우르가(지금의 울란바토르)까지 4박 5일을 걷거나 말을 타고 도착하는 드라마틱한 여정을 읽으며 놀라움을 금치 못했습니다. 또 그곳에서 첫 겨울을 보낸 그가 성홍열에 걸린 딸을 핀란드로 보내 치료하기 위해 다시 이르쿠츠크에 도착하고, 딸과 아내를 열차에 태워 보낸 다음 혼자서 몽골로 돌아오는 대목에선 그의 정신력과 미친 듯한 탐구열에 그만 할 말을 잊고 말았습니다. 람스테트는 영하 40도를 넘나드는 혹한을 견디며 문둥이 마을과 성병에 시달리는 주민들

속에서 날밤을 새우기를 밥 먹듯이 했습니다. 그는 외교관으로 일본에 근무하던 10년 동안 일본 정부의 반대로 한 번도 한국 땅을 밟지 못했는데도 독학으로 외국인이 쓴 최초의 한국어 문법책을 저술하는 등 탁월한 업적을 남겼습니다.

실크로드는 비단길인 동시에 가시밭길이었습니다. 그 길 위에는 수많은 선각자의 꿈과 낭만, 땀과 눈물, 열정과 의지가 아로새겨져 있습니다. 이런 사람들에 의해 세상이 넓어지고 세계가 좁아집니다.

모든 문물이 그 길을 통해 오고 갔다

실크로드를 통한 교역의 확대는 동서 문화 교류로 이어졌습니다. 인간이 옮기고 전파할 수 있는 모든 것이 실크로드를 통해 오고 갔습니다. 물질뿐만이 아닌 기술·철학·예술·종교·풍속 등 유·무형의 모든 것을 망라합니다.

1973년 경주 미추왕릉에서 출토된 유리구슬 역시 실크로드와 불가분의 관계를 맺고 있습니다. 이 유리구슬 안에는 미소를 머금은 네 사람의 얼굴이 새겨져 있습니다. 파란 눈, 높은 코, 하얀 피부 등 신라인과는 전혀 다른 이방인의 모습입니다. 신라와의 물물 교류 산물이었을 이 유리구슬의 원산지는 어디였을까요? 영국의 고고학자 제임스 랭턴 박사가 12년간의 탐사 끝에 마침내 밝혀낸 그곳은 인도네시아 동자바 섬이었습니다. 5~6세기 무렵, 이미 신라는 그 먼 곳과 물자 교류를 하고 있었던 것입니다.

그뿐인가요? 신라 시대에는 실크로드를 통해 '사랑'도 오고 갔습니다. 이희수 교수가 중심이 되어 번역 초약본을 낸 『쿠쉬나메』가 그 사실을 뒷받침해 줍니다. 페르시아(이란) 왕자(아비틴)가 중국을 거쳐 신라Basilla로 망명해 신라 공주(프라랑)와 결혼, 그 사이에서 태어난 아들이 아버지의 원수를 갚고 나라를 되찾는다는 감동적인 애국 순애보입니다. 이 설화는 한국 고대사, 특히 신라사와 실크로드 문명사 연구에 하나의 단초를 던져주었습니다.

실크로드를 통한 한반도와 중앙아시아의 교류사는 그 본격적인 시작을 7세기 무렵부터로 보고 있습니다. 우즈베키스탄 사마르칸트 인근 아프라시압 궁전 벽화의 '고구려 사신도'나 고대 한국인이 그려진 둔황 벽화 등은 서아시아 및 중앙아시아 지역과의 교류를 증언하는 대표적 사료들입니다. 중국 시안西安의 역사 박물관 수장고에 특별 관리 중인 '신라 사신도'를 어렵게 관람할 기회가 있었습니다. 어찌나 색채가 선명하던지 1300년 전 신라인이 벽화 속에서 튀어나와 내 손을 잡을 것 같은 환상에 젖었던 생각이 납니다.

세계정세의 바로미터, 중앙아시아

중앙아시아는 실크로드의 핵심 경유지답게 다양한 민족들이 역사를 만들어왔습니다. 불교·이슬람교·조로아스터교·민간신앙·유목

문화 등 다층적 문명이 존재하고 있습니다. 그야말로 민족·인종·종교·문물 등이 다채롭게 뒤섞인 거대한 용광로, 인류 문화·문명의 종합 박물관입니다.

찬란한 문화와 역사 전통을 자랑하는 중앙아시아는 그러나 근세로 넘어오면서 외세의 침략을 많이 받았습니다. 국경선이 바뀌고 새로 그어지는 등 내부의 지리적 변화가 일어났습니다. 대표적인 사례가 19세기와 20세기 초에 걸쳐 진행됐던 영국과 러시아, 흔히 '그레이트 게임'이라 부르는 두 제국주의 세력 간의 대결과 경쟁입니다. 두 나라는 100년 가까이 중앙아시아 여러 지역에서 패권을 다투며 땅 따먹기 게임을 벌였습니다. 때로는 제국의 이해타산에 따른 합의를 통해 지도의 국경선이 달라지기도 했습니다.

1991년 소비에트 연방의 해체와 함께 중앙아시아에는 신생 독립국가들이 탄생했습니다. 세계열강들은 이 지역의 지정학적·경제적 중요성에 주목하고 우리보다 훨씬 먼저 적극 중앙아시아에 진출했습니다. 미국은 9·11 테러 이후 이 지역 일부에 군사력 배치를 성사시키며 전략적으로 중점을 두고 있습니다. 중앙아시아에 대한 진한 향수를 갖고 있는 러시아는 '배타적 영향력' 복원을 노리며 미국과 경쟁하고 있습니다. G2 국가로 부상한 중국 역시 중앙아시아를 대외 정책의 최우선 지역 중 하나로 생각합니다. 일본도 경제·외교적 측면에서 중앙아시아 진출을 가속화해왔습니다. 여기에 유럽연합을 비롯해 인도·터키·이란 등 주요 국가들의 움직임도 활발합니다. 이 치열한 헤게모니 쟁탈전은 '뉴 그레이트 게임'이란 별칭으로 불릴 만합니다.

고려인, 사막에 질경이 꽃으로 피다

———

'제2의 중동' '세계 에너지 자원의 마지막 보고'라 불리는 중앙아시아는 미탐사지와 미개발지가 많아 잠재 자원이 그 어느 지역보다도 풍부한 '기회의 땅'입니다. 이런 환경을 반영해 이 지역에선 과거의 실크로드에 도로망과 철로망 그리고 항공망·해상망을 입힌 신新 실크로드가 부활하고 있습니다. 자원 전쟁과 함께 물류 전쟁도 시작되었습니다. 국제사회는 중앙아시아 국가들과 관계 범위를 넓히고 친밀도를 높이기 위해 다각적인 노력을 기울이고 있습니다. 그 결과 중앙아시아를 둘러싸고 수많은 다자 기구들이 탄생했습니다. 우리는 상대적으로 열악하고 빈약했지요. 그래서 실크로드-중앙아시아연구원의 출범은 더욱 반갑고 대견하고 든든합니다.

오늘날 중앙아시아 지역에는 약 35만 명의 한인이 살고 있습니다. '고려인'으로 통칭되는 이들은 '까레이스키'란 러시아어로도 불립니다. 그 역사가 100년을 헤아립니다. 언어적으로는 우리말보다 러시아어가 생활화돼 있지만 민족 정서나 문화적으로는 우리와 같은 뿌리를 갖고 있습니다.

1930년대에 17만 명이 넘는 고려인들이 자신들의 의지와는 무관하게 삶의 터전을 소련 극동 연해주에서 생면부지의 중앙아시아 지역으로 옮겨야 했던 일은 시대적 아픔으로 기록돼야 할 것입니다. 그러나 이들은 좌절하지 않고 새로운 정착지에서 질경이처럼 생존하고 적응해나갔습니다. 지금은 중앙아시아 '스탄' 나라 각국의 발전에도 크게 기여하는 자랑스러운 까레이스키로 인정받고 있습니다.

우리에게 중앙아시아는 새로운 시장과 자원 확보의 중심지로서, 중앙아시아에게 우리는 경제 발전 경험과 투자를 유치할 수 있는 나라로서 매력적인 대상입니다. 우리는 모두 강대국으로부터 역사적 쓰라림을 겪은 나라들입니다. 한국은 제2차 세계대전 이후 가장 가난해 원조를 받던 나라였지만 지금은 우리보다 못사는 나라에 경제·문화적 도움을 주고 있습니다. 중앙아시아와는 다른 어떤 곳보다도 문화적 공감대가 깊고 유구한 전통을 함께해왔습니다. 이 각별한 관계를 살리고 승화시켜 서로가 윈-윈하려면 상대 지역에 대한 장기적이고 체계적인 연구가 무엇보다 중요합니다.

내가 있는 지금 이곳이 네트워크의 중심

그 옛날 낙타와 말을 타고 넘나들었던 중앙아시아의 사막과 초원·산악 지대를 이제는 자전거·오토바이·자동차·기차·비행기 등으로 오고 갑니다. 그러나 그 무엇보다 가장 빠르고 접촉 범위가 무한대인 쌍방향 이동 수단은 인터넷과 스마트폰입니다. IT 유목민, 디지털 노마드가 새로운 실크로드 시대의 주역들인 것입니다.

고대의 실크로드 탐사자들은 그들이 아는 세상을 이 끝에서 저 끝까지 다니며 길을 새로 만들거나 길과 길을 서로 연결했습니다. 그들의 발끝이 가 닿은 유라시아 대륙이 그들에게는 지구 전체였습니다. 길이 없던 곳에 새로 길을 내면 지구는 그만큼 넓어졌습니다. 사막의 모래바람도, 설산의 눈보라도, 강과 바다의 급류와 풍랑도 그들을 막지 못했습니다. 그들은 상업과 기술, 학문과 문화예술을 전파하며 융합을 통한 발전에 기여했습니다. 오늘의 관점에서 보자면 세계를 거미줄처럼 네트워크로 연결해준 셈입니다.

그들의 발길이 닿고 머무는 곳은 곧 문화의 매듭이요 문명의 이음새가 되었습니다. 로마·이스탄불·이스파한·코라산·인디아·사마르칸트·알마티·둔황·칭안·베이징·경주·교토 등 수많은 도시는 실크로드 네트워크의 매듭이었을 뿐 종착지도, 시발점도 아니었습니다. 오늘 우리는 21세기 새로운 차원의 지구적 네트워크로서의 뉴실크로드를 다시 조명합니다. 중심은 고정돼 있지 않습니다. 늘 이동합니다. 내가 있는 지금 이곳이 바로 네트워크의 중심입니다. 시발역이면서 간이역이고 동시에 종착역이기도 합니다.

네트워크 간에 접촉이 활발하고 정보 교류가 많을수록 중심은 더욱 튼튼해질 것입니다. 한국과 중앙아시아는 온·오프라인 모두에서 원활한 접촉과 교류를 얼마든지 확장할 수 있는 훌륭한 조건들을 갖추고 있습니다.

오늘 계명대학교에서 로그인한 이 실크로드 네트워크는 관련국 모두가 중심이고 주인공입니다. 침략과 정복, 전쟁의 시대에 굿바이 메시지를 날립시다. 평화와 공존, 번영으로 가는 21세기형 뉴 실크로드 네트워크의 구축을 위해 손에 손을 잡읍시다.

― 계명대학교 국제학술회의 키노트 스피치, 2014년 10월 30일

Comment
──

계명대학교에서 열린 실크로드 국제 학술회의의 기조연설 요청을 받고 몇 차례 사양하다가 신일희 총장의 강권으로 용기를 냈다. 전문가도 아니어서 고심 끝에 실크로드 역사에 남은 개척자들의 발자취를 소개하면서 한국과 실크로드 국가들의 관계 모색 방안을 제시해보기로 했다. 이 글은 40분 넘는 강연을 대폭 축약 정리한 원고다.

실크로드가 요즘 새롭게 조명되는 이유는 크게 두 가지가 아닌가 싶다. 우선 혼합·복합 문명이며 교류와 소통의 문화인 점, 또 하나는 앞으로도 발전 가능성이 무궁무진한 점이다. 특히 중앙아시아는 우리에게 고려인들의 눈물 어린 애환이 서려 있고 언어·인종적으로도 동질성이 있어 실크로드와 연계해 더 크고 깊은 관계 증진이 필요한 지역이다.

도시의 경쟁력은
어디에 있는가

-부산의 경우를 중심으로-

부산의 랜드마크인 광안대교를 지날 때마다 늘 아쉬운 생각이 든다. 요즘 같은 피서철에 다리가 밀릴 때면 더욱 그렇다. 차 안에선 해운대를 제대로 볼 수 없다. 들어갈 때나 나올 때나 모두 마찬가지다. 진입할 땐 아래층 다리, 나올 땐 위층 다리를 타기 때문이다. 그 바람에 해운대와 광안리의 아름다움을 한눈에 볼 수 있는 다리가 장님 다리가 돼버렸다. 일방통행로인 아래위 층 차량의 진행 방향만 반대로 설계했어도 이렇지는 않았으리라. 탁 트인 풍광, 물결치는 인파를 보며 짜증일랑 차창 밖으로 날려버릴 수 있었는데 말이다.

광안대교 톨게이트를 지나 벡스코BEXCO로 가는 길은 미로가 따로 없다. 초행자라면 내비게이션에 의존해도 길을 헤매기 십상이다. 오죽하면 외국인 관광객을 대상으로 이 구간을 교통법규 위반 없이 빨리 가기 대회라도 열면 어떨까 하는 엉뚱한 생각마저 들었을까. 사정이 이런데도 국내에선 벡스코가 국제 회의장 중 가장 성공한 모델이라니 힘들게 찾아온 그분들께 절하고 싶다. 광안대교와 벡스코, 부산의 상징인 두 건축물이 아무런 연계도 없이 비슷한 시기에 지어졌다는 사실에 놀랄 뿐이다.

경쟁력 있는 도시가 되려면 소프트웨어와 콘텐츠가 받쳐줘야 한다. 세계의 웬만한 도시치고 하드웨어가 그럴듯하지 않은 곳은 없다. 하늘을 찌르는 해운대의 빌딩들이 소프트 파워와 콘텐츠를 갖췄는지, 아니면 광안대교나 거기서 벡스코를 연결하는 도로처럼 난삽한지는 부산 시민이 알 일이다. 크루즈 여행을 예로 들어보자. 부산항을 찾는 크루즈 여행객이 눈에 띄게 늘고 있다. 돈과 시간이 여유로운 사람들이다. 그러나 자갈치시장의 펄떡거리는 생선과 동래 범어사의 범패는 볼거리, 사진 찍기용일 뿐 이들의 지갑을 열게 하지는 못한다. 최소 승선 인원 2000명만 잡아도 버스로 50대건만, 이 버스들이 부산엔 먼지만 날린 채 경주 불국사로 간다면 부산은 항구와 도로, 장소만 제공한 꼴이 된다. 물론 경주라고 사정이 별반 다르지는 않은 것 같다. 우리는 왜 조상이 물려준 자랑스러운 문화유산과 천혜의 자연을 관광상품으로 활용하지 못하는 걸까. 그들이 기꺼이 지갑을 열도록 콘텐츠와 소프트웨어를 개발하지 못한다면 디지털 문명 시대에도 뒤떨어지게 된다.

아침 7시 반, 서울은 이미 러시아워다. 출근자들은 부지런히 빠른 길, 덜 막히는 길을 찾는다. 식사는 거르거나 간편식으로 때운다. 같은 시간, 부산은 어떤가. 이제 막 출근 준비를 하거나 아직도 잠자리에 있지는 않은가. 지난겨울 나는 일행 네 명과 서면·금곡동 로터리, 부산대 입구, 해운대 등 부산의 주요 지점에서 7시 반의 상황을 실측했다. 또 한 사람은 중앙로에서 서면을 거쳐 시청 앞까지 직접 차를 몰고 가보았다. 예상보다 훨씬 심각했다. 거리는 한산했고 불 켜진 가게는 드물었다. 그 시간 서울의 도로는 붐비고, 웬만한 가게는 이미 문을 열고, 사람들은 조찬 회의나 세미나 준비에 바쁘다. 서울은 24시간을 빠듯하게 쓰는데 부산은 느긋하게 사용한다. 서울은 할 일이 많은데 부산은 그렇지 못하다. 경제·사회 구조와 지도자의 무책임만 탓할 것인가. 내가, 우리가 게으른 탓은 없는가. 그래서 나는 죽는 도시와 사는 도시의 기준을 아침 7시 반에 두고 있다. 그 시각 시민들의 위치가 그 도시의 현재와 미래를 증언한다.

부산은 국제도시로 태어났다. 맨 먼저 외국에 문을 열었다. 일본 군도, 통신사도, 선교사도, 피난민도, 유엔군도, 유학생도, 밀항자도 부산을 통해 들어오고 나갔다. 나라를 살리기도, 위기에 몰기도 했다. 가장 개방적이면서 또 포용적인 도시였다. 1960~70년대엔 이 나라 산업과 수출, 문화의 중추 역할을 했다. 전국에서 땅값이 제일 비싼 곳이 광복동이었다. 그러나 1980년대 이후 정부 규제로 성장이 주춤하더니 1990년대부터 본격적인 정체와 침체를 계속했다. 부산 인근 도시인 김해·창원·양산·울산의 베드타운으로 전락했으며 인구는 해마다 줄고 있다. 교육마저 '서울 빨대'에 빨려들어 가 청년들의 부산 이탈이 가속화되고 있다. 중국의 부상으로 서해안 시대가 오자 부산은 더욱 소외되고 불이익을 받았다. 부산은 희망이 없는 도시인가.

부산의 미래는 지정학적 관점에서 찾아야 한다. 동해권이 새로운 국제 항로의 중심으로 떠올랐다. 남북한·일본·중국·러시아(몽골)가 북극항로 개설 등을 염두에 두고 항구를 확충하거나 새 도시를 만들고 있다. 이 환동해권環東海圈 시대를 주도할 '국제도시 부산'이 그 답이다. 환동해권 6개국 중 최대 도시인 부산은 여기에 승부를 걸고 미래를 열어가야 한다. 그러나 지금처럼 안이하고 나태해서는 이 절호의 기회를 놓쳐버리고 만다. 다른 나라 다른 도시들이 잠자는 부산을 앞지르려 한다. 민관학산民官學産이 결합된 연구소 설립과 부족한 소프트웨어·콘텐츠 개발이 시급하다. 지금 10억 원을 투자한다면 5년 후 1000억 원, 10년 후 1조 원, 20년 후 100조 원의 가치를 낼 것이다. 정부만 믿고 있다가는 또 시기를 놓친다. 동북아 및 환동해권 심장부인 부산의 장점을 한껏 살려야 한다. 키워드는 바로 인구와 항구와 공항이다.

동남권 신공항을 두고 밀양이냐 가덕도냐 하는 어처구니없는 싸움이 아직도 계속되고 있다. 대구·경북·경남·울산의 밀양 편들기로 부산은 외톨이나 다름없다. 합리적 결정을 기대할 수 없는 표의 논리에 부산이 말려든 것이다. 이런 수준의 논의라면 동북아 제2 허브 공항은 애초에 기대할 것도 없다. 새로운 시대를 맞이할 철학도, 비전도 없다는 반증이기도 하다. 동북아 최대의 항구와 환동해권 최대의 공항이 한 지역에 있게 된다면 그 시너지 효과는 상상을 초월한다. 그곳이 바로 부산이다. 환동해권 시대, 북극항로 시대, 21세기 동북아 시대에 국제도시 부산의 위상과 역할이 분명하게 드러나는 순간이다.

여기에 한일 해저터널이 더해진다면 금상첨화다. 해저터널이 한일 양국, 특히 부산이 중심인 경상도 일원과 후쿠오카가 주축인 큐슈 일대의 정치·경제·산업·문화에 미칠 영향은 참으로 엄청날 것이다. 항구·공항·해저터널의 3대 프로젝트가 가덕도를 중심으로 이뤄질 때 부산은 동북아의 허브로, 환동해권의 리더로 새롭게 거듭날 것이다. 부산은 가장 경쟁력 있는 '미래 도시'다.

— 〈부산일보〉, 2015년 8월 7일

Comment

지역구를 가진 국회의원과 지방 도시의 행정 책임자들은 대부분 주민들에게 이런 포부를 역설한다. "우리 시(군)의 인구를 늘리겠다." "예산을 많이 가져오겠다." "혐오·기피 시설은 절대 못 오게 하겠다." 주민들도 이런 말에 박수를 보낸다.

나는 그때마다 이들 발언에 초를 치는 입바른 소리를 한다. 나라 인구는 점차 주는데

이 지역 인구는 어떻게 늘리나. 아프리카에서 인구를 수입한단 말인가, 이웃한 시나 군에서 강제로 이주시킨단 말인가. 세금은 올리지 않으면서 나라 예산은 펑펑 쓰겠다 하면 그 돈은 누가 대주나….

지방자치의 역작용, 그늘들을 이곳저곳에서 보게 된다. 정치를 쉽게 하려는 사람들에 의한 포퓰리즘과 선동 정치가 그 주범이다.

언제부턴가 지방이 서울만 쳐다보고 있다. 방향을 틀어야 한다. 부산의 경우라면 그 눈을 남쪽으로, 바다로 돌려야 한다. 환동해권 국가 도시들의 '빨대'가 돼야 한다. 꿈을 잃어가고 있는 부산 시민에게 21세기형 부산, 글로벌 시티로서의 부산, 그 비전을 제시하려고 쓴 칼럼이다.

사람이 사람에게:
편지로 생각과
마음을 전하다

일러두기
여기에는 편지 형식으로 쓴 글들을 모았다. 기고
당시 평어체로 썼던 일부 칼럼은 경어체로 바꾸어
실었다.

새누리당 지도부에게 주는 고언

정치에 입문한 뒤로 줄곧 새누리당(당명은 몇 번 바뀜)에만 있어왔던 사람입니다. 지금은 여의도를 완전히 떠났지만 몸담았던 당이 좀 더 잘되었으면 하는 충정에서 몇 자 적으려 합니다. 편의상 당대표와 지도부를 수신인으로 했지만 투표권을 가진 우리 국민과 나누고 싶은 이야기이기도 합니다.

　선거가 코앞이고 공천이 임박했건만 안타깝게도 지금 새누리당 지도부는 연일 계파 싸움, 계보 이익 챙기기에만 혈안이 돼 있습니다. 국민은 안중에도 없는 듯합니다. 당원들 사기 떨어지는 소리가 안 들리나요. 야당의 분열로 반사이익·어부지리를 얻게 됐다며 좋아하기 전에 내부의 견토지쟁犬兎之爭을 보십시오. 이렇게나 안일한 모습, 방만한 자세로 과연 얼마 남지 않은 선거에서 좋은 결과를 낼 수 있을까요. 야당도 지금은 새 인물 영입에 사활을 걸고 전열 정비에 안간힘을 쏟고 있습니다. 여당도 국민을 상대로 희망의 청사진을 내놓고 비교우위 인물론으로 맞서야 할 때가 아닌가요.

당대표와 대통령의 원만치 못한 관계도 많은 국민이 걱정하고 있습니다. 대통령과 집권당 대표가 잘 만나지도 않고, 대화 채널도 없고, 진지한 의견 교환도 못 한다면 정치가 원활하게 돌아갈 수 없습니다.

상향식 공천, 전략 공천, 대폭 물갈이의 함정

무슨 거사라도 도모하듯 "선거만 끝나 봐라!"며 벼르는 일부의 움직임도 좋게 보이지 않습니다. 총선 뒤에 재편될 힘의 역전이나 세력 균형을 노린 일종의 전략인가요? 하지만 신뢰 관계가 없으면 세력 변화가 온다 해도 정국은 계속 꼬일 것입니다. 정치는 후퇴하고 국민은 불안해할 것입니다. 이런 내부 갈등, 적전 분열로 집권당이 정권을 빼앗긴 예는 여러분도 잘 알고 있지 않은가요. 하루빨리 그런 미망에서 깨어나지 않으면 자칫 소도 닭도 다 잃거나 놓칠 수 있습니다.

'권력자' 발언도 그렇지만, 이른바 '치고 빠지기' 전략도 당혹스럽습

246

니다. 이미지 손상은 물론 당 안팎의 공격에 점점 더 노출되는 결과만 가져왔습니다. 그런데도 우군이 될 수 없거나 되기 어려운 곳에서 우군을 찾고 있으니 힘만 들고 성과는 안 보일 수밖에요. 아군끼리 싸워 적군 이로울 일만 하지 말고 우군이 있는 곳, 우군으로 만들 수 있는 곳으로 뛰쳐나가야 합니다. 그곳은 어디일까요? 바로 '국민'입니다. 바라건대 국민을 향한 정치, 오로지 국민만을 생각하며 행동하는 정치를 펼치십시오. 이때껏 국민을 위한 정치를 해왔는데 무슨 헛소리냐고 하면 더는 할 말이 없습니다. 어떤 충언과 고언도 다 헛소리로 들릴 테니까요.

당내 상황이 어지럽고 시끄럽습니다. 분란과 잡음과 분쟁의 격한 소용돌이에 휘말려 있습니다. 빨리 탈출하지 않으면 당도, 이 나라 정치도 모두 표류하고 말 것입니다. 표류의 끝은 난파이고 침몰입니다. 그런데도 지도부가 계파 이익 챙기기만 하고 있으니 보기 민망합니다. 지엽적인 사안을 놓고 다투거나 일희일비할 때가 아닙니다. 시각을 넓히십시오. 정당 개혁과 국회 개혁 모두 한시가 급합니다. 지도자라면 큰 틀에서 방향을 제시하고 잘못된 것은 단호히 시정을 요구해야 합니다. 그러면 여론도 힘을 실어줄 것입니다.

상향식 공천과 전략 공천을 둘러싼 갈등과 분열 또한 가슴을 답답하게 합니다. 물론 전략 공천이란 이름 아래 자행되는 비민주적 밀실 공천은 당연히 추방해야 합니다. 그러나 지금과 같은 엉성하고 어정쩡한 상향식 공천 제도를 두고 '민주주의의 완성'이니 '국민에게 공천권을 돌려줬다'느니 하는 것은 아무리 정치적 수사라지만 좀 지나칩니다. 본래의 취지와는 달리 새로운 정치 재목의 공정하고 투명한 등용을 막는 장벽이 될 위험성이 다분하니까요. 지도부 스스로도 "19대 국회가 최악"이란 말을 하지 않았나요? 만약 지금 추진 중인 상향식 공천 제도가 그대로 실행된다면 '최악의 국회'에서 활동한 현역 의원들이 요식 절차만 거친 채 고스란히 공천을 받아 국회로 재진입할 확률이 껑충 높아집니다.

물론 선거 때마다 불거지는 맹목적 물갈이 주장에는 나 역시 반대합니다. 기존 국회의원 중에도 악화惡貨와 양화良貨가 있듯이, 새내기라 해서 무조건 받아들여야 할 인재는 아니니까요. 선거 때마다 50% 넘는 국회의원이 교체되는 나라는 선진 민주 국가에선 찾기 힘듭니다. 유독 우리나라에서만 매번 대폭 물갈이가 되풀이되지만 정치가 좋아졌다는 말은 듣지 못했습니다. 지금처럼 엉성한 '상향식'을 고집한다면 자칫 '한 번 국회의원은 영원한 국회의원'이 될 수 있습니다. 이 점에 유념해 끊임없는 제도 개혁을 해나가야 합니다.

지금은 '퍼스트 펭귄 리더십'이 필요한 시대

국민에게 감동을 선사할 때 살맛 나는 정치가 탄생합니다. '험지 출마론'도 그런 건데, 안대희·오세훈 씨를 험지로 보내려다 뜻대로 되지 않았습니다. 나는 당대표가 왜 '호랑이굴 출마 1호'를 자청하지 않았는지, 평소 대표의 성격에 비추어 의아했고 이해하기 어려웠습니다. 국회의원 한 번 더 하고 그만둘 사람인지, 대권을 염두에 둔 사람인지 진짜 헷갈렸습니다. 찬 바다에 가장 먼저 몸을 던져 수천 무리의 생명을 이끄는 '퍼스트 펭귄'의 자세가 지금 우리 정당 지도자들에게 무엇보다도 필요합니다. 무리를 이끄는 데 뒤에서 호령하기보다는 찬 바다에 먼저 뛰어드는 용기가 바로 이 시대의 리더십입니다.

언제부턴가 우리 정치권에서 립 서비스가 심해졌습니다. 포용·개방·자기희생도 말로만 하는 것이 돼버렸습니다. 기득권에 집착하고 진영논리에 빠져 있으면 생명력이 유지되다 보니 점점 더 정치가 답답해지고 신뢰를 잃어가고 있습니다. 큰 정치인, 담대한 지도자를 목마르게 기다리는 이유가 여기에 있습니다. 나라가 위기일수록 포용과 개방과 자기희생의 정치인이 그리워집니다.

여러분도 잘 아는 사례를 하나 들면서 글을 마치려고 합니다. 1988년 13대 총선 때입니다. 그 몇 달 전 대통령 선거에서 민정당 노태우 당선자에 이어 민주당 김영삼 후보가 2위, 평민당 김대중 후보가 3위를 했습니다. 야당 분열이 가장 큰 패인이었는데, 3위를 한 김대중 후보 쪽으로 귀책 사유가 좀 더 많이 기울었지요. 그 분위기로 치러진 4월 총선에서 3당은 다시 격돌합니다. YS는 자기 지역구인 부산 서구에 출마했고, DJ는 배수진을 치듯 전국구 거의 끝 번호를 달았습니다. 두 사람은 선거를 진두지휘하며 전국을 누볐지만 지역구에서 쉬운 선거로 당선이 보장된 후보와 지역구가 없는 사람은 각오와 자세가 다를 수밖에 없었습니다. 결과는 어땠나요. 평민당이 제2당으로 국회에 진출했습니다. 자기를 던지고 버리고 죽일 때 진정한 승리를 얻게 되는 것입니다.

'3김 시대' 이후 전국을 다니며 지지를 호소하고 또 실제로 득표율을 끌어올릴 수 있는 인물은 사실상 박근혜 대표(후보)가 그 마지막 모델이었습니다. 그러나 자신을 제물로 삼아 감동을 주는 정치인이 나타난다면 격전지 득표에도 어느 정도는 도움을 줄 수 있을 것입니다. 자기희생을 솔선수범하는 지도자에게 국민이 뜨거운 박수갈채로 화답하는 것은 예나 지금이나 변함없는 정치 진리니까요. 그런 지도자의 등장을 염원하고 갈망하는 사람이 나 혼자만은 아닐 거라고 믿으며 펜을 내려놓습니다.

– www.hyongo.com, 2016년 1월 31일

Comment
──────────────────────────────

이 편지는 2016년 1월 마지막 날 첫 새벽에 써서 그날 내 블로그에 올렸다. 원래는 김무성 새누리당 대표를 수신인으로 했지만 여기서는 내용을 축약하며 새누리당 지도부로 수신인을 바꿨다. 나로선 한국 정치가 정도(正道)를 밟아나가 업그레이드돼야 한다는 절박감에서 쓴 글이다. 제1야당의 분당과 여당의 집안싸움은 선거를 앞둔 한국 정당의 익숙한 모습이지만 이번엔 좀 심한 것 같다. 명분과 사명보다는 대놓고 계파 싸움을 하고 계보 이익을 챙기니 국민의 실망이 크다. 이건 집권당도 여당의 모

습도 아니다. 유리한 싸움에서 이기지 못했을 때 치러야 했던 패배감과 정치적 후유증, 이로 인한 사회적·경제적 비용을 결국 국민이 감당해야 했던 경험도 이 글쓰기를 부추겼다.

반향은 컸다. 블로그를 인용한 수십 꼭지의 기사와 사설·칼럼이 나오고 수백 개의 댓글이 달렸다. SNS를 통해서도 폭넓게 전파되었다. 새누리당 내부에서도 파장이 일었다. 거리에서 우체통을 보기 힘든 시대가 됐지만, 마음과 생각을 전하기엔 아직도 편지만 한 매체가 없는 것 같다. 성숙한 국민들이 있다는 사실에 안도하며 정치에 대한 마지막 기대를 남겨둔다.

쾌도난마,
민주의 대도를 개척한 삶이여!

단풍잎 같은 별들이 반짝이던 가을 새벽, 크고 빛나는 별 하나가 지상에서 하늘로 올라갔습니다. 거산巨山 김영삼, 공식석상에서 '각하'로 불린 마지막 대통령이신 님께서는 재임 중 권위주의 정치군사 문화를 청소하기 위해 전력을 쏟았습니다. 님의 서거 소식은 저에게 거대한 역사의 한 페이지가 활짝 펼쳐졌다 장엄하게 넘겨지는 소리로 들려왔습니다. 님은 통행금지 해제를 알리는 새벽의 사이렌 소리 같은 삶을 살다 갔습니다. 어둠을 걷어내려 온몸을 던지고 부딪치며 달려나간 삶이었습니다. 김대중 전 대통령과 필생의 정치적 동지 겸 경쟁자로서 때론 협력하고 때론 대립하며 쌍두마차처럼 이끌었던

'양김兩金 시대'가 그렇게 저물었습니다.

새 길을 내고 큰 문을 열며 걸어간 대도와 정도

바람 잘 날 없던 파란과 곡절의 한국 현대사, 그 격랑과 격동의 소용돌이를 맨 앞에서 온몸으로 헤쳐나가며 자유민주주의 국가 건설에 굵직하고도 뚜렷한 발자취를 남겼습니다. 길 없는 곳에 새 길을 내고 문 없는 곳에 큰 문을 열며 대도大道와 정도正道를 걸었습니다. 민주화의 고지를 기필코 넘어서 정상에 깃발을 꽂았습니다.

정치 이력은 빛나고 화려했습니다. 최연소(만 25세)·최다선(9선) 국회의원을 지내고 소년기부터 품었던 대통령의 꿈까지 이루었습니다. 다섯 번의 원내대표(원내총무), 위기 때마다 맡았던 당 총재·대표 등 임명직이 아닌 선출직으로 공직을 일관했습니다. 그만큼 능력과 돌파력이 뛰어났고, 당내 선후배 사이에 신망이 두터웠던 것입니다. 그러나 정치 역정은 고난과 시련과 박해의 연속이었습니다. 수감, 가택연금, 초산 테러, 헌정 사상 유일한 국회의원직 제명, 목숨을 걸고 벌인 (23일간의) 기록적인 단식 투쟁···. 하지만 몸은 가두어도 양심과 정의, 민주주의를 향한 집념과 열망은 결코 가둘 수 없었습니다. 국민이 즐겨 부르던 YS라는 애칭에 종종 e자를 넣어 "YeS YS!"라고 저 혼자 불러보곤 했습니다. 긍정과 낙관의 힘으로 그 모든 역경과 난관을 돌파했기 때문입니다. 그렇습니다. YS라면 해낼 수 있었습니다!

작은 이익을 탐해 큰 것을 버리는(소탐대실) 일이 없었던 님이야말로 진정 대현약우大賢若愚의 표본이었습니다. 그래서 많은 사람이 믿고 따랐습니다. 역사의 매듭을 짓거나 풀어야 할 고비 고비마다 희생적 결단으로 새 길을 내고, 또 앞장서 열어나갔습니다. 자유당 정부의 장기 집권 획책에 맞서 편한 여당을 버리고 스스로 야당의 길을 찾았습니다. '잠시 살기 위해 영원히 죽는 길'을 단연코 거부했습니다. 서슬 퍼렇던 유신 정권과 신군부 독재 시대에도 옳다고 믿으면 기꺼이 가시밭길을 택했습니다. '닭의 목을 비틀어도 새벽은 온다'는 신념을 대못처럼 국민의 가슴에 각인시켰습니다.

한국병에 메스 들이댄 리더십, 그립습니다

호랑이를 잡기 위해 호랑이굴로 뛰어들기를 망설이지 않았습니다. 대의를 이루기 위한 넓은 포용력을 보여주었습니다. 군정軍政 종식을 위해 평생의 라이벌이었던 김대중(DJ)과 손을 잡고 민추협을 결성, 야당(신민당) 돌풍을 일으켰습니다. '구국의 결단'으로 '3당 합당'을 감행, 이념의 스펙트럼을 넓히면서 여소야대를 한순간에 뒤집었습니다. 결국 호랑이(대권)도 잡았습니다. 통 큰 결단과 그로 인한 역사적 반전은 누구도 따라 하기 힘든 배짱과 신념이 있었기에 가능했던 일입니다. 그래서 생기는 숱한 비판과 오해도 아랑곳하지 않았습니다. 과단성의 승부사였습니다. 마지막 순간에도 시대를 꿰뚫고 역사를 직관하는 승부사적 기질을 유감없이 발휘해 님에 대한 세상의 평가를 한순간에 역전시켰습니다. 화합과 통합이 절실할 때마다 님의 리더십, 그 의미와 가치를 되새겨보곤 합니다. 님은 또 "건강은 빌릴 수 없지만 머리는 빌릴 수 있다"며 '인사가 만사'임을 강조했습니다.

32년 군정에 마침표를 찍고 출범시킨 최초의 문민정부, 공직자 재산 공개, 한국 경제의 체질을 바꾼 전격적 금융실명제 도입, 하룻밤 사이 '별' 50개를 떨어뜨린 하나회 척결, 두 전직 대통령을 단죄한 역사 바로 세우기…. 개혁을 향해 거침없는 발길을 내디딘 쾌도난마의 지도자였습니다. 권위주의 시대가 악화시킨 '한국병病'의 환부에 과감하게 메스를 들이댔습니다. 대통령이 된 뒤에도 권위와는 거리가 멀어 오히려 그 권위가 아름답게 빛난 분이었습니다.

사적이든 공적이든 한 번 한 약속은 반드시 지키는 철저한 사람이었습니다. 한때 줄담배를 하시던 모습을 먼발치에서 보고 은근히 걱정했는데 금연 선언을 한 뒤로는 담배를 한 개비도 입에 물지 않았습니다. 대통령 취임과 동시에 공언한 "떡값은 물론 찻값도 일절 받지 않겠다"던 다짐도 재임 기간 내내 실천했습니다. 청와대 식단엔 설렁탕과 칼국수만 차리겠다던 약속 또한 끝까지 칼같이 지켰습니다. 청와대 영빈관에 김치·멸치 냄새가 배어 카펫 청소를 자주 해야 했지만 말입니다. 서민적이고 소탈하면서도 마음이 따뜻했습니다. 본향인 거제도는 말할 것도 없지만 제2의 고향인 상도동 이웃들과 조깅·배드민턴을 함께 하며 포장마차 따끈한 국물로 스스럼없이 어

울렸습니다. YS가 즐겨 찾은 전국 각지의 식당과 포장마차, 재래시장이 이제 추억의 명소로 떠오르고 있습니다. 주머니와 지갑은 잠시 돈이 머물다 가는 '정거장'이었습니다. 가난한 야당 동지들에게 '(돈이) 생기는 대로' 베풀었기 때문입니다. 생전에 님은 기거할 집 한 채만 남기고 전 재산을 기부하는 무소유의 전범을 보였습니다.

사랑하며, 싸우며 끝까지 국회를 지킨 의회주의자

저에게는 학연(경남중·고, 서울대)을 떠나 정치적 대선배님이셨고 '기댈 언덕'이었습니다. 민자당 대표 시절, 전혀 준비 안 된 40대 백면서생에게 하루아침에 원외 지구당위원장을 맡겨 삭막한 정치의 세상에 뛰어들게 했습니다. 당시 강영훈 총리의 천거였다는 말을 나중에 들었지만, 한 번도 본 적 없는 저를 과감히(?) 기용했습니다. 2년간의 원외 활동 후에 14대 총선(1992년)에 뛰어든 정치 신인이었던 저에게 자정 무렵이면 전화를 걸어 선거운동을 독려하고 응원하시던 기억이 새롭습니다. 역사 바로 세우기의 일환으로 '조선총독부 건물'을 철거하실 때 끝까지 반대한 이 새까만 후배에게 직접 야단 한마디 없었습니다.

 님이 떠나시던 날, 서울 하늘엔 첫눈이 내렸습니다. 두꺼운 외투로도 막기 힘든 한파가 찾아왔습니다. 그러나 진정한 의회주의자의 마지막 등원을 지켜보는 우리 가슴은 마냥 뜨거웠습니다. 국회를 통해 지도자의 길로 나선 님께선 누구보다도 국회를 사랑하고 국회 안에서 싸우며 끝까지 국회를 지키려 했습니다. 제헌국회 정신을 살려 민의의 대변 기관인 국회를 중시하고 다수당으로 만들기 위해 각별한 노력을 기울였습니다. 촌철살인의 말과 행동, 숱한 일화도 국회 활동과 관련된 것이 대부분입니다. 그렇게 님을 떠나보내던 날, 눈썹에 내려앉은 첫눈은 눈물이 되어 흘러내렸습니다.

님께서 바로 세우려던 이 나라 민주주의가 아직도 흑백논리·진영 싸움·지역감정의 장막을 걷어내지 못하고 있습니다. 21세기 대한민국에 선진 민주주의가 꽃피는 모습을 하늘나라에서 지켜보고 있다는 사실을 잊지 말아야 하겠습니다. 그토록 애타게 염원해온 통일 조국이 멀지 않은 이때에 영면하셔서 안타까운 마음 더욱 크고 깊기만 합니다. 거산이시여, 민주화와 개혁의 횃불, 큰 산의 '큰 바위 얼굴'이시여! 국가와 민족을 위해 간절히 기도하던 수고도 이제 내려놓으십시오. 하늘나라에서 편히 쉬십시오. 삼가 명복을 빕니다.

－〈한국경제신문〉, 2015년 11월 22일(YS 추도사)

Comment

'김영삼'보다는 우리에게 'YS'가 훨씬 더 친근한 그분이 가셨다. 한 시대를 마감하는 북소리를 크게 울렸다. 한국 민주화에 지울 수 없는 업적을 남기고 떠나셨다. 조카 결혼식 때문에 부산 내려가던 길에 조사를 부탁하는 급한 연락을 받았다. 이 추도사는 서울 올라가는 기차간에서 탄생했다(뒷부분 일부는 동창회보용으로 추가 보완했다).

YS에게 꼬리표처럼 따라다니는 IMF 부분은 고민 끝에 빼기로 했다. 넣더라도 조사의 성격상 한두 마디에 불과할 텐데 가시는 분을 편하게 해드려야겠다고 마음먹었다.

YS 서거를 보며 나는 두 가지 현상에 주목했다. 거의 모든 언론이 대서특필했다. 그것도 좋은 면으로만. 가신 분에 대한 예우와 배려겠지만 이제 우리 사회도 성숙하고 여유를 찾아가는구나 하고 희망을 품었다. 우리는 역사와 인물에 대해 칭찬엔 인색한 반면 비난엔 과감하지 않았던가. 인간에겐 누구나 약점이 있다. 약점만 보지 말고 장점도 많이 부각해야 균형 잡힌 시각이 생기고 사회가 발전한다.

국회에서 열린 장례식 날은, 역시나 눈도 펑펑 내리고 몹시 추웠다. 떠나시는 날까지 조용히 가시기 싫으셨나 보다.

말 잔등의 '등에' 같은
사람을 보내며

"가야 할 때가 언제인가를 분명히 알고 가는 이의 뒷모습은 얼마나 아름다운가"(이형기 시인의 「낙화」에서). 손학규 새정치민주연합 상임고문이 보궐선거 다음 날 정계 은퇴를 선언했습니다. 선거 결과에 깨끗이 승복하며 아름다운 뒷모습을 보였습니다. '저녁이 있는 삶'으로 돌아갔습니다. 신선한 충격이고 감동이지만 왠지 허전합니다.

14대 국회 때입니다. 총선 이듬해(1993년) 치러진 보궐선거로 국회에 들어온 그는 신언서판身言書判을 두루 갖춘 에이스 중의 에이스였습니다. 어느 날 같은 당 초선 의원인 나를 찾아와 자문한 적도 있었습니다. 동갑이지만 국회 '1년 선배'이고 '국정감사 스타'가 됐던 나에게 이런저런 궁금한 점들을 물으며 경청하던 모습이 눈에 선합니다. 그는 언제나 진지하고 가식이 없었습니다. 장관과 지사를 지내면서 국민 기대주가 됐고, 언론인이 보는 대통령감으로 선두를 놓치지 않았습니다.

지금도 안타까운 건 2007년 한나라당 탈당입니다. 대선주자였던 그가 당을 뛰쳐나갈 거란 기류를 읽고 직접 만류하려 했지만 이미 엎질러진 물이었습니다. 그때는 타이밍이 안 좋았습니다. 조금 일찍 혹은 더 늦게 나갔더라면, 아니 그대로 당에 남았더라면 그 이후 많은 것들이 달라졌을 것입니다. 탈당은 그의 정치 인생에서 평생 짊어져야 할 멍에가 됐습니다.

두 번의 대선 후보 기회도 마지막 고비를 못 넘겼습니다. 18대 국회 진입에도 실패했습니다. 당적을 옮긴 게 죄였습니다. 그는 국민 속으로 걸어 들어가 '100일 민심 대장정'에 나섰습니다. 수해 복구에 팔을 걷어붙였고, 탄광에서 석탄 가루를 뒤집어썼습니다. 한동안 춘천에서 토종닭을 기르며 성찰의 시간을 보내기도 했습니다. 이런 그를 두고 일각에선 '정치 쇼'라 폄하했지만 내 생각은 다릅니다. 쇼라도 좋으니 직접 민심을 듣는 시간을 많이 가지라고 정치 지도자들에게 권하고 싶습니다. 초선 때 민주주의에 대한 사명과 국리민복에 대한 열정이 뜨거웠던 의원들이 높은 자리에 오를수록 진영논리에 빠져 초심을 버리는 경우를 자주 보아왔기 때문입니다. 손학규는 예외였습니다. 그는 그 첫 마음을 놓치지 않으려고 시간 내어 밑바닥을 찾았을 것입니다.

그의 정치 역정은 순탄치 않았습니다. 파란과 곡절이 많았습니다. 아무도 가려 하지 않는 길을 걸어갔습니다. '재·보선의 사나이'답게 그는 이번에도 또 한 번 사지死地로 몸을 던졌습니다. 그리고 죽었습니다. 금배지 1년여 더 달자고 그런 모험을 하진 않았을 것입니다.

새정치민주연합의 이번 공천 과정을 보면 집권하려는 의지가 없는 정당이었습니다. 교만과 독선의 포로가 되어 자기 진영 안에 갇혀버렸습니다. 국민을 가장 많이 말하지만 진영 밖의 사람은 국민이 아니었습니다. 이런 야당 상대하는 여당은 국회 안에선 괴로워도 선거는 쉽습니다. 야당으로부터 소외된 국민에게 손만 내밀면 표가 오기 때문입니다.

국민은 '세월호 심판'에 앞서 '야당 심판'을 했고, 빈사 상태인 당을 살리려 그가 몸을 날렸습니다. 선당후사를 직접 실천했습니다. 이순신 장군처럼, 고대 그리스 영웅들처럼 죽어서 사는 길을 택한 것입니다. "국민 눈높이에서 새누리당과 선의의 경쟁을 하는 민주개혁 정당으로 반드시 부활해야 한다." 그가 죽으면서 야당에 던진 통렬한 메시지입니다. '보수補修하지 않는 보수保守' '진부陳腐한 진보進步'는 더 이상 설 자리가 없는 시대가 오고 있습니다.

소크라테스는 아테네를 '덩치가 크고 혈통은 좋지만 굼뜬 말'에 비유했습니다. 자신은 말 잔등에 붙어 계속 자극을 주며 잠 못 자게 하고 움직이게 만드는 '등에虻(소나 말 같은 가축의 몸에 붙어 피를 빨아먹는 곤충)'로 빗대어 말했습니다.[13] 야당에, 우리 정치계에 손학규는 그런 '등에' 같은 존재였습니다. 늘 깨어 있으면서 다른 이들의 눈까지 뜨게 해주는 사람이었습니다. 그는 자신의 정치사, 그 마지막 페이지를 멋지게 장식했습니다. 그가 찍은 마침표는 여야 정치인들 가슴에 강렬한 느낌표로 던져졌습니다.

유대교 경전에 승리에 들뜨지 않고 절망에 주저앉지 않도록 "이 또한 지나가리라"는 잠언이 있습니다. 정치는 생물입니다. 뼈를 깎는 새 정치로 분골쇄신한다면 20개월 후 국민은 누구 손을 들어줄지 알 수 없습니다. 언젠가 우리 사회가 그를 필요로 해서 저녁식사 같이 하자고 초대할 날이 있을지도 모릅니다.

- 〈한겨레신문〉, 2014년 8월 5일

Comment
—————————————————————————————

한국 정치를 국민이 신뢰하지 않는 것은 아마도 책임지는 정치인을 보지 못했기 때문 아닌가 생각해본다. 나도 정치를 해봤지만 억울한 일도 적지 않고 일방적으로 내몰릴 때도 있어 할 말이 참으로 많은 사람이 정치인일 것이다. 그러나 그럴수록 말을 아껴야 한다는 것을 배웠다.

---

13 원전인 『소크라테스의 변론』(30e)을 간추리면 다음과 같다. "조금 익살스럽게 비유하자면 나는 신이 아테네에 파견한 등에(虻)입니다. 반면 아테네는 크고 멋진 말(馬)과도 같아 게으르고 움직임이 느리지요. 나는 신이 아테네에 붙여준 등에로서의 역할에 충실했습니다. 온종일 여러분에게 붙어 여러분을 눈뜨게 하고 설득하고 꾸짖은 것입니다."(앞의 책, pp. 42-43)

2014년 7월의 국회의원 재·보궐 선거에서 여당이 예상을 뒤엎고 낙승했다. 세월호 사태를 비롯해 야당엔 정치적 호재, 여당엔 악재가 많았다. 대선 후보로 거론되며 유명세를 탄 사람조차 서울 출마를 포기할 만큼 초반엔 여당에 불리했는데 역전된 것이다. 야당은 다 된 밥에 스스로 재를 뿌렸다. 방심과 안이가 어떤 결과를 가져오는가를 명확히 알려준 선거였다.

손학규 후보는 연고지 아닌 곳에 나가 낙선했다. 다음 날 바로 정계 은퇴를 선언했다. "국민의 뜻을 받들지 못해 죄송하다"는 당시 야당 대표의 참패 인사 직후였다. 선거보다 더 정확하게 국민의 뜻을 측정할 수 있는 제도적 장치는 아직 없다. 당시 야당 대표의 비상식적이고 책임 회피적인 발언 이후라 더 신선하고 충격적이었지만 가슴은 아팠다. 아까운 사람, 이렇게 버리는구나. 제발 책임지는 정치, 솔선수범하는 정치인, 자기를 희생할 수 있는 지도자가 많이 나와야 국민이 나라 걱정을 않고 정치를 신뢰할 텐데 말이다.

〈한겨레신문〉 기고문엔 '소잔등'이라 적었으나 여기서는 원전(原典)대로 '말 잔등'으로 고쳤다. '등에'란 말도 이해하기 쉬운 '쇠파리'로 고칠까 하다가 어감도 그렇고 뜻이 오해될 수 있겠다 싶어 그대로 두었다.

시대를 고민하고 생각하고
행동을 준비하라

국회를 나오자마자 여러 곳에서 영입 제의가 왔습니다. 서울의 몇몇 대학은 석좌교수 초빙 의사를 전해왔습니다. 파격적인 조건을 제시한 대학도 있었습니다. 마음이 흔들렸지요. '호모 아카데미쿠스(공부하는 인간)'란 말을 들을 때는 왠지 부끄럽지만 학구열이 제법 강했던 터라 배우는 사람에서 가르치는 사람으로 길을 넓히는 것도 설레고 매력적인 일 같았습니다. 그러던 즈음 부산대학교에서 석좌교수 제의가 왔습니다. 오래 고민하지 않았습니다. 나를 성공한 정치인으로 키워준 부산 시민의 성원과 사랑에 보답하는 길이라 생각하니 망설일 이유가 없었습니다.

교수와 작가, 가르치는 사람과 글 쓰는 사람으로서의 삶이 시작되었습니다. 물론 두 분야 모두 아직은 '새내기'라서인지 부산대 교정에서 누가 '교수님' 하고 부르면 나에 대한 호칭이란 걸 잊을 때가 많습니다. 그래도 구성원으로서 학교 홍보는 열심히 하려 합니다. 신문에 기고할 때도 매번 '부산대 석좌교수'라고 적어 보냅니다. 하지만 지면에는 '전 국회의장, 부산대 석좌교수'로 되어 있기 일쑤입니다. 세속의 잣대로는 국회의장이 교수보다 더 그럴싸해 보이는 모양입니다.

『술탄과 황제』가 호평 속에 베스트셀러가 되면서 예상치 못한 특강 요청이 많아졌습니다. 법원이나 검찰 같은 민감한 기관에서도 강의를 했습니다. 내가 웃으면서 "정치인이라면 여러분이 날 부르지 않았을 것"이라고 하자 자기들도 웃으며 "정치인이 아닌 작가 김형오를 초청했다"고 하더군요. 참 기분 좋은 일입니다. "이럴 줄 알았으면 정치를 더 빨리 그만둘걸" 하고는 다 같이 웃었습니다. 물론 젊은이들을 상대로 한 강연이면 거리를 따지지 않고 캠퍼스로 달려갑니다. 반응이 좋아서인지 특강 요청이 꼬리에 꼬리를 물었습니다. 덕분에 『술탄과 황제』는 스테디셀러가 되었습니다. 강의와 강연이 이렇게 의미 있는 일인 줄 몰랐습니다. 수강생이 젊은이들인 경우는 더욱 그렇습니다.

대학을 졸업한 지 40여 년이 훌쩍 흘렀습니다. 그래도 부산대 교정을 걷다 보면 청춘의 낭만과 고뇌가 어제 일인 듯 떠오릅니다. 데이트 중인 듯 이따금 손을 잡고 가는 남녀 학생들을 보면 입가에 저

절로 미소가 입니다. 우리 때는 생각지도 못했는데 얼마나 자연스럽고 자유로운가요.

우리 세대는 강소줏집이나 대폿집을 전전하면서 혁명과 자유를 떠들었고, 최루탄 가스로 매운 눈물을 흘리면서 민주주의를 외쳐댔습니다. 지금의 젊은 벗들도 그때보다 덜하지 않은 괴로움과 막막함 속에 있을 것입니다. 학자금·아르바이트·취업은 물론이고 세대차·빈부 격차·사회 갈등·불투명한 미래 등으로 우리 때보다 더 큰 압박 속에 있을는지도 모릅니다. 그렇습니다. 아프니까 청춘입니다. 그러나 아프기만 해서는 청춘이 아닙니다. 고뇌하고 번민하며 그 아픔을 스스로 치유하고 극복해나가려는 몸짓이 있기에 청춘은 아름다운 것입니다.

젊은 벗들에게 당부하고 싶은 한 가지가 있습니다. 책을 읽어라! 독서를 생활화하라! 여러분은 지금 어떤 책을 읽고 있나요? 모든 것이 부족하고 침울했지만 열정과 낭만은 숨 쉬고 있었던 대학생 시절, 나는 나의 '밀실'에서 최인훈의 『광장』을 읽었습니다. 심금을 울리는 길고 긴 사이렌 소리와 함께 내 청춘의 새벽이 열리는 경험을 했습니다. 여러분 또한 책을 통해 자신을 성장·변화시키기 바랍니다.

앞으로는 좀 더 자주 여러분과 만날 기회를 가지려 합니다. 현실 정치에 인문학을 접목시킨 특별한 강의를 위해 틈틈이 구상과 자료 정리를 하고 있습니다.

시대가 변하고 세상이 바뀌었지만 대학의 이상과 지향점은 그대로

입니다. 플라톤이 세운 최초의 대학인 '아카데미아' 역시 크게 다르지 않았습니다. 대학은 시대를 고민하고 생각하고 행동을 준비하는 곳입니다. 지금 여러분은 어디에 와 있으며 무엇을 하고 있나요? 젊은 벗들의 건투를 빕니다.

– 부산대학교 학보 〈문창대〉 칼럼, 2014년 가을

Comment

※ Comment를 대신한 두 편의 관련 기사

① 김형오 전 국회의장은 2013년 3월부터 부산대 사회과학연구원 석좌교수로 임용돼 학부생들을 대상으로 매주 3시간씩 '인문학의 눈으로 세상 읽기'라는 교양 과목을 강의하고 있다. 2학기에도 연계 강의를 계속할 예정이다. 김 석좌교수는 자신의 강의를 듣는 두 명의 부산대 학생에게 장학금 혜택을 주는가 하면, 프레젠테이션 강의를 효과적으로 할 수 있는 첨단 전자칠판 솔루션(인터랙티브 화이트보드)을 부산대에 기증하는 등 활발한 활동을 벌이고 있다.

김 석좌교수는 "부산은 저의 정치적 고향이어서 제 경험과 생각들을 부산 지역의 사랑하는 후학들에게 물려주고 싶어 부산에서 학생들을 가르치고 있다"고 소감을 밝혔다. (《부산일보》, 2015년 4월 24일)

② "서울대 교수 제의도 있었지만 마지막 봉사 활동을 부산에서 하고 싶었다." 입법부 수장과 5선 국회의원을 끝으로 정치와 담쌓고 지내온 김형오 전 국회의장이 부산으로 다시 돌아온다. 이번에는 '정치인'이 아닌 '대학교수 김형오'로 고향에 온다. 그는 이번 봄 학기부터 부산대 석좌교수로 후학들을 가르친다. 김 전 의장은 모든 지식인

이 탐내는 서울대 교수 제의를 거부하고 "부산에서 마지막 봉사를 하고 싶다"며 부산대 석좌교수를 맡기로 했다.

당초 서울대 측은 국가 원로에 걸맞은 대우와 연구실 제공 등 파격적인 조건을 제시하며 "언제든 와서 강의해달라"고 제안한 것으로 알려졌다. 또 서울 시내 모 사립대에서도 석좌교수를 제의했고, 몇몇 대학에선 김 전 의장을 대학 총장으로 영입할 움직임을 보였다. 그러나 김 전 의장은 "고향을 위해 헌신하겠다"며 정중히 사양했다. 김 전 의장은 "정치인으로 20년간 나를 키워준 부산에서 후학들을 가르치고 싶을 뿐"이라고 말했다. 언론인과 정치인에 이어 대학교수로 '인생 3막'을 펼치는 김 전 의장의 활동에 벌써 관심이 쏠리고 있다. (《부산일보》, 2013년 1월 21일)

이제 그만 일상으로 돌아갑시다

-세월호 유족 여러분께 드리는 편지-

10년 같은 100일이었습니다. 자책과 애도의 날들을 보냈습니다. 지켜주지 못해, 구해주지 못해, 아무것도 해준 게 없어 안타깝고 미안했습니다. 온 국민이 이렇게 함께 운 적이 언제였던가요. 그런들 사랑하는 가족을 가슴에 묻은 여러분의 단장斷腸을 헤아릴 수나 있을까요. 소설가 박완서는 교통사고로 외아들을 잃은 충격과 고통을 '구원의 가망이 없는 극형'으로 표현했습니다.

그러면서도 저는 또 다른 기대를 품었습니다. 모두가 자기 일처럼 아파하고 슬퍼한 이 사건은 국민 통합의 기회라고 말입니다. 그런 리더십이 나오기를 고대했습니다. 수천 명의 목숨을 앗아간 9·11 테러 후의 미국 시민들처럼, 수만 명이 희생된 동일본 대지진과 쓰나미를 겪은 일본 국민들처럼 우리도 달라질 거라 믿었습니다. 그러나 우리는 그 기회를 놓치고 말았습니다. 지도자들의 신념과 리더십이 부재했던 탓입니다. 오히려 불신과 갈등은 커지고 편 가르기 진영 싸움은 심화되었습니다. 각종 음모론이 튀어나오고 진실의 소리는 숨어들었습니다. 툭하면 참지 못하고 화를 내는 이들이 많아졌습니다. 국가 에너지가 낭비되고 있습니다. 우리가 힘들이고 공들여 쌓아온 대한민국호가 세월호처럼 침몰하려 하고 있습니다. 희생자와 유족 여러분께 또 한 번 죄를 짓고 상처를 주고 있는 것 같아 가슴이 아픕니다.

국회에서 열린 제헌절 경축식에 다녀왔습니다. 입구에서 피켓을 들고 애타게 절규하는 일부 유족들의 눈빛에서 분노와 증오를 읽었습니다. 기념 공연이 거친 항의 속에 중단됐다는 얘기도 들었습니다. 제가 생각했던 '국민 유가족'의 모습이 아니었습니다. 슬픔과 분노는 안으로 끌어안을 때 더 애틋하고 거룩해집니다.

세월호 참사 이후 국정은 발목이 잡혀 한 발짝도 앞으로 못 나가고 있습니다. 특별법 제정을 놓고도 나라가 시끄럽습니다. 물론 여러분 탓이 아닙니다. 그러나 재·보궐 선거를 앞둔 정당과 후보들은 표를 의식해 여러분의 눈치를 보고 있습니다. 그러잖아도 일 못하는 국회라는데 핑계가 생겼습니다. 그들을 풀어줄 수 있는 사람은 바로 여러분입니다. 정치권의 말 한마디에 시비를 따지려 하지 말고 엄숙히 기다린다면 그들에게 더 큰 중압감으로 작용하지 않겠습니까.

저는 이번 일을 겪으며 대한민국은 세월호 의인들 같은 수많은 순국선열의 희생과 헌신 위에 존속·발전해왔음을 새삼스레 느낍니다. 가난한 삶을 이어가고 있는 독립 유공자의 후손들, 이미 작고했거나 아직도 병석에 누워 있는 6·25 참전 용사들에 대해 우리가 그동안 너무 소홀했던 것은 아닌가 하고 깊은 반성의 시간을 갖기도 했습니다.

"슬픔도 힘이 된다"는 말이 결코 위로가 될 수 없음을 잘 압니다. 그러나 온 국민이 언제까지나 슬픔에 젖어 상복喪服을 입고 있을 수는 없습니다. 며칠 후면 8·15 광복절입니다. '빛을 다시 찾은' 마음으로 온 국민이 떨쳐 일어나 힘차게 만세를 불러야 하지 않겠습니까. 연말에 크리스마스 캐럴조차 눈치가 보여 못 트는 세상은 바람직하지 않습니다.

우리에게는 또 다른 아이들이 있습니다. 그들에겐 큰 의무와 사명이 주어졌습니다. 희생자들의 고결한 정신을 기리고 승화시켜야 합니다. 자신의 전부를 차디찬 바다에 던져 그들이 뜨겁게 쓰고 간 '헌신' '희생'이란 글씨를 '사랑' '희망'이라고 바꾸어 읽어봅니다. 피우지 못한 그들의 꿈, 가족애와 조국애, 세상을 향한 열정이 우리 앞에 남겨졌습니다. 세월호 이후의 대한민국이 그 이전보다 더 나아지고 성숙해진다면 그것은 그들이 선물처럼 남기고 간 엄중한 숙제 덕분일 것입니다. 우리는 대한민국을 그렇게 만들어야 할 책임과 의무가 있습니다. 그러나 우리가 지금처럼 해서는 희망이 없습니다. 그들에게 정말 더 큰 죄를 짓게 됩니다.

며칠 전 헬기 사고로 다섯 명의 소방관이 순직했습니다. 헬기에 타고 있던 소방관들은 더 큰 피해를 막기 위해 모두가 한마음으로 살신성인의 길을 택했습니다. 그들은 어쩌면 그 절체절명의 순간 세월호 의인들을 떠올리고, 또 선장을 반면교사 삼았는지도 모릅니다.

아직도 실종자 열 명이 바닷속에 있습니다. 포기하지 말고 끝까지 최선을 다해야 합니다. 그러나, 그러나 말입니다. 간곡하게 한 말씀 드리자면 이제 4월의 진도 앞바다, 눈물의 팽목항에서 떨어지지 않는 발길을 애써 돌리시기 바랍니다. 많이 힘들겠지만 우리 아이들을 그만 놓아주시기, 보내주시기 바랍니다. 우리 모두 노란 리본을 옷깃에서 가슴 안으로 옮겨 달고 이제 그만 일상으로 돌아가야 하지 않겠습니까.

– 〈중앙일보〉, 2014년 7월 26일

Comment

세월호로 온 나라가 노랑 물결로 뒤덮였다. 세월호 참사 100일이 다가와도 나라가 방향을 잃고 휘청거렸다. 세월호가 모든 문장에 전치사처럼 박혀 나왔다. 조문과 애도가 마음에서 우러나오지 못하고 눈치 보기나 형식적으로 변해갔다. 국정은 하염없이 표류하는데 누구 하나 이 슬픔의 단애에서 뛰쳐나오려 손발을 내뻗는 사람이 없어 보였다. 유족들을 이런 모습으로 계속 방치하거나 몰아가는 것은 그들의 건강을 위해서도, 건전한 사회를 위해서도 바람직하지 않았다. 욕먹을 각오로 작심하고 나섰다. 언론을 통해 세월호 유족 분들에게 편지를 띄워 바로 문제를 제기했다. 누구도 이런 질문을 던지리라 예상 못 했던 것 같았다. 반향은 크고 뜨거웠다.

굴레에서 벗어난 시민들이 보였다. 마취에서 깨어난 의식들이 나타나기 시작했다. 기대 이상의 지지와 공감을 표명해주었다. 그러나 하룻밤을 넘기지 못했다. 나를 향한 엄청난 비난의 댓글이 쏟아졌다. 작전 세력이 개입한 듯 문구들이 비슷비슷했다. 다시 몇 시간이 흘렀다. 이번엔 비난 세력을 비난하는 댓글들이 나와 서로 치열한 공방전을 벌였다. 점차 내 글을 지지하는 댓글들이 수적으로나 논리적으로 압도하기 시작했다. 어느 순간부터 나를 비난하는 댓글들이 다시 자취를 감추었다.

간간이 '댓글 전투' 상황을 먼발치에서 관전하던 나는 확인했고 확신했다. 건전한 시민들과 시민정신이 살아 있음을⋯. 대한민국의 희망을 읽는 순간이었다.

새 정부 출범을
준비 중인 분들에게

세월 참 빠르네요. 대통령직인수위원회에서 일하던 시절이 엊그제 같은데 벌써 5년이 훌쩍 지나갔습니다. '지금 알고 있는 걸 그때도 알았더라면'이란 시집 제목도 떠오릅니다. 선험자로서 몇 가지 조언과 당부 말씀을 드리려 합니다.

이번 인수위는 실무형 인사로 짰였습니다. 정치인 중심, 논공행상 위주로 꾸려졌던 역대 인수위와 견주면 바람직한 출발입니다. '인수위 = 권력기관 = 출세 사다리'라는 등식은 깨뜨린 모양새입니다. 선거 기간은 표를 얻기 위한 열정의 시기입니다. 그러나 인수위는 쿨다운 cool-down, 복기復棋를 통해 내일을 준비하는 기간입니다. 냉철한 이

274

성이 요구되지요. 그래야 취임 이후 신뢰와 감동의 시대를 열어갈 수 있습니다.

'인수위＝출세 사다리' 등식 깨뜨려

———

5년 전 인수위는 속도전을 방불케 했습니다. '얼리 버드' '노 홀리데이'란 말이 유행어였습니다. 부처 업무보고도 속전속결로 했습니다. 장차관 대신 실·국장급들이 보고토록 해 일주일 만에 끝냈고, 7대 기준을 미리 제시해 시간 낭비 없이 맞춤형 보고를 하도록 했습니다. 이번에도 권유하고 싶은 방식입니다.

정부 수립 이후 최대였던 정부 조직 개편도 17대 인수위가 맡았던 핵심 과제였습니다. 진통이 심해 발표 이후 37일 만에야 국회를 통과했습니다. 야당은 반발했고, 당시 노무현 대통령은 거부권 행사를 시사했습니다. 이번에도 정부 조직 개편은 가장 시급한 과제입니다. 준비는 신중하고 철저하게 하되 공청회 및 여야 협의 등 최소한의 요건과 절차를 거쳐야 원만히 통과될 수 있음을 명심하기 바랍니다.

17대 인수위는 30여 일 동안 수백 번의 회의와 검토 끝에 최종 결과물을 도출했습니다. 이 중 5대 지표는 이명박 정부의 국정 지표로 채택됐습니다. 그러나 193개 국정 과제는 너무 구체적이고 세부적이라 그렇게까지 할 필요가 있었나 싶습니다. 인수위는 한시적인 기구입니다. 원칙과 방향, 기조만 정하고 나머지는 융통성 있게 적용하면 됩니다.

18대 인수위는 공약 점검과 국정 기조 및 로드맵 짜기에 주력해주기를 당부합니다. 공약의 취사선택과 우선순위 결정은 무엇보다 중요합니다. 수정·보류가 불가피한 공약은 인수위 단계에서 국민에게 솔직히 양해를 구하고 털어버려야 합니다. 민주통합당 문재인 전 대선후보의 공약 중에서도 받아들일 것은 반영하는 것이 바람직합니다. 그편이 국민 대통합 원칙과도 맞습니다.

향후 5년간 국정 기조 및 방향 설정은 반드시 미래 전망에 대한 토의와 연구 결과를 전제로 수립해야 합니다. 민간 연구소의 견해까지 수렴한 치밀하고 입체적인 6개월 정도의 로드맵을 마련해야 국정 초기 혼선과 국력 낭비를 막을 수 있습니다. 로드맵 부실로 이명박 대통령 취임 직후 촉발됐던 촛불시위를 반면교사로 삼기 바랍니다.

몇 가지 제언을 해보고 싶습니다. 첫째, 국민에게 다가가고 현장을 찾아가는 청와대를 만드십시오. 현재 청와대 본관 건물을 백악관처럼 비서동과 합치는 개조 공사를 권합니다. 공간의 위치는 매우 중요합니다. 이명박 대통령 때처럼 당선인과 인수위가 분리돼 있으면 소통에 지장을 주고, 자칫 인ㅅ의 장막에 가려져 사적 채널이 기승을 부릴 수 있습니다.

국민 찾아가는 청와대 만들어야

둘째, 공무원을 믿고 인사 시스템을 갖추십시오. 그들이 신 나게 일할 수 있는 환경과 여건을 조성하고, 능력과 잠재력을 키울 수 있는 방안을 연구해야 합니다. 공무원 인사권은 100% 장관에게 위임하기 바랍니다.

셋째, 모든 곳으로 소통하십시오. 인수위 구성원 간 팀워크와 소통은 물론이고 대정부, 대언론, 대여당, 대야당 등 다채로운 소통 채널을 가동해야 합니다. 정치는 과정(프로세스)의 예술이고, 프로세스의 핵심은 소통입니다.

마지막으로 설익은 정책, 검토 과정에 있는 이슈가 언론에 나가면 혼란과 오해를 낳기 쉽습니다. 1일 1회 공식 브리핑을 정례화해 그런 불상사를 막아야 합니다. 인수위의 50일이 향후 5년의 성패를 좌우합니다. 대통령이 성공해야 국민이 행복해집니다. 당선인의 철학에 맞는 청사진과 로드맵, 내비게이션의 탄생을 기대합니다.

– 〈동아일보〉, 2013년 1월 8일

Comment

이명박 대통령 당선인 시절 인수위 부위원장을 한 때문인지 박근혜 당선인 인수위 첫날 기조강연을 했다. 회의의 효율성을 위해 비공개로 하긴 했지만 그날 인수위 측 모 인사의 관여로 내용이 한 줄도 보도되지 않았다. 국가와 정부에 봉직한 경험과 상식으로 볼 때 이해가 되지 않았다. 다행히 조윤선 당선인 대변인이 대통령 당선자에게 강연 요지를 정리해 올렸다는 전갈이 왔다. 나는 계속되는 언론의 취재 공세에서 벗어날 겸 국민의 알 권리 차원에서 공개해도 될 만한 것들을 간추려 신문사에 기고했다.

인수위에 나는 큰 원칙과 방향을 정할 것, 후보의 공약을 다시 점검할 것, 취임 초기 6개월의 로드맵은 철저히 마련할 것 등을 주문했다. 대통령과 비서진의 거리를 좁히고 국민에게 적극 다가갈 것, 공무원 인사 시스템을 확립하고 장관이 인사권을 가질 것, 모든 방면에서 다각적으로 소통하며 매일 대변인 브리핑을 할 것 등을 제안했다. 비공개 강연에선 대통령 집무실을 시내로 옮기라고 강력히 요청했던 기억이 난다.

그로부터 수년이 지났다. 지금 돌이켜보면 언론에 공개된 내용만이라도 실현했더라면 국정이 훨씬 더 잘 돌아가지 않았을까 생각해본다.

말 말 말 :
인터뷰, 대담,
인물평, 블로그…

일러두기
여기에는 지난 2년여 동안 내가 했던 각종 매체와의
인터뷰·대담·좌담, 블로그(www.hyongo.com),
그리고 타인이 나에 대해 쓴 인물평 등을 요약·부분
생략·발췌해 실었다. 좌담(대담)의 경우 내 발언
위주로 정리했고, 경어체와 평서체는 원문대로
실었음을 밝혀둔다.

『술탄과 황제』는
학계와 문화계에 울린 경종이자 충격

김병준(전 청와대 정책실장): 『술탄과 황제』는 우리 학계와 문화계에 주는 일종의 경종이자 충격이다. 내용의 새로움과 치밀함은 손쉬운 주제와 방법의 매너리즘에 빠진 학자들에 대한 경종이고, 역사서와 소설을 뛰어넘는 실험적 서술 방식은 학술과 문학 모두에 있어 충격이다. 어떻게 이런 책이 가능했을까? 잠을 하루 3시간으로 줄여가며 집필에 전념한 열정과 노력, 단지 그것 때문이었을까? 아니다. 작가가 기존의 학계와 문단, 그 규칙과 문화에 매이거나 빠져 있던 사람이 아니었다는 사실 또한 큰 기여를 했을 것이다. 우리 모두가 자신이 있지 않았던 자리로의 제

2, 제3의 인생을 꿈꾸어도 좋은 이유다. 아무튼 한 방 먹은 기분이었다. 남의 나라 전쟁사를 이렇게 깊고 정확하게 파헤칠 수 있을까? 또 이렇게 생동감 있게 전달할 수 있을까? 공부하고 가르치는 일을 해온 사람으로서 크게 부끄러웠다. 리더십 변수도 재미있다. 결단력과 패기의 지도자 메흐메드 2세와 유약하지만 질 수밖에 없는 전쟁에 끝까지 사력을 다하는 공감과 눈물의 지도자 콘스탄티누스 11세 황제….

김형오: 술탄과 황제, 이 두 대조적인 리더십, 그들의 고민과 고통, 그리고 의사결정 행태가 나를 끌어당겼다. 국회의장 경험이 있어 더욱 그랬다. 직권상정 문제만 해도 그렇지 않은가. 여당은 왜 하지 않느냐 야단이고, 야당은 왜 하느냐 야단이었다. 내 편은 아무도 없는 것 같았다. 콘스탄티누스 11세 황제와 메흐메드 2세 술탄의 고통이 가슴에 와 닿았다.

김병준: 책을 쓰겠다는 생각은 어떻게 하게 됐나?

김형오: 온갖 자료를 뒤져가며 공부하면서 주변에 이 전쟁 이야기를 조금씩 하다가 이걸로 책을 쓰면 어떨까 하는 생각이 들었다. 당시 국내엔 두 권의 관련 번역서가 있었는데 둘 다 한계가 있어 보였다. 스티븐 런치만의 책 『1453 콘스탄티노플 최후의 날』은 읽기가 어려웠고, 『로마인 이야기』로 잘 알려진 시오노 나나미의 『콘스탄티노플 함락』은 작가의 명성에 못 미쳤다. 예컨대 문헌을 좀 더 폭넓게 참고해서 당시 상황이나 흐름을 좀 더 정

확하게 파악했더라면 하는 부분들이 있었다.

김병준: 어려워질 수 있는 주제를 쉽고 재미있게 쓰셨다. 특히 황제의 일기를 발견한 술탄이 그 일기를 읽으며 그에 대해 비망록을 작성해나가는 부분은 너무나 인상적이다.

김형오: 어떻게 하면 쉽게, 또 재미있게 전달되도록 쓸까? 고민에 고민을 거듭하다 그런 구상을 했다. 물론 일기장과 비망록은 픽션이다. 실제로 존재하지는 않는다. 그러나 그 속에 있는 내용은 모두 사실이다. 확인에 확인을 거듭하며 그런 형태로 서술했다.

김병준: 또 하나 눈에 크게 들어오는 부분이 있다. 『술탄과 황제』에서는 승자와 패자가 동등하게 다뤄지고 있다. 선악의 관념도 약하다. 술탄에게는 황제가 악이고 황제에게는 술탄이 악이다. 그러나 독자는 어느 쪽이 악이고 어느 쪽이 선인지 구별할 수가 없다. 묘한 구도다. 일부러 그런 구도를 만든 것 같다.

김형오: 우리는 모든 것을 선악 관념으로 획일화하는 데 익숙해져 있다. 정치에 있어서도 나는 항상 옳고 너는 항상 그르다. 이래서 되겠나. 선악을 따지기 전에 서로가 어떤 입장에 있는지를 이해할 필요가 있다. 정치를 하면서, 또 국회의장을 하면서 그런 생각을 많이 했다.

김병준: 정치하는 분들에게 한마디 해달라.

김형오: 책임이 큰 사람이 무슨 말을 하겠나. 늘 비전과 희망을 제시하고, 버릴 것은 과감하게 버리고 양보할 것은 양보했으면 하는

마음만 전해놓자. 버리고 양보하면 존재감을 상실할 것 같지만 그렇지 않다. 심청이 아버지를 위해 인당수에 뛰어들 듯 국민을 위해 나를 희생시키면 된다. 정치인들이 하도 비판만 받으니까 그런 큰 생각 자체를 못 하는 것 같다.

– 〈매일신문〉, '김병준의 대담', 2016년 1월 3일

김병준 전 실장과는 2014년 KBS 신년 특집 대담 프로에서 둘이 마주앉아 한 시간 남짓 유익한 대담을 한 적이 있다. '김병준의 대담'은 각계각층에서 제2의 삶을 개척해 살고 있는 사람을 인터뷰하는 연재물로서 그 첫 번째 손님으로 나를 초대했다. 김 실장은 정책 브레인으로, 교수로, 명칼럼니스트로 활약 중이다. '김병준의 대담'을 통해 우리 사회 각 분야에서 삶을 풍요롭게 하고 세상을 살맛나게 하는 이들이 많이 발굴되고 소개되기를 기대한다.

인당수에 몸 던진
'심청의 리더십'을 보여라

이경형(《서울신문》 주필): '2016년, 대한민국은 어디로 가야 하나: 성찰과 비전 그리고 제언'을 주제로 한 특별 좌담입니다. 먼저 대내외 상황에 대해 전망해주십시오.

김형오: 대내적으로 우선 총선이 있습니다. 미국엔 대선이 있고요. 국내외 환경이 그야말로 녹록지 않습니다. 경제적으로는 성장에 대한 잠재적 기대치가 굉장히 떨어져 있습니다. 거기다 미국의 금리 인상과 중국의 성장 둔화 등으로 우리 경제의 먹구름이 쉽게 걷힐 것 같지 않습니다. 정치를 필두로 모든 분야에서 리더십이 제대로 발현되지 않아 우리를 답답하게 합니다.

이경형: 지난해 김영삼 전 대통령이 타계하며 남긴 유지가 통합과 화해였습니다. 새해 우리 국민이 지향해야 할 가치, 화두로 던질 만한 핵심 키워드는 어떤 것이 있습니까?

김형오: 좋은 말들도 깊은 자기성찰과 실천을 담보하지 않고 입으로만 뱉다 보니 식상해버린 느낌입니다. 통합, 얼마나 좋습니까. 하지만 하도 많이 하니 자신의 정치적 목표를 관철하는 수단적 용어로 전락해버린 측면이 있어 이 말 쓰기를 주저할 때가 많습니다. 이 시대에 필요한 것은 편협함을 초월하고 아우르는 포용입니다. 올해는 정치권을 필두로 사회 각 분야에서 나와 다른 생각을 포용하는 정신이 필요합니다.

이경형: 19대 국회가 제대로 작동하지 않고 있습니다. 어떻게 하면 진정한 대의정치로 나아갈 수 있을까요? 또 국회, 정부, 청와대의 관계에 대해서도 말씀해주십시오.

김형오: 빛의 속도로 변화하는 디지털 시대건만, 회의체 기관인 국회가 국민의 요구를 수용하지 못하고 있습니다. 리더십도 발휘되지 않고 있습니다. 민주화 시기에는 YS(김영삼 전 대통령), DJ(김대중 전 대통령)로 대표되는 영웅적 리더십이 필요했지만 지금은 국회 구성요소들의 리더십이 총체적으로 발휘돼야 합니다. 그런데 그걸 못 하고 민주주의를 제대로 발현시키지 못합니다. 왜냐하면 정당에서 국회가 하는 모든 결정을 내리기 때문입니다. 예컨대 노동 개혁 입법도 헌법기관인 의원 한 명 한 명의 타협이

아니라 정당 대 정당으로 붙어 소수 지도자 간 싸움을 하니까 결론이 쉽게 나지 않는 겁니다. 정당이 국회를 이끌고 가는 비정상적 구조 탓에 일하지 않는 국회, 싸움판 국회가 된 겁니다. 여당과 청와대는 일종의 상하 관계가 됐습니다. 여당은 맥없이 청와대 눈치만 보고, 청와대가 너무 일방적인 모습을 보이는 것 같아 안타깝습니다. 여당 내에서도 정책 조율 과정에서 다원화·다양화된 목소리가 나오지 않아 청와대에 끌려가는 것처럼 된 겁니다. 국회와 청와대는 헌법상 삼권분립이 보장된 관계인데 국회가 권한과 그에 따른 책임을 다했느냐는 반성할 여지가 있습니다.

선진화법도 맹점이 많습니다. 전에는 여당이 다수의 힘으로 밀어붙이고 야당은 덮어놓고 반대를 했습니다. 여당은 직권상정을 하지 왜 국회의장이 우물쭈물하느냐 하고, 야당은 직권상정만은 막아달라 해서 곤욕을 치렀습니다. 그래서 미국처럼 하자는 뜻에서 가져온 법입니다. 그러고는 제 임기 이후 논의가 됐는데, 미국은 예외적인 사안에 주로 적용하는 반면 우리는 선진화법에 일반적인 사항은 다 들어가고 예산안 등만 예외로 했습니다. 그런 점에서 국회선진화법 개정은 불가피하다고 생각합니다.

이경형: 개헌에 대해 어떻게 생각하십니까?

김형오: 현재는 선거 주기 불일치로 매년 선거를 하다시피 하고 그러면서 공약이 남발돼 '정치 인플레이션'이 심해집니다. 겨우 20년

만에야 총선과 대선을 같은 해에 치르게 되는데 국가적 낭비입니다. 가장 큰 문제는 비전을 잃었다는 겁니다. 중장기 전망을 할 수 없는 나라가 된 겁니다. 대통령이 취임하면 비전을 제시하지만 바뀌면 그만이니 국민이 받아들이지 않고 또 관성의 법칙에 따라 레임덕이 빨리 옵니다. 5년 단임제의 한계입니다. 개헌은 우선 빨리하되 적용하는 시기는 합의해서 정하면 됩니다. 그러면 새로운 헌법 체제하에서 중장기 비전을 가질 수 있지 않겠습니까.

이경형: 올해(2016년)에 총선, 내년에 대선, 그다음 해에는 지방선거가 있습니다. 올 4월 총선에서 다당제 정치의 가능성이 있을까요? 또 대선과 관련해 바람직한 지도자의 덕목이나 리더십의 방향은 어떻게 돼야 할까요?

김형오: 사회는 다양화·다원화되는데 정치 인식은 오랜 관습인 양당제에 고정돼 있습니다. 다당제가 시대적 추세지만 쉽지는 않을 것 같습니다. 국회가 중앙집권적 명령 중심의 정당정치를 고치지 않으면 다당제가 된다 해도 한계가 있을 겁니다. 지금 우리 사회가 가진 핵심 문제는 한마디로 독선과 기득권입니다. 스스로 완벽하다는 착각에 빠져 기득권은 내놓지 않고, 자기를 따르면 선이고 아니면 악이라 합니다. 20대 총선에선 그런 분열상이 더 노정될 것 같습니다. 국민이 바라는 리더십은 두 가지, 자기희생과 실천적 비전을 제시하는 능력입니다. 지도자는 먼저 인

당수에 몸을 던지는 심청이 같은 헌신의 리더십이 필요합니다. 청와대 역시 자기는 소통하지 않으면서 자꾸 뭐라 하면 반발이 세집니다. 청와대로 부르고, 또 국회로든 당사로든 직접 찾아가야 합니다. 야당도 독선에서 빠져나오는 총선이 되길 바랍니다.

이경형: 올해 우리 외교의 역점을 어디에 두면 좋겠습니까?

김형오: 핵심 요소 중 하나가 중국과의 관계입니다. 우리가 지금 시점에 통일된다고 하면 중국이 원할까요. 저는 원하지 않는다고 봅니다. 한반도가 흡수 통일이 아닌 자유민주주의와 시장경제 체제를 바탕으로 한 통일이 되더라도 중국이 거부감을 갖지 않도록 대對 중국 외교를 강화해야 합니다. 오랜 한미 동맹의 축도 무시해선 안 됩니다. 그 속에서 우리와 중국이 윈–윈한다는 확신이 서지 않는 한 중국은 대한민국 중심의 통일을 원치 않을 겁니다.

이경형: 대북 정책은 어디로 가야 합니까. 또 그 연장선에서 '통일 대박' '한반도 신뢰 프로세스' 같은 구상들은 어떻게 연결될까요?

김형오: 저는 북한의 현실을 좀 인정했으면 합니다. 3대째 세습으로 내려오는 게 도덕·인권의 문제이기에 앞서 현실의 정치체제라는 얘깁니다. 중국 덩샤오핑鄧小平이 말한 '1국 양제'처럼 한반도 내에 2개 체제가 있음을 인정하고 들어가면 우리가 요구할 수 있는 게 있다고 봅니다. 우리는 북한 체제를 인정하니 북한도 우리를 자극하지 말라는 겁니다. 나아가서 북 체제가 당장 무너

지지 않도록 보장한다는 메시지를 주고 그 바탕에서 낮고 높은 차원의 교류를 해야 합니다. 내부적으로 우리는 통일에 대한 준비가 너무 안 돼 있습니다. 북한의 인적자원에 대한 분석도 안 하고 있습니다. 통일 비용도 턱없이 부족합니다. 지금 당장 통일이 된다고 생각하면 아찔합니다.

이경형: 어려움이 예견되는 2016년 경제 상황에 정부와 기업은 어떻게 대응해나가야 합니까?

김형오: 경제의 축인 정부·가계·기업 중 가계는 부채가 1000조 원을 넘었고 정부도 부채 비율이 40%로 여력이 없습니다. 여력이 있다면 사내 유보금이 800조~900조 원에 달하는 기업뿐입니다. 박 대통령은 취임하자마자 규제 완화를 말했지만 흐지부지됐습니다. 보통 임기 말이 되면 규제는 더 커집니다. 지난해의 면세점 허가 취소 같은 어처구니없는 일을 하기도 합니다. 하루아침에 몇천 명의 실직자를 쏟아내고도 누구 하나 눈 깜짝하지 않습니다. 이런 걸 뜯어고치는 한 해가 되면 그나마 한국 경제가 나아지지 않겠습니까. 정부는 기업이 스스로 중장기 전망을 세울 수 있도록 뒷바라지해야 합니다. 전처럼 끌고 가려 해선 안 됩니다.

이경형: 한국 사회의 빈부 격차 등이 더 심해지는 것으로 나옵니다. 성장과 분배의 균형, 시장경제와 정부 규제를 어느 선에서 실시할 것인가가 문제입니다. 한국의 경제 발전 수준에서 그 눈금을

어디에 둬야 할까요?

김형오: 우리는 노동자들의 노동시간은 많은 반면 노동 생산성은 떨어집니다. 물론 일부겠지만 '귀족 노동자'라고도 하는데 임금 격차가 심해 갈등이 생깁니다. 청년 실업도 세대 갈등으로 비화하고 있지 않습니까. 체감 실업률은 더 높습니다. 이제는 직장의 개념도 바뀌어야 하는데 아직도 산업 시대 논리에 젖어 있습니다. 전에는 하루 8시간 근무에 야근까지 12시간을 일해야 했지만 사실 앉아만 있지 일을 하는 건 아닙니다. 기본적으로 직장 개념이 바뀌어 투잡, 쓰리잡 개념이 돼야 합니다. 그러려면 세제도 바뀌어야 합니다. 이 방향으로 정부가 앞장서야 갈등 구조가 줄지 않겠습니까?

이경형: 끝으로 박 대통령의 국가 경영에 대한 평가와 제언 그리고 2030년, 2050년 대한민국의 미래를 위한 고언을 부탁드립니다.

김형오: 박 대통령은 왜 역대 대통령들이 밝은 얼굴로 청와대를 떠나지 못했는가에 대해 깊은 통찰을 하길 바랍니다. 5년 안에 이룰 수 있는 일은 그리 많지 않습니다. 선거 때 본인은 국가와 결혼했다고 했습니다. 의욕이 넘쳤는데, 이후 국가적 어젠다가 너무 자주 바뀌었습니다. 경제 민주화, 지금은 사라졌지 않습니까. 창조 경제도 가시적 성과를 못 봤습니다. 이를 받쳐주는 각료나 사회적 시스템이 안 돼 있다는 겁니다. 박 대통령은 장점이 많으니 하나만 남기겠다는 자세로 일했으면 좋겠습니다. 그

중 하나를 권하자면 공권력 바로 세우기입니다. 노골적으로 말하면 시위대에 얻어맞는 경찰이 더는 안 나오게 하는 것만이라도 해놓으면 평가받을 수 있을 겁니다.

상선약수上善若水라는 말이 있습니다. 최고의 정치는 물과 같은 겁니다. 물은 모든 것을 이롭게 하지만 싸우지 않고, 사람들이 가기 싫어하는 더러운 곳에 머물기를 좋아합니다. 정치는 헌신을 요구합니다.

마지막으로 하나 더 말하자면 이제는 빅데이터, 사물인터넷, 초연결 시대입니다. 몇 초면 지구 이편과 저편에서도 대화할 수 있는데 대의정치의 꽃이라는 국회는 논의가 몇 달씩 걸립니다. 미래학자들이 없어질 직업을 말할 때 국회의원이 빠지지 않습니다. 하지만 우리 국회는 아직 해야 할 일이 많습니다. 그 일들을 하기 위해 정치인들이 좀 더 빨리 소통하는 일을 해주길 바랍니다.

- 〈서울신문〉, 신년 특별 좌담, 2016년 1월 1일

Comment

〈서울신문〉이 새해 첫날 2개 면 전체를 할애해 특집으로 꾸몄다. 이경형 주필이 사회를 맡고, 나와 한덕수 전 국무총리가 대담을 했다. 한덕수 총리 의견도 귀담아들을 내용이 많았지만 지면 관계상 내 발언 위주로 발췌했다. 축약 정리했는데도 길이가 만만찮다.

'민주'는 넘치는데
'공화'는 사그라져…

이학영(《한국경제신문》 편집국장): 미래가 안 보인다고 걱정하는 분이 많습니다. 10년, 20년 뒤 한국은 어떤 모습일까요?

김형오: 2015년 세계경제포럼WEF의 글로벌 경쟁력 지수를 보니까 한국이 작년과 같은 26위더군요. 2012년에 19위까지 올랐다가 떨어진 것입니다. 한국이 하향 추세에 있다는 여러 증거가 나오는 것 같습니다. 모두가 느껴요. 미래의 비전을 체감 못 하는 것입니다. 영국 《이코노미스트》의 한국 특파원이었던 다니엘 튜더가 우리나라에 대해 '기적을 이뤘지만 기쁨을 잃은 나라'라고 했죠. 지금 중국 경제가 안 좋고, 미국은 금리 인상에 들어갈

것입니다. 일본과는 경제뿐 아니라 정치적 긴장도 커졌죠. 한국으로선 가장 중요한 '빅3'로부터 불안 요소가 겹쳤는데, 우리 내부 역량으로 버틸 수 있을지 걱정입니다.

이학영: 성장 엔진은 식어가는데 구조 개혁은 다들 피하려고 합니다. '북핵보다 무섭다'는 저출산 문제, 비효율적인 정부, 창의적 인재를 못 키우는 교육 등 문제투성이입니다. 그중에서도 정치가 가장 혁신해야 할 대상으로 꼽히고 있습니다.

김형오: 국회를 떠난 지 몇 년이 지났는데도 정치를 비판하는 얘기를 들으면 죄를 지은 심정입니다. 〈이코노미스트〉가 발표한 민주주의지수를 보면 한국이 미국·영국 등과 함께 '완전한 민주주의 국가'에 들어가 있습니다. 이 얘길 듣고 누가 가장 놀라느냐면 한국 사람입니다. 체감 민주주의는 형편없다는 거죠. 정치인이 신뢰를 되찾으려면 어떻게 해야 할까요. 제 해답은 간단합니다. 시간 지키기입니다. 국회의장으로 있을 때 국회가 오늘 열릴지, 내일 열릴지 저도 알 수 없더군요. 그러니 다들 대기실에서 죽치고 있는 것입니다. 그래서 상시 국회가 필요합니다. 대한민국 국회에선 연말에 사무관이 다음 해 일정을 짜고 의장이 발송을 해도 무용지물입니다. 그날 국회가 열릴지는 교섭단체 대표가 합의해서 결정하거든요. 국회 열고 안 여는 게 대단한 권한인 양 싸웁니다. 학생이 학교 갈까 말까 결정할 권한이 어딨어요. 정해지면 출석하는 거지. 또 하나 문제는 국회의원이 너

무 쉽게 된다는 것입니다. 선거 때 줄만 잘 서면 공천을 받습니다. 지역구 잘 받으면 당선되고, 국회 들어가서 큰소리 좀 쳐주고 후원회 관리 잘하면 재선됩니다.

이학영: 리더십 위기를 이야기하다 보면 대통령 5년 단임제가 자주 거론됩니다.

김형오: 5년 임기 중에 대통령이 제대로 일할 기간은 3년 남짓입니다. 레임덕 현상을 공무원들이 아니까 일을 안 합니다. 장관이 전권을 행사할 수 없다는 것도 단임제의 부작용입니다. 헌법상 제왕적 대통령이라고 할 만큼 대통령 권한이 막강한 것도 문제입니다. 그러니까 소수 반대자들이 더 강해집니다. 이해 단체들도 타협과 논의보다는 강경 대치로 나갑니다.

이학영: 지난달 노·사·정이 노동시장 개혁에 일부 합의했습니다. 그 과정에서 대통령의 리더십이 아쉬웠다는 지적도 있습니다.

김 전 의장: 저는 노동 전문가가 아니지만 이 이야기는 하고 싶습니다. 노조 가입률이 10% 정도인 현실은 비정상입니다. 기존 노조도 진지하게 생각해봐야 할 것입니다. 말 없는 다수 노동자, 노조 결성도 못 하는 노동자를 대변할 수 있는 그런 노조로 거듭나주길 진심으로 바랍니다.

이학영: 통일이 위기이자 기회라고 합니다. 어떤 준비가 필요할까요?

김형오: 이렇게 준비 없이 통일 이야기를 하는 나라도 역사상 드물지 않을까 싶습니다. 국내에 2만 명이 넘는 탈북자가 있습니다.

이들의 활용은 둘째치고 체계적인 조사 연구도 없습니다. 예전에 미국 하버드대학에 이주노동경제학의 권위자가 있어 국내 탈북자의 노동력 분석을 해달라고 요청한 적이 있습니다. 그런데 정부에서 탈북자 명단은 비밀이라면서 막았습니다. 연구할 때는 이름이나 경력 다 필요 없고 가명으로 하면 되는데도 안 된다는 것입니다. 한국이 선진국 대열에 설 수 있는 유일한 희망이 통일인데 이렇게 준비를 안 해선 절망입니다.

이학영: 선진국 도약의 또 다른 원동력은 성숙한 시민의식이란 이야기도 있습니다. 1970년대에 자조와 자립 정신이 성장을 낳았다면 지금은 남 탓하는 사람이 많습니다.

김형오: 헌법 제1조에서 대한민국은 민주공화국이라고 합니다. 그런데 민주民主는 넘치고 공화共和는 사그라진 나라가 한국입니다. 민주주의가 특정 이념이나 집단이기주의를 옹호하기 위한 수단처럼 변질됐습니다. 민주주의는 국민이 주인이 되는 것입니다. 그런데 '나는 주인인데 너는 아니야'라는 게 현실입니다. 음식점이나 대중목욕탕에 가서 아이들이 마음대로 하도록 내버려두는 걸 봐도 알 수 있어요. 학교와 가정에서 공동체 정신과 가치를 가르치지 않습니다. 페어플레이 정신을 놓쳤습니다. 세월호 사고에서 그게 들통 났죠.

자치自治를 배워본 적이 없다는 것도 문제입니다. 지방세와 국세 비중이 2 대 8인데 무슨 자치입니까. 실질적인 집행은 중앙에서 하고 지방자치는 껍데기뿐입니다.

저출산 문제도 그냥 둬선 안 됩니다. 출산율 1등이 전남인데, 다문화 가정 덕분이죠. 다문화를 받아들여야 하는 상황입니다. 미국이나 독일은 해외 인재들을 위한 장학금 제도 등을 운영하고 있는데, 우리도 이런 것을 활용하면 안 됩니까. 예를 들어 한국에 공부하러 온 사람들이 있으면 그 부모나 친지가 한국에서 일할 수 있게 해주자는 것입니다. 현재 다문화 정책을 9개 부처가 나눠 갖고 있다 보니 오히려 사각지대가 많습니다.

이학영: 마지막으로 한 말씀.

김형오: 리더십의 문제는 신뢰의 문제입니다. 파워 엘리트들이 뼈아픈 자기반성을 통해 자기부터 혁신해야 합니다. 인류 역사상 없었던 변화의 시기에 위기를 뚫고 나갈 지혜가 필요합니다.

– 〈한국경제신문〉, 객원 大기자 와이드 대담, 2015년 10월 5일

Comment

〈한국경제신문〉이 창간 51주년을 맞아 메인 섹션 32개 면을 총동원해 마련한 대형 기획 '대한민국 미래 리포트'에 실린 한경 객원대기자 특별 대담이다. 이학영 편집국장이 진행을 맡았으며, 또 한 사람의 대담자는 박병원 경총 회장이었다. 여기서는 내 발언 중 일부를 소개했다. 보도 이후 단행본으로 나온 『대한민국 희망 찾기』란 책에 전문이 실려 있다.

21세기엔
'100명 모두가 1등' 되는 사회를

김경국 기자: 부산의 젊은이들에게 하고 싶은 말이 있다면.

김형오: 자신감이 필요하다. 20세기까지는 1등부터 100등까지 줄 세
우는 서열 사회였다면 21세기는 100명 모두가 1등이 되는 사회
다. 교사들이 이런 부분을 가르치지 못한 듯하다. 부산의 대학
들이 수도권 대학에 밀리다 보니 학생들까지 열등감과 콤플렉
스를 느끼는 경우가 많은 것 같다.

얼마 전 중국 방문 때 마윈 알리바바 그룹 회장을 1시간 넘게
단독으로 만날 기회가 있었다. 그는 관광 가이드 출신이다. 그
것도 베이징이나 상하이 등 대도시 출신이 아닌 '촌동네'에서 가

이드를 했다. 그러다가 세계 2위에 오른 인터넷 기업의 대표이
사가 된 사람이다. 인터넷 발달로 문명사적 전환의 시점이 도래
했음을 상징적으로 보여주는 인물이다.

젊은이들에게 "절대 뒤따라가지 마라. 대학은 자기의 분야를
모색하는 시간이다. 내가 아는 지식이 전부가 아니다. 대학은
내가 아는 지식은 극히 일부라는 자세로 남의 것을 수용해나가
는 행동을 준비하는 기간이다. 행동하는 기간이 아니다"라고
말해주고 싶다.

— 〈국제신문〉, '원로와의 대화', 2014년 12월 11일

「서시」가 부끄러워
「별 헤는 밤」으로 돌아오다

별 하나에 추억과 / 별 하나에 사랑과 / 별 하나에 쓸쓸함과 /

별 하나에 동경과 / 별 하나에 시와 / 별 하나에 어머니, 어머니…

– 윤동주, 「별 헤는 밤」에서

고등학교 때 나는 윤동주(1917~1945년)의 「서시序詩」를 좋아했다. 이 짧은 시를 읊으면 왜 그리도 심장이 뛰고 주먹이 쥐어졌는지…. 그러나 정치권에 발을 들인 뒤로 언제부터인가 감히 「서시」를 말하지 못하게 됐다. 시작 부분인 '하늘을 우러러 한 점 부끄럼 없기를…'이 나를 너무 부끄럽게 만들었다. 정치하는 사람으로서 부끄럼을 모른다는 것, 때론 애써 부끄럼을 잊어야 한다는 사실이 못내 부끄러웠다. 그래서 「별 헤는 밤」으로 돌아왔다.

> 나의 별에도 봄이 오면 / 무덤 위에 파란 잔디가 피어나듯이 /
> 내 이름자 묻힌 언덕 우에도 / 자랑처럼 풀이 무성할 거외다
>
> — 윤동주, 「별 헤는 밤」에서

마지막 연, 시인은 무덤 위 잔디와 언덕 위 풀이 무성한 봄날을 기다린다. 무슨 해석이 필요하랴. 거창한 나무도 화려한 꽃도 아니다. 풀과 잔디다. 정치인이나 운동권이 곧잘 이용해먹어도 말이 없는 민중, 민초다. 시인은 이 땅의 진정한 주인인 이들과 함께 해방된 조국을 꿈꾸고 있다. 별빛 같은 시심詩心이 이 가을 밤, 겸손하고 정직하게 내 영혼을 흔들며 다가온다.

— 〈중앙일보〉, '나를 흔든 시 한 줄': 윤동주의 「별 헤는 밤」,

2014년 10월 29일

나는, 우리는
'어른'이 아니었다

미안하다, 미안하고 또 미안하다. 지켜주지 못해서, 구해주지 못해서, 아무 것도 해준 게 없어서, 진짜 아무 것도 해줄 게 없어서…. 어떤 말, 어떤 몸짓, 어떤 눈물도 위로와 힘이 될 수 없다는 사실이 안타깝고 서글프기만 하다. 이런 반성문을 쓸 염치조차 없지만 이 아침, 결코 잊지 않기 위해서, 다시는 이런 비극을 되풀이하지 않기 위해서 옷깃을 여미고 맑은 정신으로 참회와 애도의 마음을 적는다.

　… 나를 포함한 기성세대 모두가 죄인이다. 특히 지도층, 가진 자들의 잘못이 크다. 이 나라 모든 어른들은 어른으로서의 자격을 잃었다. 어찌나 참담하고 죄스러운지 고개를 들 수가 없구나. 정말이

지 아무 죄 없는, 착하고 말 잘 들은 탓밖에 없는 너희를 이렇게 보내서는 안 되는 것이었다.

… 진도대교 밑 울돌목은 이순신 장군이 13척의 배로 133척의 적 함대를 물리친 곳이다. 진도의 기적이 제발 한 번만 더 일어나 주기를 무릎 꿇고 두 손 모아 기도하고 또 기도했다.

… 올해따라 유난히도 일찍 피었던 봄꽃들은 뭐 그리 바쁘다고 저리도 서둘러 꽃잎이 져서 가지를 떠났는지…. 신록은 왜 또 저리 연하고 눈이 부시게 푸르른지…. 모란이 피려면 아직 멀었건만 '찬란한 슬픔의 봄'이 이렇게 속절없이 가고 있다.

– www.hyongo.com, 2014년 4월 24일

행동하라,
하수도가 막히지 않도록

내리 5선 국회의원, 국회의장까지 지낸 김형오가 정치를 떠나지 않았다면? 그는 아마도 지역구 민원인을 만나고 정쟁의 소용돌이에 휩싸여 밤 12시쯤 집에 가서 잠만 자고 나와야 했고, 김형오라는 이름 석 자를 찾느라 신문을 샅샅이 뒤져야 했고, 두피가 약한데도 독한 염색약으로 머리를 검게 해야 했고, 소신과 상관없이 당론에 따라야 했을 것이다. 국회의원 6선의 배지를 달고 있지만 아무리 출중한 인재가 들어와도 둔재가 되는 정치판에서 그렇고 그런 정치인 중한 사람이라는 눈총을 받았을 것이다.

정치를 떠난 김형오. 검정 코르덴바지에 강렬한 크림슨색 셔츠를 받쳐 입은 활기 넘치는 60대 중년. 염색을 하지 않아 더 많은 흰머리는 연륜을 풍긴다. '멋대가리' 없는 부산 사나이는 부부 동반 점심 모임에서 2시간 정도는 너끈하게 신변잡기로 수다를 떨 수 있으며, 신문의 정치면은 제쳐두고 문화면에서 삶의 향기를 새록새록 맡는다. 이런 건 덤이다. 김형오는 "정치인도 뭔가 창조적인 일을 할 수 있다는 걸 보여주고 싶었다"고 말했다. 이전투구로 정치판에 뛰어들고, 낙선하면 오매불망 여의도만 쳐다보고, 떠밀려 추하게 은퇴하고, 떠나서는 뒷방 늙은이 취급을 받는 사람과는 다른 모습을 보여주고 싶었단다.

김형오의 인생 4막. 언론인으로 3년 → 공직자로 13년 → 국회의원으로 20년, 그리고 이제 전업 작가로의 인생 역정에서 『술탄과 황제』는 기념비적이다. 1453년 비잔틴 제국 최후의 날, 동서양의 리더십이 격돌하는 장면을 생생하게 묘사한 이 책은 김형오의 인생 4막을 알리는 피로 쓴 역작이다.

"오로지 팩트를 추구하고 기술하기 위해 작가가 읽었을 수백 권의 책과 고심의 흔적이 페이지마다 서려 있다"(이어령 전 문화부 장관), "기독교와 이슬람이 만나고 부딪히는 숙명적 도시를 무대로 아무도 시도하지 못한 새로운 해석을 제시한 세계적 수준의 독창적인 글로벌 문화 교양서"(김성곤 한국문학번역원장) 같은 헌사를 받았다. 신변잡기와 정책 홍보성 잡서만 난무하는 정치권에선 유례없는 성공작이다. 또 있다. 안경환 서울대학교 법학전문대학원 교수(전 인권위원장)는

"정치인에게도 지성의 세계가 있다. 그러나 우리나라에서는 몹시 낯선 명제다. 이 해묵은 통념을 일합에 무너뜨린 사람이 있다. 김형오의 이 저술은 평생 대학에 기대고 산 필자를 부끄럽게 만든 수작"이라고 서평에 썼다. 김형오는 그렇게 작품으로, 지성으로 정치를 떠나고 있었다.

김형오는 '상하수도론'도 후배 정치인들에게 꼭 전하고 싶다고 했다. "종교는 맑을수록 좋은 상수도지만, 정치는 하수도다. 먹으면 반드시 배설해야 하는 게 사람이라면, 하수도가 막히지 않도록 해야 하는 게 정치"라고 했다. "때로는 오물에 손도 집어넣고, 또 오물이 얼굴에 튀는 것도 각오하는, 말로 시키는 것이 아닌 직접 행동하는 정치인이 돼야 한다"면서 김형오는 인터뷰를 마감했다.

 − 〈헤럴드경제〉, 〈와이드〉 인터뷰: '가지 않은 길' 가는 김형오 전 국회의장,

2013년 12월 26일

우리 삶에
새 패러다임 제시한 혁명가

김형오는 신비한 사람이다. '신비'는 그 전체를 볼 수 없지만 창조적인 매력이 있다는 의미다.

2010년 가을, 서울대 최고지도자 인문학 과정을 강의할 때 김형오 국회의장을 처음 만났다. 그는 거의 매시간 자신에게 낯선 주제에 집중해 질문을 했다. 질문은 질문자가 그 주제에 대한 편견을 넘어서서 자기가 가보지 못한 새로운 이해의 지평으로 진입하고자 하는 용기다.

필자는 그가 출판한 『술탄과 황제』를 읽고 난 뒤, 그가 단순한 구도자일 뿐만 아니라 오랜 기간 배움의 무아 연습을 통해, 심지어는 다른 사람의 마음에 들어가 그 사람의 생각을 헤아리는 해탈의 경지에 오른 것이라고 감탄했다. 정치가라면 대개 회고록이나 자신의 치적을 자찬하는 자아 전시적인 출판을 하게 마련인데 『술탄과 황제』는 전혀 달랐다. 아무도 예상치 못한, 대한민국의 인문학자들을 깜짝 놀라게 한 책을 내놓은 것이다.

김형오는 90세 시대를 사는 우리에게 삶의 새로운 패러다임을 제시한 혁명가다. 그는 60대에 자신의 명命인 정치가에서 작가로 혁명을 일으켰다. 지금 생각해보면 그가 훌륭한 국회의장으로 기억되는 이유도 자신을 항상 개혁하려는 혁명가였기 때문인 것 같다.

– 〈헤럴드경제〉, 배철현 서울대 교수가 본 '학생 김형오',

2013년 12월 26일

스스로 정년 연장한
전 국회의장

김형오 전 의장은 저술에 대한 갈망을 불출마 선언을 하자마자 곧장 해갈하기 시작했다. 터키로 날아가 이스탄불 도서관에 파묻혀 수백 권의 저서를 읽고, 역사학자와 전문가들을 인터뷰했다. 그의 나이 만 65세였다. 흥미진진한 그의 책을 읽으면서도 왠지 머릿속 한편에서는 저자, 아니 전 국회의장의 나이가 각인됐다. 그러다 책을 읽던 눈길이 내 발끝 탁자 위에 놓인 신문 제목, '정년, 법으로 연장'에 꽂히는 순간, 그 각인은 서술적 결론을 이끌었다.

'아! 이 양반은 자기 스스로 정년을 연장하고 있구나.'

정년을 주제로 한 그 칼럼은 이렇게 적었다. "50대 정년을 60세로 연장하는 것은 정치적 뇌물이다. 정치인들은 젊은 층에 반값 등록금이란 뇌물을 갖다 바치더니, 이제 50대 중년에게는 정년 연장의 뇌물을 쓰고 있다"고 일갈했다. 분명 자본의 논리를 대변하는 글이지만, 『술탄과 황제』라는 노老 역작을 떠올리자 갑자기 그 칼럼이 시시해졌다.

우리는 언제쯤 일과 정년에서 해방될 수 있는가. 우리는 언제 일과 탐구와 내 삶을 일치시킬 수 있는가. 열심히 하는 사람, 어디서든 열심히 한다. 소풍 나온 한때의 삶에 어디 정년이 있겠는가.

— 〈영남일보〉, 박재일 사회2부장 칼럼 '영남타워', 2013년 5월 30일

'18년 마라톤 보좌'로 지켜본 김형오와 한국 정치

생면부지의 인물을 만나 18년 동안 의원 대 보좌관으로 함께 일한 경우는 내가 처음이 아닐까 싶다. 그분이 초선으로 국회에 등록한 날(1992년 5월 30일)부터 입법부 수장으로 임기를 마친 날(2010년 5월 29일)까지 단 하루도 거르지 않고 옆에서 보좌했다. 국회를 좀 아는 분들은 이것만으로도 기네스 기록감이란다. 낙선 없는 5연속 당선이 밑바탕이 돼주었지만, 어느 곳보다도 고용이 불안정하고 자리 이동이 잦고 또 정치적 궁합 맞추기가 까다로운 여의도에선 흔치 않은 인연이다. 따라서 내가 어떻게 '마라톤 보좌'를 하게 됐는지를 밝히면서, 동시에 김형오란 정치인을 통해 한국 정치의 한 단면을 말해보려고 한다.

'국회의원은 교도소 담장 위를 걷는 사람'이란 말이 시사하듯, 한동안 우리 정치 상황은 스캔들과 게이트로 점철돼 있었다. 그러나 김형오 의원은 그 많고 많은 비리 사건에 단 한 번도 연루된 적이 없다. '카더라' 방송의 진원지인 증권가 '찌라시'에서조차 그의 이름은 한 번도 나온 적이 없는 '스캔들 프리' 의원이었다. 구설수나 설화舌禍에 휘말린 적도 없다. 의원실에 가끔씩 떠도는 '불륜 스캔들'도 물론 없었다. 오염되기 쉬운 한국의 정치 환경에서 깨끗한 이미지로 5선까지 남은 거의 유일한 의원, 수신제가치국평천하에 가장 근접한 인물이었다. 다른 의원실보다 일은 많고 강도는 빡셌지만(?) 의원에 대한 스캔들 프리의 확신은 우리에게 자부심이었고 내 열정의 에너지였다.

언제나 한결같은 업무에 대한 열정과 성실도도 김 의원의 강점이었다. 1998년 국정감사를 잊을 수 없다. 의원은 도청·감청 이슈화의 포문을 열었다. 이후 3년간은 '도·감청 국정감사'라 해도 과언이 아니었고, 의원은 언제나 그 중심에 있었다. 우리 보좌진은 국감을 전후해 한 달 남짓을 의원회관 사무실에서 낮과 밤을 보내야 했다. 그 결과 2001년 통신비밀보호법 전면 개정에 결정적 역할을 했다. 정보화 시대의 핵심 권리를 권력으로부터 쟁취한 것이다. 당시 국정감사는 의원들 사이에 경쟁이 치열해 언론 플레이와 단발성 이벤트가 난무했다. 그럼에도 의원은 긍정적 이슈 제기부터 제도화까지 하나의 사이클을 마무리함으로써 국정감사의 완성도를 높였다. 언론이 해마다 베스트로 손꼽은 국정감사의 빛나는 별이었다.

'2억 달러 국회의원'이란 닉네임도 생각할수록 통쾌하다. 2001년 한국전자통신연구소ETRI 통장으로 한 번에 거금 1억 25만 달러가 들어왔다. 한국 ETRI가 미국 퀄컴과의 3년간 법정 소송에서 이겨 받아낸 '로열티 셰어링(기술료 분배금)'이었다. 그 뒤로도 해마다 두 번씩 5년 연속 1억 달러 넘는 외화가 추가로 들어왔다. 1997년 국정감사에서 김형오 의원이 ETRI가 퀄컴으로부터 받아야 할 기술료 분배금을 받지 못한 사실을 처음으로 지적한 것이 그 씨앗이다. 국제 분쟁에서의 승소도 드문 예지만 달러 현찰이 무더기로 들어온 것 또한 맨 처음이었다. 내가 아는 한 의정 활동을 통해 '돈 벌어온 국회의원'은 그가 유일하지 않나 싶다.

의원의 오픈 마인드 역시 나에게 늘 청량제였다. 의원 스스로 형식과 허례를 벗고 내용과 실질에 무게를 두었다. 당시 사회 분위기상 국회의원은 권위적 존재였고 떠받들어야 할 상전이었다. 대개는 의원을 편하게 모시는 게 보좌진의 1차 목표였다. 그러나 우리는 의원의 역량을 최대화하는 데 집중했다. 일방이 아닌 쌍방으로 소통한 오픈 마인드 덕분이다. 이 점이 의원의 경쟁력과 자생력을 높였다. 지금도 국내외적으로 강연과 기고 활동이 활발한 이유 중 하나다. 여의도를 나와 저술한 베스트셀러 『술탄과 황제』는 단연 그 백미였다. 세상이 깜짝 놀랐다.

끝으로 잊을 수 없는 에피소드 두 가지. 하나는 원내대표, 또 하나는 국회의장 시절에 생긴 일이다.

2006년 당시 사학법 개정은 당의 최대 당면 과제였다. 이미 김덕룡·강재섭·이재오 원내대표가 뜻을 관철시키지 못하고 물러났다. 그러나 김형오 원내대표는 이것을 해냈다. 30~40회에 걸쳐 관련 당사자들과 대화하며 합의점을 찾아냈다. 경이로운 집중력과 끈질김에 나는 감탄하고 또 감동했다. 수적천석水滴穿石. 부드러운 물이 결국 댓돌을 뚫었구나!

또 하나는 2008년 9월 11일. 금융위기를 맞아 발 빠르게 추경을 편성해 통과시키기로 여야가 합의한 날인데 야당의 태도가 돌변해 반대로 돌아섰다. 여당이 예결위에서 가결시켰으나 절차상 하자로 사실상 부결된 상태였다. 여당 지도부는 흠결 있는 추경안을 본회에 직권상정 해달라고 조르기 시작했다. 여당 지도부와 실세들이 번갈아 의장실로 와 압박을 했다. 의장 편은 아무도 없었다. 혼자 의회의 룰을 지켜야 했다. 여당 의원들은 모두 본회의장에서 대기 중이었다. 실로 엄청난 중압감이었으리라. 의장은 다음 날 새벽 3시까지 버티면서 이를 지켜냈다. 외로운 싸움에서 '갈채 없는 승리'를 거두었다. 결국 의장이 요구한 대로 예결위는 추후에 절차를 다시 밟아 처리했다.

돌이켜보면 강함과 부드러움, 긴장과 여유의 이중주로 달려온 보좌 생활 20년이었다. 김형오 의장은 파란만장한 우리 정치 현실에서 기본과 원칙을 지키며 업무에 대한 성실함과 집중력, 공적 책임감에 대한 소신을 보여준 정치인이었다. 신념과 열정에 불타는 진정한 의회주의자였다. 기본과 원칙, 리더십을 잃어버린 요즘 세태를 보노라면 나의 멘토이자 영웅인 그가 더욱 그리워진다.

— 고성학(한국정보인증 부회장, 전 국회의장 정무수석비서관)

KI신서 6402

누구를
위   한
나라인가

1판 1쇄 발행 2016년 3월 2일
1판 11쇄 발행 2016년 4월 18일

지은이 김형오
펴낸이 김영곤 **펴낸곳** (주)북이십일 21세기북스
출판사업본부장 안형태 **인문기획팀장** 정지은
책임편집 양으녕
디자인 표지 박선향 **본문** JRCOM
출판영업마케팅팀 이경희 김홍선 정병철 이은혜 백세희

출판등록 2000년 5월 6일 제10-1965호
주소 (10881) 경기도 파주시 회동길 201 (문발동)
대표전화 031-955-2100 **팩스** 031-955-2151 **이메일** book21@book21.co.kr
홈페이지 www.book21.com **블로그** b.book21.com
트위터 @21cbook **페이스북** facebook.com/21cbooks

© 김형오, 2016

ISBN 978-89-509-6349-1 03300